UTB **3137**

## Eine Arbeitsgemeinschaft der Verlage

Böhlau Verlag · Köln · Weimar · Wien
Verlag Barbara Budrich · Opladen · Farmington Hills
facultas.wuv · Wien
Wilhelm Fink · München
A. Francke Verlag · Tübingen und Basel
Haupt Verlag · Bern · Stuttgart · Wien
Julius Klinkhardt Verlagsbuchhandlung · Bad Heilbrunn
Lucius & Lucius Verlagsgesellschaft · Stuttgart
Mohr Siebeck · Tübingen
Orell Füssli Verlag · Zürich
Ernst Reinhardt Verlag · München · Basel
Ferdinand Schöningh · Paderborn · München · Wien · Zürich
Eugen Ulmer Verlag · Stuttgart
UVK Verlagsgesellschaft · Konstanz
Vandenhoeck & Ruprecht · Göttingen
vdf Hochschulverlag AG an der ETH Zürich

# Grundzüge der Politikwissenschaft

## Herausgegeben von Mir A. Ferdowsi

Bisher erschienen:
Christian Schwaabe: *Politische Theorie 1.*
*Von Platon bis Locke* UTB 2931
Christian Schwaabe: *Politische Theorie 2.*
*Von Rousseau bis Rawls* UTB 2932
Maren Becker/Stefanie John/Stefan A. Schirm:
*Globalisierung und Global Governance* UTB 2965
Petra Stykow: *Vergleich politischer Systeme*, UTB 2933

Petra Stykow / Christopher Daase
Janet MacKenzie / Nikola Moosauer

# Politikwissenschaftliche Arbeitstechniken

Wilhelm Fink

Der Herausgeber:
Mir A. Ferdowsi, Dr. phil. habil., apl. Professor für Politikwissenschaft und Akademischer Direktor am Geschwister-Scholl-Institut für Politikwissenschaft der Ludwig-Maximilians-Universität München.

Die Autoren:
Petra Stykow, Dr. phil. habil., Professorin für Politikwissenschaft am Geschwister-Scholl-Institut für Politikwissenschaft der Ludwig-Maximilians-Universität München.

Janet MacKenzie, B.A., MCILIP, Leiterin der Bibliothek der Institute am Englischen Garten an der Ludwig-Maximilians-Universität München.

Nikola Moosauer, M.A., Dipl.-Bibl. (FH), Universitätsbibliothek der Ludwig-Maximilians-Universität.

Christopher Daase, Dr. phil., Professor für Politikwissenschaft am Geschwister-Scholl-Institut für Politikwissenschaft der Ludwig-Maximilians-Universtität München.

Bibliografische Information der Deutschen Nationalbibliothek

Die Deutsche Nationalbibliothek verzeichnet diese Publikation in der Deutschen National-bibliografie; detaillierte bibliografische Daten sind im Internet über http://dnb.d-nb.de abrufbar.

© 2009 Wilhelm Fink GmbH & Co. Verlags-KG
(Wilhelm Fink GmbH & Co. Verlags-KG, Jühenplatz 1, D-33098 Paderborn)
ISBN 978-3-7705-4695-4

Internet: www.fink.de

Printed in Germany.
Einbandgestaltung: Atelier Reichert, Stuttgart
Herstellung: Ferdinand Schöningh, Paderborn

**UTB-Bestellnummer: 978-3-8252-3137-8**

# Vorwort des Herausgebers

Man mag es begrüßen oder es bedauern, unbestreitbar ist aber, dass mit der Vollendung des Bologna-Prozesses und der flächendeckenden Einführung von Bachelor-Studiengängen sich nicht nur die Hochschullandschaft grundlegend verändern wird, sondern dass damit auch wir, die Hochschullehrer, vor gewaltigen Herausforderungen in der Lehre stehen. Nicht unerheblich wird auch die Last sein, die auf die Studierenden zukommt. Denn es bedarf eines großen Engagements und eines umfangreicheren Zeitaufwandes als bislang, um sich in der relativ kurzen Zeit von vier bis fünf Semestern ein Basis-Wissen des Faches anzueignen und die vielen obligatorischen Module auch zu bestehen bzw. die entsprechenden ECTS-Punkte zu erwerben.

Vor allem die Tendenz zur „Verschlankung" des Studiums erfordert übersichtliche, aber nicht weniger umfassende und fachlich fundierte Lehrbücher. Die Reihe „Grundzüge der Politikwissenschaft", deren einzelnen Bände sich thematisch an die geläufigen Module des Bachelor-Studiums orientieren, hat sich zum Ziel gesetzt, Lehrbücher neuen Typs zu konzipieren, die – von exzellenten Vertretern des Faches verfasst – in knapp ausgearbeiteter Form Einführungen in die Studieninhalte bieten. Sie sollen den Studierenden dazu verhelfen, sich veranstaltungsbegleitend und durch Selbststudium in ein für sie neues Fachgebiet einzuarbeiten. Der Text ist lesefreundlich und konzentriert sich auf die wesentlichen Informationen des jeweiligen Themenbereichs. Dadurch erhalten die Studierenden einen schnellen und umfassenden Überblick und eine Grundlage für weiterführende, vertiefende Studien.

Der Herausgeber, die Autorinnen und der Autor hoffen, mit dem vorliegenden Band zum schnellen und erfolgreichen Studienablauf beizutragen.

Mir A. Ferdowsi

# Inhaltsverzeichnis

Was Sie von diesem Lehrbuch erwarten können . . . . . . . . . . . . 11

1 Politikwissenschaftlich denken . . . . . . . . . . . . . . . . . . . . . 15
  1.1 Was ist Politikwissenschaft? . . . . . . . . . . . . . . . . . . . 15
  1.2 Standards sozialwissenschaftlichen Forschens . . . . . . 17
  1.3 Politikwissenschaftliche Diskurse . . . . . . . . . . . . . . . 19
  1.4 Begriffe, Theorien, Modelle . . . . . . . . . . . . . . . . . . . . 22

Techniken für das Studium der Politikwissenschaft
2 Lesen lernen . . . . . . . . . . . . . . . . . . . . . . . . . . . . . . . . . . . 31
  2.1 Können Sie lesen? . . . . . . . . . . . . . . . . . . . . . . . . . . . . 31
  2.2 Aktives Lesen . . . . . . . . . . . . . . . . . . . . . . . . . . . . . . . . 33
  2.3 Regeln des aktiven Lesens . . . . . . . . . . . . . . . . . . . . . . 37
      2.3.1 Allgemeine Regeln des wissenschaftlichen
            Lesens . . . . . . . . . . . . . . . . . . . . . . . . . . . . . . . 37
      2.3.2 Spezielle Regeln: Prüfendes Lesen . . . . . . . . . . 39
      2.3.3 Spezielle Regeln: Analytisches Lesen . . . . . . . . 44
      2.3.4 Spezielle Regeln: Vergleichendes Lesen . . . . . . 48
  2.4 Schneller lesen . . . . . . . . . . . . . . . . . . . . . . . . . . . . . . 50
  2.5 Wie erkennt man Texte, die einer solchen Mühe
      wert sind? . . . . . . . . . . . . . . . . . . . . . . . . . . . . . . . . . 57

3 Vom Lesen zum Schreiben . . . . . . . . . . . . . . . . . . . . . . . . 61
  3.1 Schreiben und Denken . . . . . . . . . . . . . . . . . . . . . . . . 61
  3.2 Ideen produzieren und sortieren . . . . . . . . . . . . . . . . . 62
  3.3 Textarten im Studium . . . . . . . . . . . . . . . . . . . . . . . . . 68

4 Komplexe wissenschaftliche Arbeiten schreiben . . . . . . . . 79
  4.1 Schreiben als mehrstufiger Prozess . . . . . . . . . . . . . . . 79
      4.1.1 Schreiben als mühsamer Prozess . . . . . . . . . . . 79
      4.1.2 Phasen des Schreibprozesses . . . . . . . . . . . . . . . 80
      4.1.3 Texte „zusammenschreiben"? . . . . . . . . . . . . . . 85
      4.1.4 Tipps . . . . . . . . . . . . . . . . . . . . . . . . . . . . . . . . 87
  4.2 Sprachlich-stilistische und formale Standards . . . . . . . 89
      4.2.1 Sprache und Stil . . . . . . . . . . . . . . . . . . . . . . . . 89
      4.2.2 Layout . . . . . . . . . . . . . . . . . . . . . . . . . . . . . . . . 90
      4.2.3 Zitieren und Belegen von Literatur . . . . . . . . . . 92

4.3  Akademische Kriminalität: Täuschungsversuche  . . . .  100

5     Den Arbeitsprozess planen . . . . . . . . . . . . . . . . . . . . . . .  102
      5.1  „Ich hatte keine Zeit": Irrtum, Lüge, Selbstbetrug? . . .  102
      5.2  Regeln des Zeitmanagements. . . . . . . . . . . . . . . . . . .  105
      5.3  Realistisch planen. . . . . . . . . . . . . . . . . . . . . . . . . . .  110
      5.4  Durchhalten – aber wie?. . . . . . . . . . . . . . . . . . . . . . .  114

Techniken für die Erarbeitung und Durchführung
wissenschaftlicher Forschungsprojekte
6     Eigene Forschungsfragen entwickeln . . . . . . . . . . . . . . . .  121
      6.1  Ein Thema finden. . . . . . . . . . . . . . . . . . . . . . . . . . . .  121
            6.1.1 Die Problemfokussierung wissenschaftlicher
                  Arbeiten. . . . . . . . . . . . . . . . . . . . . . . . . . . . . . .  121
            6.1.2 Ideen entwickeln . . . . . . . . . . . . . . . . . . . . . . .  124
      6.2  Probleme entdecken: Strategien der Problemfindung .  125
      6.3  Fragen formulieren. . . . . . . . . . . . . . . . . . . . . . . . . .  130
      6.4  Lesen und forschen  . . . . . . . . . . . . . . . . . . . . . . . . .  133
            6.4.1 Die richtige Literatur finden . . . . . . . . . . . . . . .  133
            6.4.2 Literatur vergleichend lesen – Fragen neu
                  formulieren . . . . . . . . . . . . . . . . . . . . . . . . . . .  138

7     Das Forschungsdesign erarbeiten . . . . . . . . . . . . . . . . . . .  144
      7.1  Die Konzeptualisierung wissenschaftlicher Begriff. . .  144
      7.2  Einen theoretischen Zugang wählen  . . . . . . . . . . . . .  149
            7.2.1 Deduktion und Induktion . . . . . . . . . . . . . . . . .  149
            7.2.2 Deskriptive, normative und kausale Theorien. . .  152
            7.2.3 Korrelationen, Kausalität und kausale
                  Mechanismen  . . . . . . . . . . . . . . . . . . . . . . . . .  154
            7.2.4 Akteure, Strukturen und Prozesse . . . . . . . . . . .  157
      7.3  Die Forschungsmethode wählen  . . . . . . . . . . . . . . . .  160
            7.3.1 Erklären und Verstehen . . . . . . . . . . . . . . . . . .  161
            7.3.2 Quantitative und qualitative Forschung  . . . . . . .  162
            7.3.3 Fallstudien. . . . . . . . . . . . . . . . . . . . . . . . . . . .  164
            7.3.4 Vergleichsdesigns . . . . . . . . . . . . . . . . . . . . . .  167

8     Argumente ordnen. . . . . . . . . . . . . . . . . . . . . . . . . . . . . .  171
      8.1  Der rote Faden . . . . . . . . . . . . . . . . . . . . . . . . . . . . .  171
            8.1.1 Den Gedankengang sichern. . . . . . . . . . . . . . . .  171
            8.1.2 Techniken der Ordnungsbildung . . . . . . . . . . . .  172
      8.2  Gliederungsmuster . . . . . . . . . . . . . . . . . . . . . . . . . .  174

8.3  Einleitung und Schluss einer wissenschaftlichen
     Arbeit . . . . . . . . . . . . . . . . . . . . . . . . . . . . . . . . . . . . . . . .  184
8.4  Tipps . . . . . . . . . . . . . . . . . . . . . . . . . . . . . . . . . . . . . . . . .  186

Techniken der Recherche und Verwaltung wissenschaftlicher
Literatur
9    Die Recherche politikwissenschaftlicher Literatur:
     Grundlagen . . . . . . . . . . . . . . . . . . . . . . . . . . . . . . . . . . . . . .  191
     9.1  Arten wissenschaftlicher Literatur . . . . . . . . . . . . . . . .  191
     9.2  Die Evaluierung wissenschaftlicher Literatur . . . . . . .  197
     9.3  Grundlagen der Literaturrecherche . . . . . . . . . . . . . . .  199

10   Online-Suche nach Büchern . . . . . . . . . . . . . . . . . . . . . . .  208
     10.1 Wie finden Sie ein Buch im Bibliothekskatalog
          (OPAC)? . . . . . . . . . . . . . . . . . . . . . . . . . . . . . . . . . . .  208
     10.2 Elektronische Bücher (E-Books) . . . . . . . . . . . . .  213
     10.3 Virtuelle Kataloge . . . . . . . . . . . . . . . . . . . . . . . . .  214

11   Online-Suche nach Zeitschriftenaufsätzen und Quellen . . .  219
     11.1 Wie finden Sie Aufsätze in Zeitschriften? . . . . . . . . .  219
     11.2 Wie finden Sie amtliche Informationen und Daten? . .  230

12   Online-Suche: Suchmaschinen, Portale, Social
     Scholarship . . . . . . . . . . . . . . . . . . . . . . . . . . . . . . . . . . . .  234
     12.1 Suchmaschinen und Enzyklopädien . . . . . . . . . . . . .  234
     12.2 Social Scholarship . . . . . . . . . . . . . . . . . . . . . . . . . . .  243
     12.3 Nutzen und Grenzen der Internetrecherche . . . . . . . .  248

13   Offline-Suche: Arbeiten in der Bibliothek . . . . . . . . . . . . .  251
     13.1 Universitätsbibliotheken . . . . . . . . . . . . . . . . . . . . . . .  251
     13.2 Zugriffe auf die Literatur . . . . . . . . . . . . . . . . . . . . . .  252

14   Literatur- und Wissensverwaltung . . . . . . . . . . . . . . . . . . .  256
     14.1 Literaturverwaltungssoftware . . . . . . . . . . . . . . . . . . .  256
     14.2 Konventionelle Literaturverwaltung . . . . . . . . . . . . . .  260

Weiterführende Literatur
15   Annotierte Bibliographie . . . . . . . . . . . . . . . . . . . . . . . . . .  265
     15.1 Politikwissenschaftliche Schlüsselwerke und
          der „State of the Art". . . . . . . . . . . . . . . . . . . . . . . . . .  265

15.2 Einführungen in das (politik-)wissenschaftliche
      Arbeiten und Schreiben. . . . . . . . . . . . . . . . . . . . . . . . 267
15.3 Vorbereitung und Durchführung von Forschungs-
      projekten . . . . . . . . . . . . . . . . . . . . . . . . . . . . . . . . . . 273
15.4 Sonstige Ratgeber . . . . . . . . . . . . . . . . . . . . . . . . . . . . 279

Sachregister . . . . . . . . . . . . . . . . . . . . . . . . . . . . . . . . . . . . . 283

# Was Sie von diesem Lehrbuch erwarten können

Dieses Buch ist ein praktischer Ratgeber. Er beruht auf unseren Erfahrungen mit politikwissenschaftlichem Denken – Erfahrungen, die wir ebenso mit uns selbst gemacht haben wie im Umgang mit Studierenden, mit denen wir in Seminaren über wissenschaftliche Probleme und Texte diskutieren, die wir bei ihren Abschlussarbeiten betreuen und deren Leistungen wir bewerten. Wir haben in diesem Buch keine Vorschriften aufgezählt, die Sie mechanisch abarbeiten müssen, um als „gute Politikwissenschaftler"[1] gelten zu können. Vielmehr wollen wir Sie dabei unterstützen, Ihr Studium so zu meistern, dass Sie mit seinen Ergebnissen zufrieden sein können, vor allem aber mit seinem Verlauf: In unserem Lehrbuch geht es nicht um politikwissenschaftliches Fachwissen, sondern um Fertigkeiten und Fähigkeiten, mit denen Sie selbständig organisieren können, wie Sie Ihre Ziele erreichen wollen.

Universitäres Lernen unterscheidet sich wesentlich vom schulischen Lernen. Sie stehen vor der Herausforderung, sich Informationen anzueignen und sie wissenschaftlich zu verarbeiten, ohne stets auf Anleitung und Bestätigung durch einen Lehrer zählen zu können. Lernen im Studium beruht stärker als Lernen in der Schule auf kompetentem Lesen und eigenständigem Denken, Schreiben und Reden. Häufig müssen Sie die Literatur, die Sie dafür benötigen, selbst suchen. Noch häufiger stoßen Sie dabei auf einen Überschuss an Informationen, in dem Sie die Orientierung verlieren, wenn Sie nicht über Routinen des Recherchierens, Selektierens, Erschließens, Ordnens und Verarbeitens von Informationen verfügen – also über effektive und effiziente Techniken des wissenschaftlichen Arbeitens. Sie werden während des Studiums nicht nur solides, sondern auch unsicheres Wissen erwerben: Je mehr Sie sich auf wissenschaftliches Denken einlassen, desto weniger gewiss werden Sie sein, welche Gedanken und Argumente „wahr" oder „falsch" sind und ob es wirklich *Lö-*

---

[1] Das vorliegende Buch wendet sich keineswegs nur an männliche Leser, auch wenn wir uns sprachlich im Folgenden nur der maskulinen Form bedienen. Wir haben uns dafür entschieden, um so viel Platz wie möglich für nützliche Informationen reservieren zu können. Deshalb sprechen wir auch von den „Autoren" des Buches, obwohl diese zu drei Vierteln aus Autorinnen bestehen.

*sungen* für die großen gesellschaftlichen Probleme gibt oder aber nur mehr oder weniger günstige Möglichkeiten ihrer *Bearbeitung*, also des „Durchwurstelns" und „Kleinarbeitens". Als Politikwissenschaftler werden Sie keine Rezepte für die Rettung der Welt ausstellen können, vielleicht aber passende, womöglich kontroverse Diagnosen treffen und Möglichkeiten, Grenzen sowie Nebenwirkungen von Therapieversuchen erkunden. Um dabei nicht in vages Räsonieren zu geraten, brauchen Sie Fähigkeiten der sachlichen, ausgewogenen und präzisen wissenschaftlichen Argumentation, die nur wenig mit dem zu tun hat, was „Ihre persönliche Meinung" ist.

Wir stellen als Lehrende immer wieder fest, dass viele Studierende bis zum Ende ihres Studiums nicht über das professionelle Handwerkszeug für Politikwissenschaftler verfügen. Das ist irritierend für uns, weil es auch die Frage danach aufwirft, ob und wie wir dieses „Handwerk" lehren. Offensichtlich kommt dies zu kurz. Das ist der erste Grund, der uns dazu gebracht hat, das vorliegende Lehrbuch zu schreiben. Wir gehen dabei von einer grundsätzlichen Annahme aus: Die (manchmal schwerwiegenden) Probleme, auf die Sie während des Studiums (und wir bei unseren Forschungen) stoßen, sind nicht zwangsläufig auf individuelles Versagen zurückzuführen. Es handelt sich häufig um systematische Probleme, die dem Prozess des wissenschaftlichen Lernens und Produzierens inhärent sind. Das zu akzeptieren heißt, sich ihnen auch systematisch zu stellen. Wir vermuten, dass es eine Reihe von Arbeitstechniken, gedanklichen Operationen und notwendigen Schritten in einem Arbeitsprozess gibt, die Ihnen bisher unbekannt sind – über die wir aber etwas zu sagen haben, weil wir sie uns im Laufe unserer politikwissenschaftlichen Sozialisierung angeeignet haben.

Der zweite Grund für dieses Lehrbuch besteht darin, dass wir – im Unterschied zu vielen anderen einschlägigen Ratgebern – versuchen, Sie zum systematischen Nachdenken über Tätigkeiten anzuregen, die beim wissenschaftlichen Arbeiten anfallen. Wir begründen durchgehend, warum wir diese oder jene Vorgehensweise empfehlen. Unsere Annahme besteht darin, dass Techniken wissenschaftlichen Arbeitens, anders als der größte Teil von Fachwissen im engeren Sinne, nur im Ergebnis von Erfahrungslernen erschlossen werden kann: Man muss sie anwenden und dabei (sowie danach) prüfen, ob sie „funktionieren", warum oder warum nicht, was verändert oder beibehalten werden soll, wenn man die betreffende Technik an einem neuen Gegenstand ausprobiert. Wir raten Ihnen also keineswegs dringend, unsere „Handlungsvorschriften" nachzuahmen, um irgendwelche

Anforderungen Ihrer Dozenten zu erfüllen. Wir wollen Ihnen vielmehr unsere Erfahrungen mitteilen.

Die meisten unserer Erfahrungen und Kenntnisse, die wir in diesem Lehrbuch aufgeschrieben haben, sind nicht sonderlich originell oder neu; wir teilen sie zum großen Teil mit unseren Kollegen, was für ihre Nützlichkeit sprechen mag. Wir haben aber auch versucht, Arbeitsschritte und Bausteine im wissenschaftlichen Arbeitsprozess ausführlich vorzustellen, die bei vielen Ratgebern zu kurz kommen. Das „Lesen, um zu verstehen", das Finden von Forschungsfragen, das Ordnen von Argumenten und das Organisieren des Schreibprozesses werden meist nur flüchtig gestreift, während die Einhaltung mehr oder weniger formaler Standards oft im Vordergrund steht. Wir aber wollen Sie dabei unterstützen, das systematische, problemorientierte, sachlich informierte und präzise Denken zu entwickeln. Sie brauchen es nicht nur, um gute Bachelorarbeiten schreiben zu können, sondern auch für die Vorbereitung auf Seminare, die Erarbeitung von Referaten, für die Teilnahme an qualifizierten Diskussionen usw. Und Sie brauchen dieses Denken nicht nur, um gute Politikwissenschaftler zu werden. Es kann Ihnen darüber hinaus in vielen Berufen nützlich sein, zu denen dieses relativ generalistische Studium anschlussfähig ist, für das Sie sich entschieden haben. Wenn Sie wollen, können Sie unser Lehrbuch natürlich auch als Nachschlagewerk für Zitierstandards verwenden. Das ist der übliche Zugang zu den meisten „Einführungen in das wissenschaftliche Arbeiten". Unser Buch ist aber anspruchsvoller konzipiert.

Wir sind uns bewusst, dass es wie alle anderen einschlägigen Ratgeber nicht mehr als eine Notlösung ist. Die Erfahrung lehrt, dass Arbeitstechniken weitaus effizienter durch angeleitetes Training als durch Selbststudium erschöpfender Darstellungen über wissenschaftliches Arbeiten erworben werden. Kochbücher (und auch Kochshows) sind Kochkursen immer unterlegen. Unser wichtigster Rat besteht also in der trivialen Aufforderung: Probieren Sie aus, wie Sie mit unseren Ratschlägen klarkommen. Sind sie sinnvoll? Was ändert sich für Sie zum Beispiel, wenn Sie einen Text querlesen, bevor Sie sich ihm ganz zuwenden? Sind Sie mit Ihren schriftlichen Arbeiten am Ende zufriedener, wenn Sie so früh zu schreiben anfangen, wie wir Ihnen raten, und wenn Sie von Anfang an einplanen, sie mehrfach umzuschreiben? Wie auch immer: Probieren Sie aus, wie Sie an wissenschaftliche Probleme herangehen, werten Sie aus, was Sie dabei beobachten. Lernen Sie aus Ihrer Erfahrung.

Das vorliegende Lehrbuch ist wie folgt aufgebaut: Wir skizzieren in Kapitel 1 zunächst einige ebenso einfache wie grundsätzliche Überlegungen über Politikwissenschaft als empirisch-analytische Sozialwissenschaft. In Kapitel 2 widmen wir uns ausführlich dem Lesen wissenschaftlicher Texte, um Ihnen zu zeigen, wie man systematisches Wissen erwerben kann. Wir gehen dann vom Konsumieren und Verarbeiten zur Produktion von Wissen über, indem wir Techniken des Findens und Ordnens von Gedanken sowie wichtige Aspekte des wissenschaftlichen Schreibens vorstellen (Kap. 3 und 4). Kapitel 5 ist dem Problem gewidmet, wie man Zeitknappheit managen kann. Kapitel 6 bis 8 befassen sich speziell mit den Entscheidungen, denen Sie sich stellen müssen, wenn Sie ein eigenes Forschungsprojekt entwickeln und durchführen. Es geht um die Wahl der Themen und Fragen, der passenden Literatur, des Forschungsdesigns und der angemessenen Ordnung der Argumente. Kapitel 9 bis 13 sollen Ihnen dabei helfen, Fertigkeiten der Recherche wissenschaftlicher Literatur zu entwickeln und Kapitel 14 führt Sie in die technischen Möglichkeiten ein, Wissen und seine Fundstellen – wissenschaftliche Literatur – so zu verwalten, dass es nicht verlorengeht. Abschließend haben wir eine annotierte Bibliographie zusammengestellt, die es Ihnen erleichtern wird, sich weiter über die einschlägigen Probleme zu informieren.

An diesem Buch haben viele Menschen indirekt mitgewirkt – mehrere Jahrgänge von Studierenden in Berlin, Brüssel und München, unsere wissenschaftlichen Mitarbeiter, unsere eigenen Mentoren und unsere Kollegen. Der Kommunikation und Kooperation mit ihnen verdanken wir Wissen, vor allem aber Erfahrungen mit dem politikwissenschaftlichen Arbeiten und auch die Anlässe, bei denen wir diese Erfahrungen nicht nur machten, sondern auch über sie nachdenken mussten, um sie zu verstehen. Wir beschränken uns deshalb ungern darauf, nur jenen namentlich zu danken, die an diesem Manuskript unmittelbar mitgearbeitet haben – aber ihnen danken wir besonders: Ruth Schneider und Anna Frazier für das sorgfältige Lektorat und viele hilfreiche Kommentare, Maria Klimovskich und Philipp Hallenberger für ihre Bemerkungen aus studentischer Sicht, Katarina Bader, Jörg Siegmund und Tina von Völckamer für ihre Tipps als Lehrende.

Wir hoffen, dass Sie als Studierende aus diesem Gemeinschaftswerk Nutzen ziehen können. Beginnen Sie bitte mit dem ersten Kapitel, aber nehmen Sie sich nicht vor, das Buch danach „an einem Stück" zu lesen. Befolgen Sie vielmehr den Rat auf S. 41-42 (> Kap. 2.3.2). Arbeiten Sie durch, was Ihnen im Moment gerade wichtig erscheint. Kehren Sie während Ihres Studiums von Zeit zu Zeit zu diesem Buch zurück, Sie werden sicher Neues dabei entdecken.

# 1 Politikwissenschaftlich denken

## 1.1 Was ist Politikwissenschaft?

Politikwissenschaft ist die wissenschaftliche Auseinandersetzung mit Politik. Unter *Politik* kann man die Herstellung und Durchsetzung kollektiv verbindlicher Entscheidungen verstehen, mit denen in der Gesellschaft knappe Ressourcen verteilt werden. In diesem Sinne ist Politik aber nicht nur der Gegenstand der Politikwissenschaft, sondern auch der politischen Akteure selbst – von Berufspolitikern bis zu kommunal bewegten Bürgern oder Guerillagruppen. Und über Politik reden und schreiben nicht nur Politikwissenschaftler, sondern auch Journalisten, Dozenten der politischen Bildung und jeder andere, der das will. Worin liegt der Unterschied? Was genau unterscheidet Politikwissenschaft vom „Politikmachen", von publizistischen Kommentaren oder Visionen für eine bessere Welt? Über diese Fragen werden Sie immer wieder stolpern. Sie für sich zu beantworten, gehört zu den großen Themen eines politikwissenschaftlichen Studiums. Sie sollten von Zeit zu Zeit darauf zurückkommen. Wir skizzieren im Folgenden einige Überlegungen zu diesem Thema.

Politikwissenschaftler sind keine Politiker, sondern sie beobachten und interpretieren Politik. Sie sind Wissenschaftler, die sich um eine distanzierte, „objektive" und sachliche Analyse politischer Auseinandersetzungen und Entscheidungen bemühen, um sie zu verstehen – nicht aber, um sie selbst zu gestalten. Für manchen Politikwissenschaftler mag es nicht ausgeschlossen sein, aufgrund seiner wissenschaftlichen Erkenntnisse auch politisch zu agieren. Dies bedeutet aber immer einen Rollenwechsel: In der Rolle als Politikwissenschaftler beobachtet man ein politisches „Spiel". Man nimmt jedoch nicht daran teil, um das Spielergebnis zu beeinflussen – weder indem man mitspielt noch indem man die Spieler trainiert. Das ist die Rolle von Politikern oder Politikberatern.

Ein anderer Vergleich führt zu einer weiteren Erkenntnis: Politikwissenschaftler versuchen zu beobachten und zu verstehen, wie Politik funktioniert, so wie Naturwissenschaftler systematisch danach fragen, wie die belebte oder unbelebte Materie um uns herum oder in uns funktioniert. Ein Chemiker mag sich dafür interessieren, dass und warum sich Kaolin, Feldspat und Quarz nicht zu Gold verbinden, sondern zu Porzellan, ein Physiker, warum und in welchem Ausmaß eine volle Badewanne überläuft, wenn man hineinsteigt usw. Dieser Vergleich hinkt aber an einer entscheidenden Stelle: Chemiker und Physiker lösen diese Probleme, indem sie Experimente durchführen und deren Verlauf beobachten – Politikwissenschaftler können und dürfen dies in aller Regel nicht.

Vielleicht hilft es daher weiter, Politikwissenschaftler mit Astronomen zu vergleichen: Diesen geht es darum, die Bewegungsgesetze von Himmelskörpern zu verstehen und nicht darum, sie durch eigenes Eingreifen zu verändern. Das schließt dennoch nicht aus, dass ihre wissenschaftlichen Erkenntnisse von praktischer Bedeutung sein können. Allerdings – und hier hinkt auch dieser Vergleich – nicht für die beobachteten Himmelskörper, sondern für die Menschheit. Politikwissenschaftliche Erkenntnisse hingegen könnten wichtig für die beobachteten Objekte sein. Das ist eine bedenkenswerte Spezifik aller Wissenschaften, die sich mit der Gesellschaft und dem Menschen befassen.

Bleibt man dennoch bei der Analogie zwischen Sozial- und Naturwissenschaften, dann kann man auch relativ leicht den systematischen Unterschied zwischen Politikwissenschaft und politischem Journalismus erkennen – er ähnelt dem zwischen einem Astronomen und einem Wissenschaftsjournalisten. Letzterer muss naturwissenschaftlich gebildet sein, aber er ist kein Naturwissenschaftler. Er forscht nicht und publiziert nicht in Fachzeitschriften, sondern er übersetzt Forschungsergebnisse in eine Sprache, die Leser von Zeitungen und Publikumszeitschriften verstehen. Er vereinfacht, er veranschaulicht, er nimmt Rücksicht auf die Bedürfnisse eines nichtprofessionellen Publikums, er mag kommentieren, bewerten, bedauern oder begeistert sein und dies auch vermitteln.

Auch abstraktes politikwissenschaftliches Wissen lässt sich sehr wohl argumentativ verwenden, um Adressaten außerhalb des akademischen Betriebs zu informieren, aufzuklären, zu überzeugen oder auch zu manipulieren. Dasselbe trifft auf die Beziehung zwischen Politikwissenschaft und Politikberatung bzw. zwischen Politikwissenschaft und „Politik als Beruf" zu. Dabei geht es darum, sozialwissenschaftliches Wissen in die politische Praxis zu übersetzen, um Politik „besser" zu machen oder bestimmte Interessen effizienter durchzusetzen (oder um beides).

Politikwissenschaftler sind weder politische Akteure noch politische Journalisten. Sie versuchen, ihren Gegenstand und seine Funktionsweise zu verstehen und lassen sich nicht in ihn „hineinziehen". Abstrakter formuliert – moderne Politikwissenschaft ist, jedenfalls für die meisten ihrer Vertreter, eine empirisch-analytische Sozialwissenschaft. Sie verfolgt einen bestimmten Weg zur Erkenntnis gesellschaftlicher Phänomene: Wissen entsteht, indem Beziehungen zwischen empirisch beobachtbaren Fakten hergestellt werden, um Antworten auf Forschungsfragen zu finden. Wissenschaftliche Forschung besteht daher zunächst in der Beschreibung und Klassifizierung des Vorgefundenen (*Deskription*). In weiteren Schritten stellt sie plausibel begründbare Annahmen über Kausalzusammenhänge zwischen den einzelnen Phänomenen her (*Theoriebildung*), überprüft sie systematisch an der Realität und verwirft oder bestätigt sie im Ergebnis dieser Überprüfung (*empirische Analyse*). Eine nachfolgende *(normative) Bewertung* und *(instrumentelle) Nutzung der Forschungsergebnisse* zur „Verbesserung der Wirklichkeit" ist möglich, jedoch nicht inhärent zwingend.

## 1.2 Standards sozialwissenschaftlichen Forschens

Die Standards der politikwissenschaftlichen Forschung als einer empirisch-analytischen Sozialwissenschaft orientieren sich in der Regel an denen der Naturwissenschaften. Zwar ist umstritten, bis zu welchem Grade dies möglich und sinnvoll ist (Kap. 7.3.1). Fast alle Sozialwissenschaftler teilen jedoch die Überzeugung, dass Wissen und Erkenntnis nicht durch „Meinen", „Glauben" oder die Einhaltung rhetorischer Regeln produziert wird, sondern durch die systematische Erhebung und Auswertung von Daten, durch die Bildung und Überprüfung von Hypothesen sowie durch Regeln des wissenschaftlichen Schließens. Zu den Standards empirisch-analytischen Forschens gehören beispielsweise:

(1) die Verwendung präziser und konsentierter Begriffe (statt von Wörtern, die man dem Kommunikationspartner gegebenenfalls „im Mund umdreht");

(2) die Formulierung nachvollziehbarer und empirisch überprüfbarer Kausalzusammenhänge (statt unbeweisbarer Spekulationen);

(3) das systematische Vorgehen (statt eines rein intuitiven Verfolgens von spontanen Einfällen);

(4) die theoretische Orientierung auf verallgemeinerbares Wissen (statt der Konzentration auf das Einmalige);

(5) die Beachtung von Regeln des logischen Schließens und der „objektiven" bzw. „rationalen" Argumentation (statt moralischer Appelle);

(6) die sach- (und nicht personen-) zentrierte Auseinandersetzung
    über wissenschaftliche Probleme;
(7) der inhaltlich und formal korrekte Bezug auf Erkenntnisse von
    Kollegen in Form von Zitaten und Literaturverweisen (statt des
    Plagiats).

In diesem Anspruch ist die Politikwissenschaft den anderen Sozialwissenschaften sehr nahe, die sich mit der menschlichen Gesellschaft
unter je spezifischen Themensetzungen befassen. Insbesondere mit
der Soziologie, die das soziale Zusammenleben von Menschen im
Allgemeinen und Speziellen untersucht, und der Volkswirtschaftsleh-
re, die sich mit grundlegenden wirtschaftlichen Zusammenhängen
und Gesetzmäßigkeiten in der Gesellschaft befasst, ergeben sich vielfältige Anknüpfungspunkte. Sie schlagen sich in gemeinsam verwendeten Begriffen, Theorien und Methoden, ähnlichen Fragestellungen
und überlappenden bzw. interdisziplinären Diskursen nieder. Auch
mit der Geschichtswissenschaft und der Philosophie – zwei geisteswissenschaftlichen Disziplinen – sind einige politikwissenschaftliche
Teildisziplinen verwandt und interdisziplinär kommunikationsfähig,
weil sie auf dasselbe „Material", empirisch-historische Fakten bzw.
das Denken über Politik zugreifen.

Wie Sie sehen, ist es relativ leicht, die Politikwissenschaft systematisch zu verorten. In der Praxis und im Einzelfall ist die Abgrenzung zu benachbarten Wissenschaftsdisziplinen sowie zwischen
Politikwissenschaft und anderen auf Politik gerichteten Aktivitäten
oft weniger deutlich. Zur Identitätsbildung eines Politikwissenschaftlers gehört es daher, sich mit diesen Fragen immer wieder
auseinanderzusetzen. Wir verweisen Sie einerseits auf Literatur, die
sich speziell damit befasst, wie z.B. fast alle einschlägigen Einführungen in die Politikwissenschaft. Andererseits sind wir der Auffassung, dass Sie Ihre Position am besten „praktisch" klären. Indem Sie
im Laufe der Zeit eine große Zahl politikwissenschaftlicher Arbeiten
lesen und selbst schreiben, erschließen Sie sich den Gebrauch jener
Werkzeuge, derer sich Politikwissenschaftler bedienen. Durch eigenes Nachdenken und durch die Kommunikation mit Ihren wissenschaftlichen Betreuern gewinnen Sie eine Vorstellung davon, was
Politikwissenschaft ist und in welch unterschiedlichem Maße sie
deskriptiv, analytisch, systematisch, normativ oder auch instrumen-
tell auftritt.

**Tipp**

Lesen oder überfliegen Sie einschlägige Kapitel in Lehrbüchern, die Einführungen (a) allgemein in die Politikwissenschaft, (b) speziell in einzelne Teilbereiche, (c) in politikwissenschaftliche Arbeitstechniken oder/und (d) in die Methoden der Politikwissenschaft versprechen. Auch Darstellungen über die Geschichte der Disziplin oder ihrer Themenbereiche sind aufschlussreich. Suchen Sie nach Informationen über das Selbstverständnis der Profession. Vergleichen Sie die dabei gewonnenen Erkenntnisse. Sie werden feststellen, dass sich sehr wohl ein gemeinsamer Kern der fachwissenschaftlichen Identität herausschälen lässt, dass aber erhebliche Unterschiede darin bestehen, welcher Aspekt der Politikwissenschaft – insbesondere: der analytische oder aber der normative – hervorgehoben wird.

Das hier zugrundegelegte Verständnis von Politikwissenschaft ist grundsätzlich empirisch-analytisch im oben skizzierten Sinne. Wir befassen uns im vorliegenden Lehrbuch mit Arbeitstechniken, die es Ihnen ermöglichen, politikwissenschaftliche Erkenntnisse zu verstehen und gegebenenfalls selbst zu produzieren. Wie man sie am besten politisch weiterverwendet oder normativ bewertet, ist nicht Gegenstand unseres Buches.

## 1.3 Politikwissenschaftliche Diskurse

Politikwissenschaft entwickelt sich diskursiv. Politikwissenschaftler produzieren und kommunizieren Sinnzusammenhänge durch den Austausch und die Akzeptanz ihrer Argumente und empirischen Befunde. Dabei folgen sie den Regeln der empirisch-analytischen Sozialwissenschaft. Um relevante Forschungsprobleme entwickeln sich im Laufe der Zeit Diskurse, deren Teilnehmer eine bestimmte Perspektive einnehmen, mit demselben theoretischen Ansatz arbeiten und verwandte Begriffssysteme benutzen. Über ein und dasselbe wissenschaftliche Problem können auch mehrere Diskurse geführt werden, die sich gegenseitig ignorieren, miteinander konkurrieren oder auch verbinden.

Fachdiskurse werden mündlich geführt, also auf Tagungen, durch Vorträge und in gemeinsamen Forschungsprojekten, vor allem aber in schriftlicher Form: Wissenschaftler veröffentlichen ihre Befunde und Ideen als Aufsätze in Fachzeitschriften oder Sammelbänden, und sie schreiben eigenständige Monographien über ein spezielles Problem, um durch ihre Forschergemeinschaft wahrgenommen zu werden (> Kap. 9.1). Ob sie dabei erfolgreich sind, lässt sich daran erkennen, inwieweit andere Wissenschaftler ihre Gedanken aufgreifen. Sie zitieren die Befunde ihrer Kollegen, diskutieren sie, bewerten sie in Rezensionen, ziehen sie in Zweifel oder bestätigen sie anhand empirischer Daten, entwickeln die dort verwendeten Forschungsmethoden oder Theorien weiter und nutzen sie für eigene Forschungen. So entsteht das, was die Diskursteilnehmer gern als *State of the Art* bezeichnen: der jeweils aktuellste Stand einer Diskussion, die sich fortwährend verfeinert und Interpretationen der Realität produziert, die angemessen und fruchtbar sein sollen.

In vielen Diskursen gibt es sogenannte *Schlüsselwerke*. Es handelt sich dabei um Texte, die einen wissenschaftlichen Durchbruch bedeuten oder bedeutet haben (> Kap. 15.1, 15.3). Einerseits erweitern sie die bis dato bekannten Erkenntnisse über Politik in origineller, innovativer, überzeugender Weise, bringen also den *State of the Art* wesentlich voran. Dies geschieht beispielsweise durch eine neue theoretische Sicht auf ein altes wissenschaftliches Problem, durch die Formulierung einer neuen Theorie, durch die Anwendung einer neuen Forschungsmethode oder durch einen neuartigen Systematisierungsvorschlag für bekannte empirische Daten. Andererseits werden solche Texte nur dann und dadurch zu Schlüsselwerken, dass sie im jeweiligen Diskurs als solche anerkannt werden. Sie rufen breite, auch diskursübergreifende Aufmerksamkeit hervor. Politikwissenschaftler versuchen, ihren Beitrag zur Wissenschaftsentwicklung zu würdigen, Schwachstellen zu finden oder für andere Forschungsfragen nutzbar zu machen. Schlüsselwerke können so auch neue Diskurse begründen.

Schlüsselwerke bringen also die Entwicklung der Politikwissenschaft, ihrer Teildisziplinen oder Diskurse voran. Das ist der Grund, warum es wichtig ist, im Laufe des Studiums nicht nur politikwissenschaftliche „Inhalte" im engeren Sinne kennenzulernen und zu verstehen. Auch die Namen der diskursrelevanten Autoren, die Titel von Schlüsselwerken und ihre Erscheinungsjahre gehören zum politikwissenschaftlichen Wissen. Für Studienanfänger ist dieses *name dropping* gewöhnungsbedürftig. Wir glauben aber, dass sich seine Bedeutung aus dem eben Gesagten leicht erschließt: Weil sich die (Politik-)Wissenschaft diskursiv, durch die Kommunikation unter

Kollegen, entwickelt, sind auch die Urheber der dabei geleisteten Beiträge von Bedeutung. Namen und Werke sind keineswegs Schall und Rauch, sondern stehen als *shortcuts* für Theorien, Diskurse oder ganze Forschungsprogramme zu einem bestimmten Zeitpunkt der Wissenschaftsentwicklung.

---

**Beispiel: Schlüsselwerke als shortcuts**

Bezieht man sich in einer Diskussion beispielsweise auf „Putnams ‚Making Democracy Work'", so verbinden alle Diskussionsteilnehmer damit sofort mindestens die neoinstitutionalistische Neuinterpretation des Konzepts der „politischen Kultur" (von Gabriel Almond und Sidney Verba aus dem Jahre 1963) als „Sozialkapital". Das Konzept des Sozialkapitals wurde von dem US-amerikanischen Politikwissenschaftler Robert Putnam anhand einer zweieinhalb Jahrzehnte dauernden empirisch-vergleichenden Untersuchung der Verwaltungsreformen in Italien formuliert. Die Studie erschien 1993 und wurde schnell sehr breit diskutiert. Ohne dieses Werk ausführlich vorstellen zu müssen, weil seine Hauptthese allgemein bekannt ist, können sich die Diskussionsteilnehmer Anschlussfragen widmen – sei es einer Debatte über das eventuell schwindende Sozialkapital in den USA oder das gering entwickelte Sozialkapital in Russland, seien es Grundsatzfragen des Neoinstitutionalismus oder aber der Durchführung einer Umfrage unter den Einwohnern Oberpfaffenhofens, um das dort vorhandene Sozialkapital zu erheben.

---

Aufgrund der Theorien- und Methodenvielfalt und der Fragmentierung der Diskurse, die in der Politikwissenschaft wie in allen Sozialwissenschaften weitaus größer ist als in den Naturwissenschaften, gibt es kaum „Standardwerke" im strengen Sinne. Der Bezug auf Schlüsselwerke, die sie ersetzen, markiert daher auch den eigenen Standpunkt innerhalb einer Diskussion über politikwissenschaftliche Probleme.

Da die einschlägige Literatur zu buchstäblich jedem politikwissenschaftlichen Problem unüberschaubar ist, stellt sich die Frage, wie man Schlüsselwerke aufspürt. Die Antwort lautet: durch effizientes Recherchieren (> Kap. 6.4.1, 9 bis 13) und richtiges Lesen (> Kap. 2) – beides sind Techniken, die Politikwissenschaftler in besonderem Maße beherrschen müssen, um in der wissenschaftlichen Literatur nicht „unterzugehen".

## 1.4 Begriffe, Theorien, Modelle

Die einzelnen Wissenschaftsdisziplinen, ihre Teilbereiche und spezifischen Diskurse entwickeln eigene Begriffssysteme. Sie bilden den jeweiligen Problemfokus ab, sie setzen den begrifflichen Rahmen für mögliche Antworten und sie sind meist Gegenstand intensiver Debatten. Der Kern von Begriffsdebatten besteht darin, die mehrdeutigen Wörter der Alltagssprache in möglichst eindeutige Worte umzuwandeln, also präzise Begriffe zu bilden, und die Beziehungen zwischen diesen Begriffen zu ordnen: Welche sind die zentralen Schlüsselbegriffe, welche sind Ober- oder Unterbegriffe, welche Wortkombinationen – etwa aus Substantiven und Adjektiven – sollen neue Begriffe bilden?

*Begriffe* sind Konventionen, auf die sich die Teilnehmer von Diskursen geeinigt haben, um zu bezeichnen, worüber sie reden, schreiben und vielleicht auch streiten. Sie sind die wichtigsten Elemente von Fachsprachen. Niemand kann sie beherrschen, ohne sie aus der mündlichen oder schriftlichen Fachkommunikation zu erschließen. Deshalb ist ein Studium der Politikwissenschaft zu großen Teilen mit dem Erkennen, Verstehen und Zuordnen von Fachbegriffen verbunden. Weil viele von ihnen mit Wörtern der Alltagssprache bezeichnet werden, besteht darin vielleicht sogar eine größere Herausforderung als bei einem Medizinstudium, bei dem das Lernen der lateinischen Bezeichnungen für alle erdenklichen Körperteile ganz selbstverständlicher akzeptiert scheint.

Das zusätzliche Problem eines Politikwissenschaftlers besteht darin, dass es sich bei Fachbegriffen keineswegs lediglich um (fremdsprachliche) Wörter handelt. Auswendiglernen ist daher zu wenig. Es geht vielmehr darum, ihre Bedeutung zu verstehen. Das erreichen Sie dadurch, dass Sie aktiv lesen (> Kap. 2), um herauszubekommen, warum ein Begriff so (und nicht anders) definiert wird. Es ist interessant, einen Terminus aus seiner Begriffsgeschichte zu erschließen. Sie werden feststellen, wie unterschiedlich dieselben Wörter verwendet werden, wie sehr sich Begriffe verändern, wenn sie diskurs- und fächerübergreifend „wandern" und wie schwierig es dadurch mitunter wird, die Konsistenz von Begriffssystemen aufrechtzuerhalten. Wir kommen auf Fragen der Konzeptualisierung von Begriffen in Kap. 7.1 zurück.

**Tipp**

Vergleichen Sie beispielsweise die Bedeutung des Wortes „Demokratie" bei Aristoteles und Robert A. Dahl. Blättern Sie in Max Webers „Wirtschaft und Gesellschaft", um einen Eindruck davon zu gewinnen, wie er um ein systematisches Begriffssystem ringt, mit dem sich die komplexe soziale Realität angemessen erfassen und ordnen lässt.

Politikwissenschaftliche Texte zu lesen, heißt also auch, auf Begriffe besondere Aufmerksamkeit zu richten. Weil sie nicht einfach Wörter sind, obwohl sie oft wie Wörter der Alltagssprache klingen, überliest jemand, der sie nicht kennt, Wesentliches. Gelingende Kommunikation zwischen dem Autor eines Textes und seinem Leser, aber auch zwischen einem Dozenten und seinen Studierenden ist unmöglich, wenn zwischen ihnen kein Konsens über die Begriffe besteht. Für den Lernenden bedeutet dies zunächst, dass er die Fachbegriffe verstehen und verwenden lernen muss. Er hat mit Definitionen zu arbeiten, Begriffe aus dem Kontext zu erschließen und sie als Elemente von Theorien zu verstehen. Der Umgang mit Begriffen ist kompliziert, weil hinter einem Wort mehrere Begriffe stehen können, aber auch mehrere Wörter (Synonyme) für denselben Begriff.

**Mehrdeutige Wörter – eindeutige, aber unterschiedliche Begriffe**

Die folgenden Definitionen bezeichnen mit demselben Wort völlig unterschiedliche Begriffe. Sie werden die erste (eine alltagssprachliche) Begriffsbestimmung am besten verstehen, aber das hilft Ihnen bei den anderen drei (politikwissenschaftlichen) Definitionen keineswegs weiter.

- „**Regime** (...), das; (...) (*abwertend für* [diktatorische] Regierungsform; Herrschaft)"[1]
- Ein Regime ist „a regularized method for ordering (...) political relationships."[2]
- „Regimes can be defined as sets of implicit or explicit principles, norms, rules, and decision-making procedures around which actors' expectations converge in a given area of international relations."[3]

– „A political regime is the basic pattern by which government decision-making power is organized, exercised, and transferred in a society. We may speak, for example, of monarchical or republican, parliamentary or presidential, and authoritarian or totalitarian regimes."[4]

Wenn Sie diese offensichtliche Begriffsvielfalt verwirren sollte, hilft (oft, aber nicht immer) ein Blick in ein Fachwörterbuch, das auf weitere Stichwörter und oft auch auf einschlägige Literatur verweist:

„**Regime** (…), 1) wertneutral-beschreibende Bezeichnung einer politischen Herrschaftsordnung oder → Staatsform (Regimetyp), 2) abschätzig gebrauchte Bezeichnung vor allem für autoritäre oder totalitäre Herrschaftssysteme (…), 3) in den Internationalen Beziehungen Fachausdruck für ein besonderes Regelwerk der Kooperation (→ Internationales Regime), 4) in der vergleichenden Staatstätigkeitsforschung Fachwort für ein entwicklungsgeschichtlich angelegtes Muster von → Staatstätigkeit mit hoher → Pfadabhängigkeit (…)."[5]

Sie sind auch jetzt sicher noch nicht in der Lage, die betreffenden Begriffe korrekt zu gebrauchen, aber Sie wissen nun immerhin, dass sich mehrere Begriffe hinter demselben Wort verbergen und dass Sie noch mehr lesen und verstehen müssen.

[1] *Duden*, 2006: Die deutsche Rechtschreibung. 24. Aufl. Bd. 1. Mannheim: Dudenverlag, S. 840.

[2] *Easton, David*, 1965: A Systems Analysis of Political Life. New York: Wiley & Sons, S. 191.

[3] *Krasner, Stephen*, 1987: Structural Causes and Regime Consequences. Regimes as Intervening Variables, in: *Krasner, Stephen* (Hrsg.): International Regimes. Ithaca: Cornell University Press, S. 2.

[4] *Dogan, Mattei/Higley, John*, 1998: Elites, Crises, and Regimes in Comparative Analysis, in: *Dogan, Mattei/Higley, John* (Hrsg.): Elites, Crises, and the Origins of Regimes. Lanham: Rowman & Littlefield, S. 3-27.

[5] *Schmidt, Manfred G.* (Hrsg.), 2004: Wörterbuch zur Politik. 2. Aufl. Stuttgart: Alfred Kröner, S. 603.

**Tipp**

Lehrbücher politikwissenschaftlicher Teildisziplinen sind gut geeignet, sich einen ersten Einblick über die diskursrelevanten Fachbegriffe zu verschaffen. Ihr Vorteil besteht darin, dass sie im Unterschied zu Fachlexika die Begriffe in ihrem Kontext und als Bestandteile von Begriffssystemen vorstellen. Daher werden Sie leicht erkennen können, welchen von ihnen zentrale Bedeutung innerhalb eines bestimmten Themengebiets zukommt (falls Sie sich allerdings in dieses vertiefen, werden Sie sehr schnell andere Literatur benötigen). Häufig werden in solchen Lehrbüchern Definitionen bestimmter Autoren zitiert – wenn Sie das Beispiel zum Regime-Begriff gelesen haben, verstehen Sie auch, warum das so ist. Dies bedeutet im Umkehrschluss: In Ihren wissenschaftlichen Arbeiten werden auch Sie die zentralen Begriffe vorzugsweise zitierend definieren. Sie müssen sich im Laufe der Auseinandersetzung mit Ihrem Thema darüber klar werden, mit welcher Begriffsbestimmung Sie arbeiten und auf diese verweisen.

Aus dem, was wir über die Diskursivität der politikwissenschaftlichen Erkenntnis gesagt haben, folgt auch, wie Sie dabei vorgehen sollen: Ein bestimmter Autor hat einen bestimmten Begriff in den Diskurs eingeführt. Deshalb ist dieser zu zitieren (> Kap. 4.2.3) – *nicht* etwa das Lehrbuch und *nicht* etwa ein Nachwuchswissenschaftler, der sich in seinem „Theoriekapitel" in einen Diskurs einordnet und dabei auf bereits eingeführte Begriffe zurückgreift (wohl aber ein Nachwuchswissenschaftler, der darauf aufbauend einen neuen Begriff einführt, mit dem Sie arbeiten wollen).

Die Bedeutung von Begriffen wird durch *Theorien* bestimmt. Theorien sind gedanklich konstruierte Systeme von Zusammenhängen, die kausal verknüpft sind. Sie bestehen aus einer Reihe von Bausteinen: Empirisch nicht überprüfbare Bestandteile sind neben den Schlüsselbegriffen die theoretischen *Grundannahmen* (Prämissen); sie können weder „richtig" noch „falsch" sein, sondern nur mehr oder weniger „passend" und „nützlich". Empirisch überprüfbar sind hingegen *Hypothesen*, die aus den Grundannahmen abgeleitet werden und den Zusammenhang zwischen *Variablen* betreffen, also Merkmalen von Sachverhalten, die in unterschiedlichen Ausprägungen vorliegen können. Empirisch überprüfbar sind auch Aussagen über die Randbedingungen, unter denen die behaupteten Kausalzusammenhänge gelten. Schließlich enthalten Theorien Regeln, wie die Variablen zu messen sind, zwischen denen Ursache-Folge-Beziehungen bestehen.

Von Theorien wird allgemein verlangt, dass sie mindestens eine explizite, auf mehr als einen einzigen Fall zutreffende Zusammenhangsbehauptung enthalten, intern widerspruchsfrei (also logisch konsistent) sind, so einfach und sparsam wie möglich formuliert werden und sich empirisch bewähren, also nützlich für die Erklärung (politik-)wissenschaftlicher Sachverhalte sind. Theorien sind daher keineswegs unsortierte Sammlungen von irgendwelchen Fakten, von denen man sich vorstellt, dass sie irgendwie mit anderen Fakten zusammenhängen könnten.

In der Politikwissenschaft gibt es wie in anderen Sozialwissenschaften fast immer mehrere Theorien zur Erklärung eines Phänomens, die miteinander koexistieren oder konkurrieren. Selten dominiert ein einzelnes Paradigma den disziplinären *State of the Art*, nie ist es das einzige. Daraus folgt auch, dass es immer mehrere und unvereinbare Ursachenbehauptungen (also Erklärungen) und mehrere Begriffe gibt, die mit demselben Wort bezeichnet werden. Um Begriffe zu erschließen, muss man die Theorien kennen, deren Bausteine sie sind, und umgekehrt: Um Theorien zu verstehen, muss man die Bedeutung ihrer Schlüsselbegriffe rekonstruieren. Neben einigen wenigen „Großtheorien" (etwa der System- und der Modernisierungstheorie) werden in der Politikwissenschaft insbesondere *Theorien mittlerer Reichweite* erarbeitet und angewandt. Ihrem Anspruch nach verzichten solche Theorien auf den Versuch, ganzheitliche, allgemein und „ewig" gültige Erklärungen für alle Gesellschaften zu entwickeln.

**Beispiel für eine politikwissenschaftliche Theorie mittlerer Reichweite: „Duvergers Gesetz"**

Der französische Parteienforscher Maurice Duverger hat 1959 eine der bis heute bekanntesten politikwissenschaftlichen Theorien formuliert, in der ein starker Zusammenhang zwischen Wahl- und Parteiensystemen behauptet wird: Das System der Verhältniswahl führt demnach zu einem Vielparteiensystem mit programmatisch starren und organisatorisch stabilen Parteien, die relative Mehrheitswahl hingegen zu einem Zweiparteiensystem mit sich in der

Regierungsausübung abwechselnden großen Parteien und die absolute Mehrheitswahl (mit Stichwahl) zu einem Vielparteiensystem mit elastischen, verhältnismäßig stabilen Parteien.

Die Vergleichende Wahlsystemforschung hat den Determinismus und die Monokausalität dieser Theorie in der Folgezeit relativiert. Dennoch gilt es als gesichert, dass Wahlsysteme das Verhalten von Parteien in einem Parteiensystem beeinflussen können – allerdings wirken auch weitere Variablen auf dessen Konfiguration. „Duvergers Gesetz" ist damit auch ein Beispiel dafür, dass es Zusammenhänge, die den rigiden Charakter von (klassischen Natur-)Gesetzen aufweisen, in der Gesellschaft möglicherweise gar nicht gibt; bestenfalls wirken wohl eher mehr oder weniger robuste „Regelmäßigkeiten" oder aber „soziale Mechanismen" (> Kap. 7.2.3).

Theorien lassen sich häufig einer gemeinsamen Denkperspektive zuordnen, die durch bestimmte Grundannahmen und Schlüsselbegriffe charakterisiert ist. Solche Denkperspektiven werden als *Ansätze* bezeichnet (z.B. Neoinstitutionalismus, *Rational Choice*, Konstruktivismus u.ä.).

Um schließlich noch einen weiteren Begriff vorzustellen: *Modelle* sind abstrakte, verkürzte Darstellungen beobachtbarer Sachverhalte oder Theorien. Sie erfassen jene Eigenschaften des „Originals", die dem Wissenschaftler wesentlich erscheinen, welcher sie entwickelt oder verwendet. Mithilfe (konkurrierender) Modelle lassen sich wichtige Bestandteile von (konkurrierenden) Theorien und Ansätzen häufig gut veranschaulichen, weil sie die Beziehungen zwischen ihnen verdeutlichen. Dies gilt nicht nur für Atommodelle in der Physik, sondern auch beispielsweise für Modelle des politischen Prozesses. Sie verdeutlichen auf der Grundlage beobachtbarer Eigenschaften der empirischen Realität, wie der Prozess der Formulierung gesamtgesellschaftlich verbindlicher politischer Entscheidungen abläuft. Die Vorstellungen darüber unterscheiden sich beträchtlich, z.B. je nachdem, ob die betreffenden Modelle systemtheoretisch oder neoinstitutionalistisch geprägt sind.

Man kann das Studium der Politikwissenschaft mit dem langwierigen Zusammentragen eines sehr unübersichtlichen Puzzles vergleichen. Durch die aktive Auseinandersetzung mit wissenschaftlicher Literatur wird es Ihnen gelingen, immer mehr Puzzleteile gewissermaßen auf die „bedruckte Seite" zu drehen und im Laufe der Zeit aneinanderzufügen. Wie in allen anderen Sozial- und Geisteswissenschaften bedeutet Professionalität auch in der Politikwissenschaft nicht nur tiefgründiges, sondern auch breites, vielfältiges, differenziertes und sich seiner Begrenztheit bewussten Wissens. Nicht umsonst liegt der Höhepunkt der wissenschaftlichen Schaffenskraft in diesen Disziplinen traditionell im höheren Lebensalter als bei Naturwissenschaftlern, weil sie noch stärker auf ein tragfähiges Fundament von akkumulierten Gedanken angewiesen ist.

Dem Umdrehen von Puzzleteilen auf die bedruckte Seite entspricht das aktive, neues Wissen erschließende Lesen. Es bildet die Grundlage für sinnvolle Seminargespräche ebenso wie für die Weiterentwicklung des eigenen politikwissenschaftlichen Denkens und Schreibens – also von Tätigkeiten, die man mit dem Zusammenfügen passender Puzzleteile vergleichen kann. Unserer Auffassung nach können diese Tätigkeiten nicht durch passiven Konsum – etwa das Hören wissenschaftlicher Vorträge – oder oberflächlich bleibendes „Einprägen" und Reproduzieren von Wissen ersetzt werden: Auf diese Weise würden die Puzzleteile viel zu unscharf konturiert bleiben, um sie sinnvoll zusammensetzen zu können. Deshalb befasst sich dieses Lehrbuch im Folgenden mit Techniken des wissenschaftlichen Arbeitens im Sinne von „Denken" – und nicht etwa mit Techniken zur Steigerung der Gedächtnisleistung.

# Techniken für das Studium der Politikwissenschaft

# 2 Lesen lernen

## 2.1 Können Sie lesen?

Ja, sicher. Sie haben es über viele Jahre hinweg gelernt. Sie wissen, dass man Romane anders liest als Gebrauchsanweisungen und historische Quellen anders befragt als Gedichte. Dennoch: An unseren Studenten beobachten wir immer wieder, dass sie politikwissenschaftliche Texte nicht lesen können. Und an uns, dass wir dieses Lesen nicht lehren, sondern voraussetzen – und dann oft enttäuscht sind, wenn wir sehen, was dabei herauskommt: Studierende beschränken sich vielfach darauf, „Daten und Fakten" in Texten zu finden. Dabei übersehen sie oft die Argumentation des Autors, der eine bestimmte These entwickelt, belegt oder ihr widerspricht. Sie befassen sich beispielsweise damit, einen Aufsatz, in dem danach gefragt wird, *warum* Bürgerkriege ausbrechen, lediglich daraufhin „auszuschlachten", *wann* und *wo* sie stattgefunden haben (auch > Kap. 6.3). Aus einem Klassiker der Demokratietheorie entnehmen sie eine Liste der Merkmale demokratischer politischer Systeme, um sie auswendig zu lernen – ohne sich in die noch viel interessantere Begründung des Autors zu vertiefen, warum moderne territorialstaatlich verfasste Demokratien über genau diese Merkmale verfügen müssen. Dabei bemerken sie oft gar nicht, dass sie den Text durch dieses Vorgehen in seinem Anspruch, seiner Originalität und seiner Wissenschaftlichkeit verfehlen.

Studierende können komplexe Argumentationen häufig nicht nachvollziehen. Sie kennen die Regeln der wissenschaftlichen Beweisführung nicht, widerlegen statistisch belegte Erkenntnisse mit Einzelbeispielen aus ihrem persönlichen Erleben und sind unempfänglich für die Eleganz von Gedankengängen. Weil sie nicht gelernt haben, Fragen an den Text zu stellen, lesen sie vorzugsweise etwas heraus, das sie in dem bestätigt, was sie bereits wissen. Sie unterstellen den Autoren eine mehr oder weniger simple „Meinung" und weigern sich, diese zu „glauben", wenn sie ihnen nicht gefällt.

Warum lesen viele Studenten politikwissenschaftliche Texte falsch? Unseres Erachtens liegt es daran, dass sie Texte in erster Linie auf ihren *Informationsgehalt* hin auswerten, sie also nutzen, um „Wissen" zu gewinnen, nicht aber „Erkenntnisse". Sie glauben, genau richtig vorzugehen, wenn sie Fachtexte so lesen wie etwa Tageszeitungen, nämlich, um sich über politische Ereignisse zu informieren.

Dieses „Lesen, um Informationen zu gewinnen", ist jedem vertraut und kann von einem Studienanfänger schon deshalb nicht in Frage gestellt werden, weil ihm der Unterschied zwischen Politikwissenschaft und Wissen oder „Meinen" über Politik zunächst nicht besonders klar ist (> Kap. 1.1). „Lesen (politik-)wissenschaftlicher Texte" bedeutet im hier gemeinten Sinne jedoch etwas anderes. Es ist Lesen, um Erkenntnisse anderer, ihre Interpretationen und theoretischen Argumentationen zu *verstehen*, d.h. herauszuarbeiten, gedanklich nachzuvollziehen, eigenständig zu durchdenken und zu prüfen, ob und wie stichhaltig sie begründet sind. „Lesen, um zu verstehen" bedeutet also, sich selbständig wissenschaftliches Wissen zu erarbeiten.

Beim informativen Lesen eignet man sich Fakten an, die von derselben Art sind, die man bereits kennt – danach weiß man quantitativ „mehr", aber nichts qualitativ „anderes". Man lernt etwas darüber, *wie* etwas ist. Solche Informationen sind eine wichtige Voraussetzung für Erkenntnis, aber sie sind selbst noch keine Erkenntnis. Diese gewinnt man, wenn man liest, um etwas zu verstehen, was man vorher nicht verstanden hat. Wenn Ihnen das gelingt, werden Sie eine (neue) Erklärung für ein wissenschaftliches Problem kennengelernt und verstanden haben. Sie werden wissen, warum bestimmte Fakten auf eine bestimmte Art zusammenhängen, worin sich Phänomene unterscheiden oder ähneln. Sie werden gelernt haben, *warum* etwas so ist, wie es ist.

Lesen, um Informationen zu gewinnen, ist weitaus leichter zu bewerkstelligen als verständnis- und erkenntnisorientiertes Lesen. Sie brauchen außer elementaren Lesefähigkeiten und dem Überfliegen kaum spezielle Fertigkeiten, sondern lediglich Routinen, wie Sie die gewonnenen Informationen abspeichern können, um sie nicht zu vergessen (> Kap. 3.3, 14). Lesen, um zu verstehen, verlangt Ihnen erheblich mehr Mühe ab, und Sie müssen dabei viel mehr denken als beim informativen Lesen: Ein schwieriger Text wird Sie am Anfang überfordern und muss das auch, damit Lernen überhaupt möglich wird. Wenn Sie mit ihm „fertig" sind, wird Ihr Verständnis für ein bestimmtes Problem gewachsen sein. Sie werden nicht nur wissen, was ein Autor sagt, sondern auch, was er damit meint und warum er es sagt.

> **Tipp**
>
> Überprüfen Sie ab und zu, in welchem Lesemodus Sie bei einem Text vorgegangen sind: Haben Sie informativ gelesen, sollten Sie sich daran *erinnern* können, was der Autor mitgeteilt hat. Haben Sie verständnisorientiert gelesen, können Sie den Gedankengang des Autors darüber hinaus *erklären*, d.h. mit eigenen Worten nachvollziehen.

Für das Lesen politikwissenschaftlicher Texte braucht man sowohl informatives als auch verständnisorientiertes Lesen, und nicht immer sind die Grenzen zwischen beiden Herangehensweisen klar zu ziehen. Um jedoch politikwissenschaftlich *denken* zu lernen, ist das „Lesen, um zu verstehen" entscheidend. Unserer Auffassung nach handelt es sich hierbei sogar um die wichtigste studienrelevante Aktivität.

Sicherlich ist es wichtig, Vorlesungen zu hören, in Seminarsitzungen zu diskutieren, Dozenten Fragen zu stellen und aus ihren Antworten zu lernen. Am wichtigsten aber ist Lesen. Mit dem Lesen organisieren Sie Ihr Lernen selbst, indem Sie mit dem Autor wissenschaftlicher Texte in ein Gespräch eintreten. Durch das Lesen erschließen Sie nicht nur Begriffe, Interpretationen und Theorien von Wissenschaftlern, sondern Sie können auch erkennen, wie Argumentationen aufgebaut sind, woher Autoren ihre Forschungsfragen nehmen und wie sie Hypothesen entwickeln. Kurzum: Durch Lesen lernen Sie, politikwissenschaftlich zu denken, und Sie können dadurch auch lernen, politikwissenschaftlich zu schreiben. Wir wissen nicht, ob man durch das „richtige" Lesen von Romanen ein guter Romanschriftsteller werden könnte, wir glauben aber, dass man durch das richtige Lesen (guter) politikwissenschaftlicher Texte ein guter Politikwissenschaftler werden kann. Dieses richtige (politik-)wissenschaftliche Lesen setzt die Beherrschung einiger Techniken voraus, die wir jetzt vorstellen.

## 2.2 Aktives Lesen

Lesen ist nicht gleich lesen. Man kann vier Lesemodi unterscheiden, die aufeinander aufbauen und die jeweils vorangehenden einschließen.[2] Wir stellen sie zunächst kurz vor. Welche Regeln Sie in den drei „aktiven Modi" des prüfenden, analytischen und vergleichenden Lesens beachten müssen, damit Sie tatsächlich über die Stufe des elementaren Lesens hinauskommen, erklären wir in den Kapiteln 2.3 sowie 6.4.2.

### Elementares Lesen

Das Vermögen, Schriftzeichen zu Wörtern und Sätzen zusammenzusetzen und ihre Bedeutung zu verstehen, haben Sie in den ersten

---

[2]    Die folgenden Ausführungen sind stark beeinflusst von: *Adler, Mortimer J./Van Doren, Charles,* 2007: Wie man ein Buch liest. Frankfurt a.M.: Zweitausendeins.

Schuljahren erworben. In diesem Modus bewegen Sie sich dank Ihrer bisherigen Leseerfahrung souverän und ohne großes Nachdenken; falls Sie hier noch etwas verbessern wollen oder können, ist das höchstwahrscheinlich Ihr Lesetempo (> Kap. 2.4). Für Texte, denen Sie sich zwecks Unterhaltung oder Informationsgewinnung zuwenden, ist dieser Lesemodus völlig angemessen. Er versagt jedoch, wenn Sie an einen Text geraten, der Ihnen zunächst „zu hoch" ist. Das liegt daran, dass die stillschweigend angenommene Funktionsvoraussetzung dieses Lesemodus dann nicht vorliegt: Es gibt hier eine Diskrepanz zwischen der Fähigkeit, Zeichen zu Wörtern und Sätzen zu verbinden und dem Vermögen, die Bedeutung dieser zusammengesetzten Zeichen im gemeinten Sinne zu verstehen.

### Prüfendes Lesen

Dabei wird ein Text einerseits systematisch durchgesehen („querlesen") und andererseits flüchtig gelesen („überflogen"). In kürzester Zeit soll bei hoher Konzentration so viel wie möglich aus ihm herausgeholt werden. Die Zeit, die Sie sich dafür einräumen, ist prinzipiell viel zu kurz, um den Text gründlich zu lesen. Genau so soll es auch sein, denn es geht zunächst lediglich darum, einen Überblick über seinen Aufbau und seinen Inhalt zu gewinnen, keineswegs um Details oder ein tiefgehendes Verständnis der Argumentation. Im Ergebnis dieser Verbindung aus konzentriertem Querlesen und schnellem Überfliegen können Sie eine begründete Entscheidung treffen, wie weiter zu verfahren ist: Habe ich genug erfahren und kann die Auseinandersetzung mit dem Text bereits jetzt abschließen? Sollte ich ihn später noch einmal lesen, weil er mir in einer anderen Frage weiterhilft, die ich aber heute nicht bearbeiten will? Welche Stellen sind es wert, gründlich gelesen zu werden? Wenn Sie einen Text – beispielsweise die Tageszeitung – nur deshalb lesen, um Informationen zu sammeln, können Sie sich oft mit diesem Verfahren begnügen.

Die meisten Studierenden unterschätzen die Bedeutung dieses Lesemodus. Das ist schade, denn die kurze Zeit, die man sich für das prüfende Lesen eines Textes einräumt, zahlt sich aus: Sie ermöglicht enorme Zeitgewinne für andere Tätigkeiten. Mit wachsendem politikwissenschaftlichem Wissen und zunehmender Leseroutine werden Sie feststellen, dass viele, sogar die meisten Texte durch konzentriertes kursorisches Lesen angemessen erfasst werden können. Es

bleiben vergleichsweise wenige Texte übrig, welche (noch nicht einmal in ihrer ganzen Länge) den zeitaufwendigen und mühsamen
Prozeduren der beiden nächsten Lesemodi unterzogen werden müssen. Wenn man das prüfende Lesen gut beherrscht, wird man sich
auch nicht mehr in der richtigen Auswahl der Texte irren, die sinnvollerweise „gründlich" zu lesen sind.

### Analytisches Lesen

Dieses Lesen ist „zergliedernd". Sie stellen konkrete Fragen an den
Text und lesen ihn „gründlich", „richtig" oder „vollständig", bis Sie
ihn verstanden haben, ganz gleich, wie lange es dauert. In den aller-
meisten Fällen müssen keine ganzen Aufsätze, schon gar nicht komplette Bücher, analytisch gelesen werden. In der Regel ist dies nur für
einige Textabschnitte sinnvoll und nötig; bei den anderen bleiben Sie
bei einem überfliegenden Lesen. Auf jeden Fall gilt: Sie können den
Gedankengang eines anspruchsvollen Textes nicht verstehen, wenn
Sie ihn nicht (zumindest an den wichtigen Stellen) analytisch gelesen
haben.

Unserer Auffassung nach ist es gerade der analytische Lesemodus,
dessen Existenz vielen Studierenden unbekannt ist. Sie werden die
Erfahrung des analytischen Lesens machen, wenn Sie an selbst gewählten Texten die Hinweise ausprobieren, die wir weiter unten auf-
führen. Texte, die Sie um der Unterhaltung oder der Informationsgewinnung willen lesen, bedürfen dieses Vorgehens übrigens nicht.

### Vergleichendes Lesen

Hierbei werden mehrere Texte gelesen, um sie in Beziehung zueinander zu setzen und zu verstehen, worin sich die jeweils entwickelten
Argumentationen ähneln oder unterscheiden. Es handelt sich um die
aktivste und komplexeste aller denkbaren Stufen, und sie macht es
möglich, dass der Leser selbst produktiv wird: Durch die befragende
Analyse mehrerer themenverwandter Texte wird er etwas aus ihnen
entnehmen können, was in keinem von ihnen für sich genommen
enthalten ist.

Wenn Sie in der Lage sind, in diesem Modus zu lesen, wird sich
eine Frage erübrigen, die wir so oft von unseren Studierenden hören:
Was ist „das Eigene", das Ihnen abverlangt wird, wenn Sie schriftliche Arbeiten anfertigen? Hier liegt der Schlüssel dazu, weil Sie Ihre

Analyse bereits vorliegender Forschungsergebnisse und Argumente zu eigenen Erkenntnissen führen wird. Dieses Lesen ermöglicht es, eigene interessante Forschungsfragen zu stellen, empirisches Material informiert und diszipliniert auszuwerten, Ideen für Projekte zu entwickeln (> Kap. 6) usw. Sie können nun am politikwissenschaftlichen Diskurs (> Kap. 1.3) teilnehmen, weil Sie ihn souverän überblicken. Das vergleichende Lesen ist daher ein Lesemodus, den Sie brauchen, um besonders anspruchsvolle Referate zu erarbeiten und eigene Forschungsarbeiten durchzuführen. Für den Erfolg Ihrer Abschlussarbeit ist entscheidend, wie geübt Sie darin sind.

Die drei letztgenannten Lesestufen bezeichnen wir zusammengefasst als Modi des „aktiven Lesens". Sie dienen unterschiedlichen Zwecken, haben aber gegenüber dem elementaren Lesen eine Gemeinsamkeit: Sie funktionieren nur, wenn Sie Fragen an den Text stellen. Begnügen Sie sich nicht damit, mehr oder weniger offen gegenüber dem Gedruckten zu sein und Zeichen zu sinnhaften Einheiten zusammenzusetzen. Werden Sie aktiv, indem Sie in einen fiktiven Dialog mit dem Autor eintreten: Was bietet er mir für einen Text an? Was teilt er mir mit, wie und warum? Brauche ich das (jetzt), was er sagt?

Was Sie aus dem Text erfahren, hängt also davon ab, mit welcher Absicht Sie ihm entgegentreten. Bemühen Sie sich immer auch darum, das, was Sie an Neuem erfahren mit dem in Verbindung zu setzen, was Sie schon wissen. Auf diese Art und Weise wird Lesen zu selbst organisiertem Lernen. Um die Gedanken anderer Menschen so präzise wie möglich zu verstehen, ist ein reflektiertes, zielgerichtetes Vorgehen nötig, das sich erheblich von dem üblicherweise naiv-neugierigen Zugriff des elementaren Lesens unterscheidet. Da Sie dadurch in ein wissenschaftliches Fachgespräch eintreten, werden Sie nicht überrascht sein festzustellen, dass Lesen Arbeit ist.

Im Folgenden stellen wir Regeln vor, die es Ihnen erlauben, (politik-)wissenschaftliche Texte aktiv zu lesen, um zu lernen. Wenn Sie besser lesen wollen als bisher, bleibt Ihnen nichts anderes übrig, als sie anzuwenden, auch wenn das zunächst mühsam ist. Arbeiten Sie an Ihrer Fachlektüre probeweise mithilfe dieser Regeln und beobachten Sie, was sich dadurch für Sie ändert. Wir versichern Ihnen, dass es sich lohnt – aber es ist allein Ihre Entscheidung, ob Sie diesem Rat folgen. Es gibt keinen Trainer, der Sie anfeuern wird. Den Erfolg Ihrer Bemühungen werden zuerst und am meisten Sie selbst spüren, machen Sie ihn sich also von Zeit zu Zeit bewusst.

## 2.3 Regeln des aktiven Lesens

### 2.3.1 Allgemeine Regeln des wissenschaftlichen Lesens

Es lohnt sich, bei jedem Lesen einige grundsätzliche Regeln zu beachten, die sehr einfach sind, Ihr Leseverhalten aber ernsthaft verändern können:

(1)  *Stellen Sie Fragen an den Text – er ist Ihr Diskussionspartner.* Zuweilen wird behauptet, dass etwa 80 Prozent der Inhalte, die ein Leser einem Text abgewinnt, in Wirklichkeit aus seinem eigenen Kopf stammen und nicht aus dem des Autors. Auch wenn dieser Wert zu hoch gegriffen sein sollte – wenn wir in Seminaren mehrere Studierende bitten, die These eines Autors zusammenzufassen, scheint sich diese Behauptung oft zu bestätigen. Dies ist fast immer die Folge eines naiven Lesezugangs, der dazu führt, dass eher hängenbleibt, was jemanden in seinen unreflektierten Ansichten bestärkt (oder provoziert). Unsere These ist, dass erst „aktives Lesen" es ermöglicht, von einem Autor zu erfahren, was *er* zu einem bestimmten Thema denkt, weil man ihn danach fragt. Gleichzeitig werden unterschiedliche Interpretationen von Texten immer möglich sein, und zwar deshalb, weil man ihnen unterschiedliche Fragen stellen kann. Gute Texte fordern dies geradezu heraus. Wenn man sie nach Jahren wieder liest, erfährt man von ihnen meist immer noch etwas Neues, das man vorher übersehen hatte. Das ist möglich, weil man diesen Text inzwischen anders befragt als zuvor – denn man hat die Antworten von damals verstanden und weitergelernt.

(2)  *Finden Sie die Schlüsselwörter eines Textes und erschließen Sie ihre Bedeutung so präzise wie möglich.* Das heißt nicht zwingend, dass Sie angesichts eines unbekannten Wortes sofort mit dem Lesen innehalten und in einem Wörterbuch oder Fachlexikon nachschlagen. Meist ist es sogar besser, dies nicht zu tun, um sich den Blick auf den Bedeutungsgehalt nicht zu verstellen, mit dem der betreffende Autor arbeitet. Achten Sie auf Definitionen und Abgrenzungen des Begriffsgebrauchs, die der Autor selbst verwendet, indem er sich von anderen Autoren distanziert.

(3)  *Arbeiten Sie mit dem Text – markieren und exzerpieren Sie ihn, notieren Sie Ihre Gedanken.* Ob Sie dies auf dem Seitenrand, einem separaten Blatt oder in einer Textdatei tun, ist nicht nur

eine Frage der zur Verfügung stehenden Mittel[3], sondern auch des jeweiligen Lesemodus.

Beim Querlesen und auch beim analytischen Lesen sollten Sie vor allem auf und in Ihrer Kopie schreiben, unterstreichen, Zeichen und Symbole anbringen. Es lohnt sich, Texte gezielt auf ihre Struktur hin zu lesen und auf dem Rand zu vermerken, worum es sich jeweils handelt. Entwickeln Sie dafür ein eigenes System (> Kap. 3.3).

Texte, die Sie sich ernsthaft zu eigen machen wollen, werden Sie darüber hinaus mehr oder weniger ausführlich exzerpieren, z.B. als Strukturexzerpt (*Outline Paper*), oder in wenigen Sätzen (*Abstract*) zusammenfassen (> Kap. 3.3). Dabei stellt sich auch die Frage nach der angemessenen Form für die Verwaltung von Wissen und Literatur (> Kap. 14). Dies ist wichtig, weil Sie dadurch den Übergang vom konsumierenden zum produzierenden Lesen und Schreiben vollziehen, die gewonnenen Erkenntnisse geordnet „abspeichern" und damit auch abrufbar halten. Sie schaffen so die Voraussetzungen dafür, am politikwissenschaftlichen Diskurs eigenständig teilzunehmen.

---

**Tipp**

Das Exzerpieren wird Ihnen erst dann gut und effizient gelingen, wenn Sie den Vorgang des analytischen Lesens ein erstes Mal abgeschlossen haben und den Text danach noch einmal durchgehen – sonst verschwenden Sie viel zu viel Zeit. Wenn Sie zu exzerpieren beginnen, bevor Sie Struktur und Inhalt des Textes erfasst haben, werden Sie die Argumentation des Autors nicht resümieren können. Sie werden vielmehr zwangsläufig versuchen, alles zu notieren, was Sie aus seinem Text an neuen Informationen über das betreffende Thema erhalten können.

---

(4)  *Passen Sie Ihr Leseverhalten dem Text an* – wechseln Sie zwischen Quer- und analytischem Lesen, zwischen schnellem Überfliegen und langsamem Lesen. Die einzelnen Arten wis-

---

[3]  Das damit verbundene „physische Aneignen" eines Textes ist selbstverständlich nur zulässig, wenn Sie das betreffende Schriftstück bzw. eine Kopie davon tatsächlich besitzen. Mit dem Eigentum anderer, darunter der Bibliothek, dürfen Sie nicht so umgehen, was die Arbeit am Text zweifelsohne erschwert.

senschaftlicher Literatur legen ein bestimmtes Leseverhalten nahe (> Kap. 9.1). Aktives Lesen ist immer selektives Lesen. Auch der schwierigste Text enthält Passagen, die man nur „durchsehen" muss. In jedem guten Text gibt es mit Sicherheit aber Stellen, für die Sie sich Zeit nehmen sollten. Verabschieden Sie sich auch von der Vorstellung, Sie müssten einen Text nur einmal ganz genau von vorn nach hinten durchlesen, um ihn zu verstehen. Aktives, auf Lernen zielendes Lesen wird effizienter sein, wenn sie nicht linear vorgehen, sondern rekursiv – indem Sie immer wieder zu einzelnen Textteilen zurückkehren, gegebenenfalls unter einer anderen Perspektive.

Falls Sie vorhaben, sich nun unseren Ausführungen über das prüfende, analytische und vergleichende Lesen zu widmen, bitten wir Sie um Folgendes: Versuchen Sie nicht, die folgenden Unterkapitel durchzu*lesen*, sondern nehmen Sie sich vor, sie durchzu*arbeiten*. Probieren Sie anhand eines wissenschaftlichen Textes, den Sie ohnehin lesen wollen oder müssen, sofort aus, was wir Ihnen raten. Gehen Sie schrittweise vor und kehren Sie in nächster Zeit öfter zu den folgenden Abschnitten zurück, indem Sie weitere Texte nach diesen Regeln lesen. Beobachten Sie die Erfahrungen, die Sie beim Lesen machen und lernen Sie daraus.

---

**Zusammenfassung: Allgemeine Regeln des wissenschaftlichen Lesens**

(i)   *Fragen* an den Text stellen;
(ii)  *Schlüsselwörter* gezielt suchen und erschließen;
(iii) *Notizen* anfertigen;
(iv)  *Lesemodi* wechseln.

---

### 2.3.2 Spezielle Regeln: Prüfendes Lesen

Beim prüfenden Lesen stellen Sie Fragen an den Text, um herauszufinden, wie weiter mit ihm zu verfahren ist. Die meisten politikwissenschaftlichen Texte weisen ähnliche „Fundstellen" auf, an denen Sie Antworten auf die Frage finden: Was kann ich aus dieser Publikation lernen? Zunächst geht es um ein *systematisches Querlesen*:

(1)   Lesen Sie *Titel* (und Untertitel) des Buches bzw. Aufsatzes, nehmen Sie den Namen des Autors und das Erscheinungsjahr

zur Kenntnis; manchmal ist auch der Verlag von Interesse (auch > Kap. 9.2). Fragen Sie sich, was Sie aufgrund dieser Informationen vom Text erwarten. Machen Sie sich Ihre Antwort bewusst. Sie aktivieren damit auch Ihr vorhandenes Wissen zum Thema.

(2) Lesen Sie das *Abstract*, das einem Zeitschriftenaufsatz oft vorangestellt ist oder die *Einleitung*. Informieren Sie sich darüber, wie der Autor in sein Thema und den einschlägigen Diskurs einleitet, welche Forschungsfragen und Thesen er formuliert, wie er sein Vorgehen (und damit den Aufbau des Textes) skizziert. Achten Sie auf (Schlüssel-)Begriffe. Bei einem Buch versuchen Sie durch Überfliegen herauszufinden, an welchen Stellen in der Einleitung oder im ersten Kapitel die entsprechenden Informationen möglichst prägnant formuliert sind. Oft können Sie die Lektüre der Einleitung auch durch das Lesen von (Teilen des) letzten Abschnitts eines Aufsatzes (bzw. Kapitels eines Buches) ersetzen. Sie enthalten das *Fazit* oder die Schlussfolgerungen. Es handelt sich dabei meist um dieselben Schlüsselinformationen wie in Textanfängen, die gewissermaßen „vorangestellte Zusammenfassungen" sind.

Machen Sie sich dann bewusst, worin das Anliegen des Autors besteht und ob es eine These gibt, die systematisch entwickelt wird. Prüfen Sie, ob die Informationen, die Sie gewonnen haben, Ihren Erwartungen an den Text entsprechen. Fragen Sie sich, ob Ihnen die Schlüsselwörter und der dazugehörige Diskurs geläufig sind.

(3) Lesen Sie das *Inhaltsverzeichnis* (eines Buches) oder die (Zwischen-)*Überschriften* (in einem Aufsatz). Sie erhalten dadurch eine „Wegekarte" des Argumentationsgangs, vielleicht auch einen Überblick über diskutierte Fallbeispiele. Dadurch können Sie genauer lokalisieren, wo die für Sie interessanten Abschnitte des Textes zu finden sind, die Sie später gründlich lesen werden.

(4) Wenden Sie sich dem *Literaturverzeichnis* zu: In welchen Diskurs ordnet sich der Autor ein? Kennen Sie Autoren oder Werke, die er zitiert oder haben Sie von ihnen schon einmal gehört? Beschränken Sie diesen Schritt auf wissenschaftliche Aufsätze, wenn das Thema für Sie neu ist. Die (meist sehr langen) Literaturverzeichnisse von Büchern sollten sie beim ersten Querlesen nicht gründlich durchgehen, weil Sie sonst in kurzer Zeit zu viele Informationen aufnehmen müssten, denen Sie spontan keine Bedeutung beimessen können. Kennen Sie sich jedoch

bereits sehr gut im betreffenden Diskurs aus, werden Sie auch lange Literaturverzeichnisse schnell überfliegen und registrieren, auf welche Autoren und Werke sich der Verfasser beruft.

(5)   Bücher enthalten oft ein *Register (Index),* das Sie durchsehen sollten: Welche Fachbegriffe bzw. Schlüsselwörter werden verwendet bzw. – was man oft an der Häufigkeit der Verweise erkennen kann – sind von zentraler Bedeutung? Schlagen Sie eventuell an einer der angegebenen Stellen nach, wenn Sie ein Begriff interessiert.

Sie können nun entscheiden, wie Sie mit dem Text weiter verfahren wollen, weil Sie durch das systematische Querlesen verstanden haben, welches Problem er bearbeitet. Sie können ihn ganz weglegen, ihn in eine Leseliste aufnehmen, die nach Prioritäten geordnet ist, seine Lektüre vorerst zurückstellen oder aber ihn umgehend analytisch vertiefend lesen, falls Sie nun genauer wissen wollen oder müssen, was der Autor vorzubringen hat.

Wenn Sie das Verfahren des prüfenden Lesens vollständig durchführen wollen, sollten Sie nach den bisher genannten Schritten den Text insgesamt *überfliegen*. Blättern Sie den Aufsatz oder das gesamte Buch konzentriert durch, lesen Sie mehr oder weniger flüchtig einzelne Absätze, wenn Sie irgendetwas interessant finden. Achten Sie dabei auf weitere Textteile, die Informationen in komprimierter Form enthalten, z.B. Klappentexte und Vorworte in Büchern, erste und letzte Absätze nach bzw. vor (Zwischen-)Überschriften, erste und letzte Sätze in Absätzen und Tabellen. Verzichten Sie darauf, an Stellen hängenzubleiben, die Sie nicht sofort verstehen.

---

**Wie lesen Sie das vorliegende Lehrbuch?**

Sollten Sie dieses Buch bis hierhin „elementar" gelesen haben, hören Sie nun bitte damit auf. Lesen Sie zuerst die Einleitung (> „Was Sie von diesem Lehrbuch erwarten können") und dann das Inhaltsverzeichnis. Überfliegen Sie das Sachregister, blättern Sie anschließend das ganze Buch schnell durch. Fragen Sie sich, ob unsere Absicht überhaupt dem entspricht, was Sie erwartet haben – und wenn nicht, ob das gegen oder für die Lektüre spricht. Sie werden dafür eher zehn Minuten als eine halbe Stunde brauchen. Entscheiden Sie danach, ob und was Sie zum gegenwärtigen Zeitpunkt wirklich genau lesen wollen und beginnen Sie mit diesen

> Textteilen. Weil es sich dabei, selbst wenn Sie nur Ausschnitte lesen sollten, schon um den „zweiten Durchgang" handelt, werden Sie schneller vorankommen, als Sie wahrscheinlich denken.

Die beschriebene Prozedur des prüfenden Lesens ist nicht sehr aufwendig, aber effizient. Wenn Sie sie einige Male bewusst an neuen Texten vollziehen, werden Sie ihren Nutzen spüren. Mit der Zeit wird sie zu einer Routine werden, die Sie gegenüber jedem sozialwissenschaftlichen Text anwenden, ohne sich dies noch absichtlich vornehmen zu müssen. Für Ihre Entscheidung, wie mit einem Text nach dem Querlesen und Überfliegen zu verfahren ist, überprüfen Sie die Informationen, die Sie erhalten haben, an Ihren Erwartungen und Ihrer eigenen (Forschungs-)Frage. Haben Sie das Gefühl, der durchgesehene Text könnte dafür zentral sein, lesen Sie ihn analytisch. Sind Sie gerade dabei, nach einer größeren Literaturrecherche Ihre Ausbeute zu sortieren, nehmen Sie ihn zunächst in die Liste der Kandidaten für das analytische oder vergleichende Lesen auf (> Kap. 6.4.1). Erscheint er Ihnen als erheblich zu schwer, aber sehr wichtig, stellen Sie ihn zurück. Suchen Sie zunächst nach einfacheren Texten zum selben Problem, um sich schrittweise einzulesen.

---

**Was tun mit Texten, die zu schwer sind?**
Lesen Sie einen Text nie mit großem Aufwand, wenn er nur schnelles, überfliegendes Lesen verdient. Legen Sie ihn aber auch nicht deshalb nach dem prüfenden Lesen weg, weil Sie ihn nicht verstehen – sondern nur dann, wenn Sie sicher annehmen, dass Sie seinen Inhalt gegenwärtig nicht verstehen müssen, weil sein Inhalt nicht von Belang für Ihr Anliegen ist. Lesen Sie schwierige Texte mehrmals, ohne sich darüber zu ärgern, dass Sie sie nicht sofort ganz verstehen.
Eine gute Möglichkeit, Zugang zu einem schweren Text zu finden, liegt darin, sich zunächst einem einschlägigen, aber leichter verständlichen Text zuzuwenden, der Ihnen zu den notwendigen Vorkenntnissen verhilft. Dabei kann es sich auch um „Texte über Texte" handeln, also Rezensionen oder Textinterpretationen (in Aufsätzen oder Büchern, die sich auf das betreffende Werk beziehen, in Lehrbüchern oder Theoriekapiteln von Dissertationen). Ge-

rade in Bezug auf Schlüsselwerke suchen viele Studierende gezielt nach solchen Texten – manche Dozenten lehnen aber genau dieses Vorgehen ab und erwarten, dass sie z.B. Aristoteles' *Politik*, wenn schon nicht in der Originalsprache, dann doch wenigstens insgesamt und „unverfälscht durch Kommentare" lesen. Unserer Auffassung nach ist es tatsächlich wichtig, solche Schlüsselwerke nicht nur durch den Filter von Rezensenten, Kritikern und Diskussionsteilnehmern zu rezipieren. Allerdings halten wir es für zulässig, solche „Texte über Texte" gewissermaßen als Resultat eines fremden Querlesens zur Kenntnis zu nehmen. Dies erleichtert gerade Anfängern den Einstieg in das (analytische) Lesen des betreffenden Werkes, das keineswegs ausgespart werden darf. Wenn man einen echten Klassiker liest, sollte man darüber hinaus sogar in einer weiteren Lesephase möglichst viele Kommentare und Rezensionen vergleichend zur Kenntnis nehmen. Nur so erschließt sich Ihnen am konkreten Beispiel, wie wissenschaftliche Diskurse funktionieren.

Falls der geprüfte Text nicht Ihren Erwartungen entspricht, müssen Sie gründlicher abwägen: Gerade dann, wenn man sich in ein neues Thema erst einarbeitet, legt eine Diskrepanz zwischen der Erwartung an den Text und dem Resultat des prüfenden Lesens mitunter nahe, sich dem Text ausführlicher zuzuwenden. Es könnte sich um einen Hinweis darauf handeln, dass man im gegebenen Moment nicht einmal versteht, dass man tatsächlich zu wenig versteht – was übrigens eine häufig anzutreffende Situation ist. Selbstverständlich kann aber auch das Gegenteil zutreffend sein und Sie haben einfach einen für Ihre Bedürfnisse irrelevanten Text gefunden.

### Tipp

Vergessen Sie nicht, dass Sie beim prüfenden Lesen zunächst „nur" auf der Suche danach sind, worum es dem Autor eigentlich geht – und dass Sie den Inhalt der Argumentation zu diesem Zeitpunkt weder verstehen noch „richtig" oder „falsch" finden müssen. Lesen Sie also auch weiter, wenn Sie auf Unverständliches stoßen. Lenken Sie sich nicht durch den Griff nach Wörterbüchern u.ä. ab, das verlangsamt den Prozess unnötig. Falls Sie sich an-

**Tipp**

schließend für ein analytisches Lesen entscheiden, werden Sie
sich ohnehin den schwierigen Stellen ausführlicher widmen. Beim
zweiten Versuch wird Ihre Chance, den Text zu verstehen, übrigens
ganz von selbst größer.

---

**Zusammenfassung: Regeln des prüfenden Lesens**

(i)  Systematisches Querlesen
  – *bibliographische Angaben und Titel:* Informationen über
    Autor, Thema, wissenschaftliche Qualität sammeln;
  – *Abstract oder/und Einleitung oder/und Fazit:* Informationen
    über Forschungsfrage, These, Struktur der Argumentation,
    Schlüsselbegriffe sammeln;
  – *Inhaltsverzeichnis bzw. Gliederungsüberschriften:* Struktur
    der Argumentation aufspüren, wichtige Textstellen für das
    spätere Lesen lokalisieren;
  – *Literaturverzeichnis (bei Aufsätzen):* Informationen über den
    Diskurs und dessen Schlüsselwerke sammeln und prüfen;
  – *Register (Index):* Informationen über verwendete Fachbe-
    griffe sammeln.

(ii) *Überfliegen des gesamten Textes:* Gesamteindruck gewinnen.

---

### 2.3.3 Spezielle Regeln: Analytisches Lesen

Einen Text analytisch zu lesen, dauert um so länger und ist um so
mühsamer, je größer die Diskrepanz zwischen Ihrem gegenwärtigen
Wissen und dem Wissen ist, das der Autor vor Ihnen ausbreitet. Wenn
Sie es trotzdem durchhalten, haben Sie von einem schwierigeren Text
mehr gelernt als von einem, dessen Autor kaum mehr weiß als Sie.
Die größte Gefahr besteht im unbemerkten „Abschalten", also darin,
in den Modus eines elementaren Lesens zurückzufallen, in dem Sie
zwar noch Zeichen zu Wörtern zusammensetzen, ihren Sinn aber
nicht mehr erschließen. Sicher stellen Sie mitunter fest, dass Sie die
Aussage eines Autors nicht in eigenen Worten wiedergeben können.
Üblicherweise wiederholen Sie sie dann wörtlich. Dies ist ein deutlicher Hinweis darauf, dass Sie ihren Sinn nicht verstanden haben:
Sie können bestenfalls ihren Wortlaut aus dem Gedächtnis rekonstru-

ieren, aber Sie wissen nicht, was gemeint ist, weil Sie nicht über die Wörter hinausgelangen. Analytisches Lesen wird dieses Problem beheben.

---

**Tipp**

Wie können Sie herausfinden, ob Sie einen Text wirklich verstanden haben? Halten Sie am Ende eines Absatzes inne und verlangen Sie sich ab, eine Überschrift für diesen Absatz zu formulieren oder eine These, die seinen Inhalt zusammenfasst.

---

Die vollständige Prozedur des analytischen Lesens enthält folgende Arbeitsschritte, die Sie – wenn Sie das analytische Lesen noch nicht souverän beherrschen – am besten versuchen, der Reihe nach zu absolvieren:

### I Lesen, um das „Gerüst" des Textes zu entdecken

(1)   Formulieren Sie in *ein, zwei Sätzen*, worum es in dem betreffenden Text geht. Stellen Sie fest, welches Problem sich der Autor vorgenommen hat. Da Sie den Text vorher quergelesen haben, wissen Sie es bereits passiv – wichtig ist nun, dieses Wissen aktiv zusammenzufassen (z.B. „X konstatiert, dass Diesunddas bisher nicht erforscht ist. Nachdem er das empirische Phänomen beschrieben hat, interpretiert er es unter Rückgriff auf die Theorie der Irgendwas als Spezialfall eines Soundso."). Sie werden diese erste Zusammenfassung später möglicherweise korrigieren, aber darauf kommt es zunächst nicht an

(2)   Vergegenwärtigen Sie sich die *Struktur des Textes*. Zählen Sie seine Hauptteile auf, geben Sie einen Überblick über ihren Inhalt und stellen Sie die Zusammenhänge zwischen den Teilen her („X geht in fünf großen Argumentationsschritten vor, die jeweils einen Abschnitt mit eigener Überschrift bilden. Im ersten Abschnitt geht es um dieses, im zweiten wird jenes erörtert usw. Der erste Abschnitt enthält anhand eines Literaturüberblicks die drei prominentesten Thesen der einschlägigen Debatte. Die erste behauptet dieses, die zweite das Gegenteil und die dritte versucht, die beiden Standpunkte zu synthetisieren. Der zweite Abschnitt besteht aus vier Aussagen, die auseinander abgeleitet werden. Die erste ist so, die zweite anders usw.").

Das Verfahren entspricht strukturell demjenigen beim Verfassen eines *Outline Papers* (> Kap. 3.3).

## II Interpretatorisches Lesen

(3)  Erschließen Sie die *wichtigsten Begriffe* (> Kap. 1.4) des Textes: Finden Sie sie, ermitteln Sie, was sie im gegebenen Zusammenhang bedeuten und ob sie Ihnen bereits bekannt sind. Hinweise auf solche Begriffe bzw. Schlüsselwörter gibt es viele: Es kann sich um Ausdrücke handeln, die Sie spontan als „ungewöhnlich" erkennen, weil sie Ihnen aus der Alltagssprache unbekannt sind. Die betreffenden Wörter könnten hervorgehoben, etwa kursiv gesetzt, oder aufgrund ihrer Stellung im Satz besonders betont sein. Oft definieren Autoren ihre wichtigsten Begriffe oder diskutieren zunächst deren unterschiedliche Bedeutungen.
Je mehr Fachwissen Sie bereits erworben haben, desto leichter fällt es Ihnen, diese Begriffe zu entdecken. In diesem Arbeitsschritt lauert eine Gefahr für das Textverständnis: Viele Studierende lesen nicht aufmerksam genug, um überhaupt zu bemerken, wann sie auf ein Schlüsselwort treffen oder wann sie ein Wort nicht verstehen bzw. wann sie mit ihm eine andere Bedeutung verbinden, als die, welche der Autor meint.

(4)  Finden Sie die *wichtigsten Sätze des Textes* (> Kap. 2.4) und streichen Sie sie an. Entdecken Sie die darin formulierten Behauptungen. Klären Sie, wie der Autor in den argumentierenden Absätzen vorgeht: Verkündet er etwas, ohne es zu begründen? Verwendet er logische Begründungen oder zitiert er empirische Belege? Erklärt er etwas für definitiv wahr oder falsch oder spricht er von gewissen Indizien oder Wahrscheinlichkeiten? Nennt er die Prämissen seiner Argumentation, stellt er seine Aussagen in einen Zusammenhang und leitet er daraus eine Schlussfolgerung ab? Drückt er sich sprachlich neutral aus oder polemisiert er?
Dieser Arbeitsschritt ist besonders komplex, weil Sie die betreffenden Sätze grammatisch korrekt entschlüsseln und logisch korrekt interpretieren müssen. Vermeiden Sie, dem Autor bestimmte Absichten zu unterstellen, aber erkennen Sie diese, wenn er sie verfolgt. Übersehen Sie die sprachlichen oder typografischen Hinweise nicht, die Ihnen der Autor für seine Kernsätze gibt. Um zu testen, ob Sie ihn verstanden haben, formulieren Sie die betreffende Aussage mit eigenen Worten.

Gelingt Ihnen lediglich die wortgetreue Wiederholung der Aussage, sind Sie noch nicht am Ziel.

### III  Kritische Würdigung des Textes

(5)  *Überprüfen* Sie den Ertrag des Lesens: Hat der Autor sein Problem (siehe Punkt 1) erfolgreich bearbeitet? Welche neuen Probleme erwachsen daraus, und welcher von ihnen ist sich der Autor bewusst? Regt er weitere Forschungen und Überlegungen an? Welche ungelösten Probleme sind Ihnen bei der Lektüre aufgefallen?

(6)  Welche *Schwachstellen* haben Sie im Text gefunden oder welche vermuten Sie? Der Autor könnte über falsche oder zu wenige Informationen und empirische Daten verfügen, er könnte gegen die Regeln des logischen Argumentierens verstoßen haben oder seine Analyse könnte unvollständig sein, vielleicht auch methodisch fehlerhaft. Schließlich könnten Sie seine Prämissen für falsch halten.

Kritisieren Sie erst, mündlich oder schriftlich, nachdem Sie den betreffenden Text verstanden haben. Widersprechen Sie nicht, wenn Sie ihn nicht analytisch gelesen haben und nicht sicher sind, die Argumentation des Autors in eigenen Worten ausdrücken zu können. Eine wissenschaftliche Auseinandersetzung verläuft nicht nach den Regeln von Talkshows, sondern nach denen einer fairen, sachlichen Diskussion, deren Ziel in der Lösung wissenschaftlicher Probleme besteht. Es ist nicht nötig, einen Autor zu besiegen, sondern ein politikwissenschaftlich relevantes Problem besser zu verstehen. Argumentieren Sie sachlich und ohne Unterstellungen. Unterscheiden Sie zwischen „persönlicher Meinung" (die meist nicht gefragt ist) und gut begründbaren Aussagen.

Halten Sie Maß bei Ihrer Kritik. Auch Zustimmung ist übrigens eine kritische Würdigung. Wenn Sie nicht genügend über den Gegenstand wissen, um zu widersprechen, enthalten Sie sich jeglicher Kritik. Das ist besser als den Autor bzw. Text für etwas zu rügen, das er gar nicht geschrieben hat. Wenn Sie widersprechen wollen, ist ein „Treffer ins Schwarze" – da, wo der Autor seine stärksten Argumente sieht – wesentlich wertvoller als die Ablehnung offensichtlicher Schwachstellen in der Argumentation.

Sie werden einwenden, dass es zu viel verlangt ist, diese Prozedur durchzuhalten. Sie müssen das auch nicht tun. Sie könnten aber einige

Schritte an einigen Texten ausprobieren, um zu sehen, was sich dadurch
für Sie beim Lesen ändert. Sie könnten diese Prozedur auch nur manchmal anwenden. Sie könnten sich damit begnügen, noch einmal alle genannten Punkte durchzugehen und kurz darüber nachzudenken, welchen
Sinn sie haben. Und Sie könnten sich schließlich beobachten, wie Sie
bisher beim Lesen eines politikwissenschaftlichen Textes vorgegangen
sind. Wahrscheinlich werden Sie, wenn Sie das ernsthaft tun, ohnehin
manchmal einige der beschriebenen Arbeitsschritte ausführen. Vielleicht
reicht es, einen Moment innezuhalten und es sich bewusst zu machen.
Tatsächlich werden gute Leser nahezu automatisch Texte so erschließen,
dass sie die Argumentation des Autors schrittweise aufdecken und registrieren, also im Prinzip so vorgehen, wie in Punkt 2 beschrieben. Und
sie werden die Aussagen wissenschaftlicher Texte interpretieren, indem
sie ihre Sensibilität für Fragen der Art nutzen, wie sie in Punkt 4 aufgezählt sind. Wenn Sie den Text zuvor systematisch quergelesen haben, ist
der Aufwand für das spätere analytische Lesen übrigens geringer als Sie
denken, weil sich einige Arbeitsschritte überschneiden.

Was auch immer Sie aus unseren Überlegungen aufgreifen werden:
Sie werden jedenfalls besser und aktiver lesen, wenn Sie ab und zu
darüber nachdenken, *wie* sie es tun, und aufmerksam beobachten, mit
welchem Leseverhalten Sie die erfreulicheren Ergebnisse erzielen.

---

**Zusammenfassung: Regeln des analytisches Lesens**

(i)   *Textgerüst erkennen*
      – *Forschungsproblem des Autors* mit eigenen Worten formu-
        lieren;
      – *Struktur des Textes* explizit formulieren.
(ii)  *Inhalt interpretieren*
      – *Schlüsselbegriffe* erschließen und verstehen;
      – *Schlüsselsätze* finden und verstehen.
(iii) *Text kritisch würdigen*
      – *Ertrag des Textes* würdigen;
      – *Argumentationsmängel* diagnostizieren.

---

## 2.3.4 Spezielle Regeln: Vergleichendes Lesen

Die größte Herausforderung besteht darin, unterschiedliche Texte
zum gleichen Thema so zu lesen, dass man sie „zusammendenken"

kann – dass fassbar wird, worin sich ihre Inhalte ähneln, worin sie sich unterscheiden und was die Unterschiede bedeuten: Nähern sich mehrere Autoren ihrem Gegenstand mit der gleichen oder einer anderen Forschungsfrage, derselben Methode, der gleichen oder einer anderen Theorie? Handelt es sich um konkurrierende oder kompatible, neu- oder weiterentwickelte Theorien, die zur Erklärung von empirischen Phänomenen benutzt werden? Wäre es zulässig, die Standpunkte mehrerer Autoren zu synthetisieren oder würde der betreuende Dozent in diesem Falle den „wilden Eklektizismus"[4] anprangern, dem Sie verfallen seien? Hierfür brauchen Sie ausgeprägte Fähigkeiten des analytischen und vergleichenden Lesens.

Das vergleichende Lesen ist ein Modus, der auf dem prüfenden und dem analytischen Lesen aufbaut. Wenn Sie geübt im prüfenden Lesen sind, können Sie (aufgrund von systematischem Querlesen) Themen und Strukturen von Texten effizient erschließen und (aufgrund von Überfliegen) schnell die wichtigen inhaltlichen Stellen im Text finden, also seine Schlüsselbegriffe, die Thesen und die Argumentation. Wenn Sie in der Lage sind, aufgrund ihrer analytischen Lesefähigkeiten die Aussagen einzelner Autoren zu verstehen und kritisch zu würdigen, dann können Sie auch problemverwandte Texte miteinander vergleichen und erschließen, worin sich die Aussagen verschiedener Autoren ähneln oder widersprechen. Sie werden dadurch beispielsweise nicht den Fehler vieler Anfänger begehen, ähnliche Ansichten wegen einer unterschiedlichen Wortwahl nicht zu erkennen oder unterschiedliche Behauptungen aufgrund verbaler Ähnlichkeiten gleichzusetzen. Was beim vergleichenden Lesen gegenüber den beiden anderen Modi des aktiven Lesens noch „dazu kommt", sind Verfahren, die es erleichtern, mit mehreren Texten gleichzeitig umzugehen und sie gezielt für den eigenen Bedarf „auszuschlachten".

Während Sie beim prüfenden und beim analytischen Lesen wissen wollen, was der Autor eines Textes zu sagen hat und was das bedeutet, nehmen Sie beim vergleichenden Lesen ein *instrumentelles Verhältnis* zur Literatur ein: Welche Beiträge liefert der betreffende Text für die Bearbeitung Ihres Problems und Ihrer Frage? Sie können jeden der einschlägigen Texte für sich analytisch lesen, müssen danach aber unbedingt einen weiteren Arbeitsschritt absolvieren, der sich genau

---

[4]   Damit würde er Ihnen sagen wollen, dass Sie Versatzstücke unvereinbarer Theorien und Konzepte aus unterschiedlichen Begriffssystemen zusammengebracht haben, die nicht zusammenpassen.

dem Aspekt widmet, was *Sie* damit anfangen können. Sie können aber auch sofort mehrere Texte vergleichend lesen. Das ist nicht nur effizienter, sondern minimiert auch eine Gefahr, der die meisten Studierenden dann und wann zum Opfer fallen: Sie finden jede Argumentation in gleichem Maße plausibel und bleiben nach dem Lesen mehrerer Texte ratlos zurück, weil Sie sich in einigen, darunter unvereinbaren, fremden Gedankengängen auf einmal verfangen haben. Es geht aber darum, Souveränität über diese Gedankengänge zu gewinnen. Schließlich nehmen Sie gewissermaßen als (noch nicht sehr erfahrener) Kollege an einem bestimmten Diskurs teil, wenn Sie eine schriftliche Arbeit verfassen.

Vergleichendes Lesen ist eine komplexe Technik. Wie Sie dabei vorgehen, erläutern wir anhand eines Beispiels (> Kap. 6.4.2) im Zusammenhang mit der Entwicklung eines eigenen Forschungsprojekts, um zu demonstrieren, wie folgenreich das sein kann. Hier zunächst eine recht abstrakte Kurzübersicht über die einzelnen Schritte:

**Zusammenfassung: Regeln des vergleichenden Lesens**

(i)   Die für das eigene Forschungsvorhaben wesentlichen Passagen in *jedem* Text finden;

(ii)  klären, welche der in den Texten angebotenen Begriffe die Grundlage des *eigenen* Begriffssystems bilden sollen;

(iii) an alle Texte dieselben klaren Fragen stellen und die Antworten präzise herauslesen;

(iv)  das übergreifende Forschungsinteresse der Autoren bestimmen;

(v)   die Texte vergleichend analysieren, als wenn die Autoren tatsächlich miteinander diskutieren würden: Worüber besteht Konsens? Was wird kontrovers diskutiert? Worin bestehen und wie erklären sich die Unterschiede in den Standpunkten?

(vi)  die gewonnenen Erkenntnisse verwenden, um daraus eigene Gedanken zu entwickeln.

## 2.4 Schneller lesen

Weil das Studium Ihnen ein großes Lesepensum abverlangt, könnte Lesen diejenige Aktivität sein, die tatsächlich das größte Sparpotenzial an Zeit birgt. Wir sehen drei Möglichkeiten, wie Sie Ihr Lesetempo steigern können, ohne Verständniseinbußen zu riskieren: Die erste ist, Texte zunächst unbedingt prüfend zu lesen und erst dann zu entscheiden, ob sie „gründlich" gelesen werden sollen. Oft ist das nämlich nicht nötig. Sorgen Sie also dafür, dass Sie die Regeln des prüfenden Lesens routiniert beherrschen (> Kap. 2.3.2). Zweitens können Sie Texte schneller lesen, wenn Sie darauf trainiert sind, inhaltlich wichtige Stellen zielsicher zu identifizieren, die sie dann aufmerksamer lesen als andere Stellen. Drittens lässt sich Ihr Lesetempo auf „mechanischem" Wege steigern.

*Wichtige Textstellen schnell erkennen*

Die kleinsten gedanklichen Einheiten eines Textes sind die *Absätze*. Ihr Aufbau folgt in der Regel folgendem Prinzip: Im ersten Satz wird der betreffende Gedanke thesenhaft präsentiert, in den folgenden Sätzen ausgeführt, illustriert, erklärt usw., der letzte Satz enthält die Zusammenfassung; Schlussfolgerung oder Überleitung zum nächsten Gedanken, mithin zum nächsten Absatz. Die ersten und letzten Sätze eines Absatzes zu lesen, ist daher oft ausreichend, wenn der Text keine besonders neuen oder komplexen Gedanken enthält. Ob dem so ist, hängt in Vielem davon ab, was Sie über das Thema bereits wissen. Darüber hinaus sind nicht alle Absätze in einem Text gleich wichtig für den Zweck, den Sie mit dem Lesen verfolgen. Man kann also fast immer einige von ihnen querlesen oder sogar überspringen, wenn man ein bestimmtes Leseinteresse verfolgt und in der Lage ist, schnell eine Diagnose über die Funktion des betreffenden Absatzes in der jeweiligen Gedankenführung zu treffen. Im Laufe der Zeit werden Sie zunehmend mühelos erkennen, welche Stellen des Textes welche Funktion erfüllen.

In wissenschaftlichen Texten finden Sie insbesondere folgende Typen von (Ab-)Sätzen:

- *Zusammenfassungen*: Sie enthalten die theoretische Argumentation eines Autors in komprimierter Form.
- *Begriffsklärungen*: Der Autor definiert einen Begriff, eventuell, indem er zunächst unterschiedliche Begriffsbestimmungen diskutiert.
- *argumentierende (Ab-)Sätze*: Der Autor legt ein Glied seiner Argumentationskette dar, indem er sich auf andere Autoren bezieht und eigene Aussagen macht, Konzepte entwickelt, Behauptungen aufstellt usw.
- *verbindende (Ab-)Sätze („Überleitungen")*: Sie verbinden Gedanken zu einer Argumentationskette und enthalten deshalb oft

Zusammenfassungen des Vorausgehenden oder Folgenden sowie Schlüsselinformationen darüber, worin der Autor seine eigene Leistung im Rahmen des vorliegenden Diskurses sieht. Sie machen klar, ob und wie er die bisherige Diskussion „wendet", welche Diskussionsstränge er verbindet und welche neuen Ideen er ins Spiel bringt.

- *illustrierende (Ab-)Sätze*: Sie enthalten Daten und Informationen, Beispiele und Fallbeschreibungen, kurzum: Illustrationen zu einer These u.ä.

---

**Kann man an den ersten Wörtern eines Absatzes seinen Inhalt erkennen?**

Häufig, denn es gibt typische Satzanfänge bzw. Wörter, die – ein wenig Übung vorausgesetzt – „ins Auge springen". Dazu gehören zum Beispiel:

*Zusammenfassungen:* „Die wichtigsten Ergebnisse (Folgerungen, Befunde)…", „In geraffter Darstellung lassen sich fünf Ziele benennen, die …", „Kurz gesagt…", „In den vorangegangen Abschnitten (im vorliegenden Aufsatz) wurde …", „Das Anliegen der vorliegenden Studie …", „Diese kurzen Beispiele sollen verdeutlichen…", „In diesem Beitrag wird …"

*Begriffsklärungen:* „Mit dem Konzept X…", „Unter Y verstehen wir…", „Der Begriff Z ist schillernd (oszillierend, mehrdeutig, umstritten…)", „Als wissenschaftlicher Terminus wird der Begriff Ö …", „Ü ist …"

*Argumentierende Absätze:* „Erstens (zweitens, drittens…), „Zum einen (zum anderen)", „Weitere Lösungen (Faktoren, Ursachen…)", „Wenn … dann", „Daraus folgt, dass…", „Warum ist…", „Wie ist es zu erklären, dass…" oder andere Fragesätze, „Neben den Gemeinsamkeiten von K und L sind auch ihre Unterschiede bemerkenswert …", „Im Unterschied (Gegensatz) zu …"

*Verbindende Absätze:* „Bisher haben wir nur M betrachtet. Aber …", „Diese Beobachtung (Schlussfolgerung…) ist wichtig (nicht falsch, lehrreich …), bedarf aber der Ergänzung (ist unvollständig, muss präzisiert werden…)", „Trotz dieser Einsichten bliebe die Erklärung unvollständig, wenn…", „Abschließend sei noch auf N eingegangen."

*Illustrierende Absätze:* „So ist beispielsweise in P …", „So beobachtete R im Jahre 1736, dass …", „Ein Beispiel mag diese These verdeutlichen.", „Zahlen belegen …", „Der Fall Q zeigt …"

Wenn Sie einen Text lesen, um *seine Argumentation zu verstehen*, sollten Sie sich auf Begriffsbestimmungen, Zusammenfassungen und Überleitungen konzentrieren. Wenn Sie sicher sind, dass Sie die Auffassung des Autors verstanden haben (Verständnistest: Können Sie die Argumentation des Autors konsistent nachvollziehen und mit eigenen Worten erklären?), können Sie den Rest des Textes überfliegen bzw. querlesen. Damit kontrollieren Sie gleichzeitig, ob Sie „richtig liegen", also ob nicht etwa doch noch Informationen auftauchen, die Ihr Verständnis (oder gar die Argumentation des Autors) in Frage stellen. Argumentierende Absätze müssen Sie dann gründlich lesen, wenn Sie das Gefühl haben, mit (Teilen) der Zusammenfassung entweder nicht übereinzustimmen oder sie nicht zu verstehen. Beschreibungen und Illustrationen können Sie beim verständnisorientierten Lesen oft überfliegen oder ganz ausblenden, es sei denn, Sie interessieren sich dafür besonders. Dies kann der Fall sein, wenn Sie Informationen über einen konkreten Fall suchen, wenn Sie wissen wollen, welchen Geltungsanspruch die Argumentation hat oder wenn Ihnen der Text sonst zu trocken und abstrakt erscheint. Manchmal hilft es auch, sich ein Beispiel genauer anzusehen, um die theoretische Argumentation des Autors zu erschließen.

Falls Sie Texte lesen, um *Informationen* über einen bestimmten empirischen Fall „herauszufiltern", werden Sie hingegen die illustrierenden Absätze mit größter Aufmerksamkeit lesen. Wir weisen Sie aber darauf hin, dass Daten nicht „für sich" sprechen – ihre Auswahl und Anordnung ist immer mehr oder weniger explizit theoriegeleitet (> Kap. 6.2, 7.2). Sie dient mindestens der Bekräftigung einer bestimmten Botschaft, die dem Autor im schlimmsten Fall nicht einmal bewusst ist. Sie sollten also, selbst wenn Sie nur ein einfaches „Informationsscreening" durchführen wollen, stets auch danach suchen, welches Anliegen der Autor damit verfolgt. Wenn sich herausstellt, dass seine These explizit und gehaltvoll formuliert ist, wäre der Text übrigens zu schade für lediglich ein einfaches „Ausschlachten", bei dem man die Fakten und empirischen Daten des Autors zweitverwertet. Sie sollten sich dann auch inhaltlich auf ihn einlassen.

### Die Augen trainieren

Das Training der Augenbewegungen ist eine weitere Möglichkeit, die Lesegeschwindigkeit zu steigern. Ein Rechenbeispiel: Durchschnittliche Leser bewältigen leichte Texte mit einer Geschwindigkeit von etwa 200 bis 220 Wörtern pro Minute. Geübte Leser kommen auf ein Tempo von mindestens 400, oft auch 1000 und mehr. Im Modus des elementaren Lesens hochgerechnet bedeutet das: An einem Buch wie diesem (280 Seiten, ca. 69.000 Wörter) läse man mehr als fünf oder nur zweieinhalb Stunden, je nachdem, ob man 200 Wörter pro Minute bewältigt oder doppelt so viel.

Die gute Nachricht besteht darin, dass es nicht übermäßig schwer ist, dies zu erreichen. Gebremst werden Sie vor allem durch dysfunktionale Gewohnheiten, die Sie durch Training ablegen können. Wie schnell Sie einen einfachen Text lesen, hängt nämlich nicht vom Tempo ab, mit dem ihr Gehirn Informationen verarbeitet, sondern von der „Zuliefergeschwindigkeit" Ihrer Augen – sie ist weitaus geringer. Die Augen gleiten nicht fließend über einen Text hinweg. Vielmehr springt der Blick, von einem Wort zum nächsten (oder zu einem weiter entfernt stehenden Wort), hält jeweils kurz inne und bewegt sich danach weiter. In den dabei entstehenden Pausen nimmt das Auge die Informationen auf. Zeitverluste entstehen also zum einen, weil diese Pausen trotz ihrer Kürze länger sind als das Auge eigentlich braucht, um die Information zu erfassen und an das Gehirn weiterzuleiten. Zum anderen entstehen sie, weil der Blick bewusst oder unbewusst zu früheren Stellen im Text zurückspringt und weil er sich nicht entlang gerader Linien bewegt, sondern immer wieder erratisch davon abweicht. Veranschlagt man beispielsweise für Rücksprünge eine Sekunde und finden diese zwei Mal pro Zeile statt, erhöht sich der Zeitaufwand für ein Buch wie dieses um mehr als dreieinhalb Stunden.

An diesen gewissermaßen mechanischen Problemen kann man arbeiten. Die Augen werden so trainiert, dass sie das Gehirn bei der Informationsverarbeitung nicht mehr bremsen. Dies geschieht insbesondere durch:

(1)     die Verwendung des Zeigefingers (eines Stiftes, Stäbchens, vielleicht sogar des Cursors beim Lesen am Computerbildschirm) als Lesehilfe, um das Auge zu führen – bereits dieser simple Trick kann Ihr Tempo womöglich verdoppeln;

(2)     die konzentrierte Unterdrückung von Rücksprüngen, weil sie fast immer für das Textverständnis überflüssig sind;

(3)     die Vergrößerung der Abstände, die zwischen den einzelnen Blickfixierungen liegen, auf drei bis fünf (und mehr) Wörter;

(4)     die Verkürzung der Zeitdauer von Fixierungen;

(5)     die Erweiterung des Blickfeldes, um das Potenzial der peripheren Sehkraft zu nutzen, also auch Wörter und Zeilen aufzunehmen, die nicht im zentralen Blickpunkt liegen, auf den sich ein Leser gerade fokussiert.

Mit gezielten Übungen, die man nicht einmal über einen langen Zeitraum durchhalten muss, lässt sich eine erhebliche Steigerung der

allgemeinen Lesegeschwindigkeit erzielen. Sie brauchen dazu nur
eines der „Schnelllesebücher" aus dem Buchhandel (> Kap. 15.4) und
Übungsmaterial. Am besten geeignet sind dafür Tageszeitungen, mit
denen sich Politikwissenschaftler ohnehin befassen müssen. Allein
um den Zeitbedarf für diese Art außerwissenschaftlicher Lektüre zu
begrenzen, lohnt sich daher ein Schnelllesetraining.

Die gute Nachricht eines möglicherweise erheblichen Zeitge-
winns muss allerdings relativiert werden. Zum einen setzt Lesen
mit höherem Tempo Disziplin und Konzentration voraus, aber auch
günstige Umweltbedingungen – einen angenehmen Arbeitsplatz,
gute Lichtverhältnisse, eine nicht zu bequeme Sitzhaltung, die für
Sie passende Tageszeit, Wohlbefinden und Ruhe. Sie werden weder
schneller noch mit größerem Verständnis lesen, wenn Sie nebenbei
Musik hören – das gilt freilich ebenso für das allerlangsamste Lesen, dessen Sie fähig sind. Zum anderen lässt sich Schnelllesen
meist nicht durchgängig anwenden. Zwar sollte Ihr Textverständnis
sogar besser werden, wenn Sie solche Techniken auf der Stufe des
elementaren Lesens anwenden. Dies kön nen Sie leicht er kennen, wenn Sie die sen Satz lesen, der Sie be reits an hand
der Zusammen stellung der Silben zwingt, wie ein unge übter
Anfänger vor zu gehen: mit ge rin gen Ab ständen zwi
schen     den     einzel     nen     Fixie     rungen.
Ihr Gehirn nimmt Informationen      nämlich viel leichter auf,
wenn diese in sinnvollen Wortgruppen        zusammenstehen,
die Abstände zwischen den Fixierungen      also recht groß sind.

Auf den anspruchsvolleren Lesestufen und bei schweren Texten
fällt der Zeitgewinn durch mechanische Adjustierung dennoch
zwangsläufig geringer aus. Dies hat damit zu tun, dass Ihr Tempo
dann nicht durch die Augen bestimmt wird, sondern durch Ihr Gehirn, also weniger durch die Geschwindigkeit, mit der Sie Informationen aufnehmen als durch die, mit welcher Sie diese verstehen.
Wie viel Zeit Sie insgesamt für einen Text brauchen, hängt wiederum nicht nur davon ab, ob Sie fix denken können, sondern auch
von zwei weiteren Faktoren: erstens davon, ob Sie die wichtigen
Stellen im Text erkannt haben und sich auf diese konzentrieren und
zweitens davon, wie viel Sie bereits über das betreffende Thema
wissen. Entsprechend werden Sie einige kleinere oder größere Textteile schnelllesen können, während Sie bei anderen Stellen längere
Zeit brauchen.

Nichtsdestotrotz sollten Sie mit Hilfe von Fähigkeiten des Schnelllesens Ihre durchschnittliche Lesegeschwindigkeit steigern können,

denn anderenfalls würden Sie ja den gesamten Text langsam lesen müssen. Es kommt darauf an, solche Techniken gezielt an der „richtigen" Stelle einzusetzen und Texte mit dem jeweils (ihnen und Ihnen) angemessenen Tempo zu lesen. Auch diese Entscheidung ist eine Frage der Übung. Daher können Sie zur Verbesserung Ihrer Lesefähigkeit sowohl Techniken des systematischen Quer- und analytischen Lesens wie auch des Schnelllesens gezielt und bewusst einsetzen.

---

**Wie lange brauchen Sie für einen gewöhnlichen Seminartext, z.B. einen Zeitschriftenaufsatz von ca. 25 bis 30 Seiten?**
Wenn es sich um einen einfachen deutschsprachigen Text von der Qualität eines publizistischen Artikels über ein politisches Ereignis handeln würde und Sie ihn wie ein Anfänger mit einer durchschnittlichen Geschwindigkeit von 200 Wörtern pro Minute auf der elementaren Lesestufe läsen, wären Sie in einer Dreiviertelstunde „durch". Wäre Ihr Lesetempo doppelt so hoch, bräuchten Sie nur die halbe Zeit dafür. In der Realität benötigen Sie wahrscheinlich mehrere Stunden für einen wissenschaftlichen Aufsatz, weil er viel komplizierter ist als ein Artikel etwa im *Spiegel*.
Ein geübter Leser wird einen wissenschaftlichen Text zunächst systematisch querlesen und dabei flüchtig durchsehen, in etwa fünf Minuten. Danach liest er Einleitung, Schluss und die entscheidenden Stellen, an denen die Argumentation entwickelt wird, und zwar analytisch und so langsam wie nötig. Er würde ihn danach nicht sofort weglegen, sondern für sich auswerten und notieren, wie er den Text verstanden hat, welche Fragen er aufwirft, die im Seminar diskutiert werden könnten und vielleicht sogar nach einem weiteren Text greifen, weil ihn das Thema um so mehr interessiert, je mehr er darüber erfährt. Auch das kann insgesamt mehrere Stunden dauern.
Interessant ist daher weniger, dass man durch selektives „aktives Lesen" sein Tempo erhöhen und einige Minuten Zeit sparen könnte. Entscheidend ist der qualitative Unterschied zwischen dem elementaren Durchlesen und dem hier gepriesenen Vorgehen: Sie ergründen den Text gezielt an den für Sie wichtigen Stellen, statt ihn „nur" zu lesen. Sie fragen sich, was sich dadurch an Ihrer Problemsicht ändert. Infolgedessen behalten Sie die These des Autors besser im Gedächtnis. Sie können Ihre Kenntnis des einschlägigen Diskurses schnell verbreitern und vertiefen, weil Sie

sich die Chance geben, neues Wissen auf bereits erworbenes „aufzusetzen". Der Preis für diesen Mehrwert besteht also nicht darin, noch mehr Zeit aufwenden zu müssen als für das traditionelle Lesen. Er besteht vielmehr in mehr Mühe: Es ist aufwendiger, konzentriert zu lesen und einen Text aktiv zu befragen, als ihn einfach zur Kenntnis zu nehmen. Es ist aber auch viel weniger langweilig.

Erfreulicherweise steigt der Zeitverbrauch für das Lesen keineswegs linear an, wenn Sie immer mehr wissenschaftliche Texte zum selben Thema oder Problem lesen – ganz im Gegenteil. Sie kennen ja wichtige Begriffe, Fragen und sonstige „Säulen" der einschlägigen Debatte bereits aus der vorhergehenden Lektüre. Mehr noch: Selbst in für Sie neue Diskurse werden Sie sich zunehmend schneller und effizienter einarbeiten, weil sie Routinen entwickeln und weil Ihr Wissen allgemein breiter geworden ist, indem Sie es sich auf die hier skizzierte nachhaltige Weise erschlossen haben. Wie bei einem Puzzle fügen sich zunehmend Teilbestände von Wissen aneinander. Aktives Lesen ist sowohl ein Training wissenschaftlicher Fertigkeiten als auch die selbständige Aufnahme und Verarbeitung neuen Wissens. Dadurch werden Sie in der gleichen Zeit mehr lernen können.

## 2.5 Wie erkennt man Texte, die einer solchen Mühe wert sind?

Keinen Text mehr „draufloslesen" – von vorn nach hinten (mal sehen, was kommt), ihn dann weglegen und mit ihm fertig sein? Von nun an immer hart arbeiten mit einem Text – ihn überfliegen und befragen, Textabschnitte mit unterschiedlichen Geschwindigkeiten durchgehen, fremde Gedankengänge nachvollziehen, Leseerträge protokollieren, ein fiktives Gespräch mit dem Autor führen?

Das ist sehr viel verlangt. Es wäre zu viel, müssten Sie mit jedem Text so verfahren. Und zwar vor allem aus einem Grund, der nichts mit Ihnen zu tun hat: Die meisten Texte hätten einen solchen Aufwand nicht verdient. Gelungene politikwissenschaftliche Publikationen sind so selten wie gute Haarschnitte, Top-Ten-Hits und perfekt sitzende Jeans. Auch unter Politikwissenschaftlern gibt es Meister des

Fachs und weniger inspirierte Leute, die ihren Job mit geringstem Aufwand erledigen und von denen man jenseits davon nur wenig lernen kann.

Es kommt also darauf an zu erkennen, welche Texte es sind, die des aufwendigen Lesens wert sind – welche, wie der Philosoph Francis Bacon (1561-1626) meinte, es wirklich lohnt „durchzukauen und zu verdauen", statt sie „nur zu kosten" (oder, im Gegenteil, zu „verschlingen"). Solche Texte müssen ein wichtiges Kriterium erfüllen: Sie sollen Ihnen am Anfang „überlegen" sein, indem sie Einsichten enthalten, die Ihnen noch fehlen. Wie erkennen Sie solche Texte?

(1)  *Seminartexte*: Gute Seminare verfolgen immer zumindest implizit das Ziel, den Umgang mit politikwissenschaftlicher Literatur zu trainieren. Über bloße Fakten kann man nicht in der Gruppe diskutieren – wenn also eine Diskussion über einen Text angesetzt ist, dann handelt es sich mit großer Sicherheit um ein Werk, das analytisches Lesen verdient hat. Gerade für Studienanfänger sind gute Seminare wichtig: Es ist zunächst schwer, angesichts eines Aufsatzes oder Buches sofort zu wissen, dass darin etwas enthalten ist, das man noch nicht versteht. Die Auswahl des Dozenten sollte Ihnen daher eine Hilfe sein und die Vermutung wecken, dass es sich um einen Text handelt, der nicht nur Informationen, sondern auch politikwissenschaftliche Erkenntnisse enthält. Versuchen Sie deshalb zunächst, durch Querlesen herauszubekommen, was den Dozenten zu seiner Wahl veranlasst haben könnte (wenn Ihnen das nicht gelingt, dann fragen Sie ihn bei der nächsten Sitzung danach). Stellen Sie dabei unbedingt einen Bezug zum Thema der Seminarsitzung her.

Dozenten, die ihren Studenten helfen wollen, formulieren übrigens oft auch Fragen an den Text, die Sie bei der Lektüre berücksichtigen sollten. Wie jede Unterstützung funktioniert auch diese aber nur, wenn Sie sie annehmen. Eine Einschränkung ist angebracht: Wie Ihnen sicher nicht entgangen ist, treiben auch Dozenten unterschiedlichen Aufwand mit ihren Seminarvorbereitungen. Sie müssen selbst herausfinden, an wen Sie geraten sind und ob sich aus dem Sitzungsplan Schlüsse über die Qualität der vorgegebenen Seminarlektüre ziehen lassen.

(2)  *Texte für schriftliche Arbeiten*: Hier müssen Sie meist selbst herausfinden, welche Texte das Lesen lohnen. Am Anfang steht deshalb immer eine möglichst umfassende Recherche der themenrelevanten Literatur, am besten online (> Kap. 9-12). Was Sie finden, muss zunächst nach den Regeln der bibliogra-

phischen Kritik geprüft werden (> Kap. 9.2). Der zweite Schritt ist die inhaltlich disziplinierte Prüfung, also das prüfende Lesen. Sie werden dadurch erfahren, was die Schlüsselwerke, -autoren und -begriffe des betreffenden Diskurses sind, und Sie können eine Prioritätenliste für Ihre Lektüre aufstellen (> Kap. 6.4.1). Sie werden diesen Arbeitsschritt später mehrfach neu durchführen. Dabei stoßen Sie sicherlich auf weitere Texte, weil Sie neue Suchwörter für die Recherche entdecken. Möglicherweise kehren Sie aber auch zu Texten zurück, die Sie zunächst verworfen haben, oder Sie lesen Texte erneut, von denen Sie meinten, sie schon zu kennen – und werden dabei neue Erkenntnisse gewinnen.

(3)  *Texte zur Vorbereitung von Referaten*: Falls Ihnen Ihr Dozent Literaturhinweise gibt, sollten Sie die betreffenden Texte zuerst überfliegen und dann analytisch lesen, bevor Sie selbst eventuell nach weiteren Texten suchen, welche die Mühe des analytischen bzw. vergleichenden Lesens wert sind.

Über die meisten politikwissenschaftlich relevanten Themen liegen heutzutage so viele Abhandlungen vor, dass Sie sich Ihrem Thema – die jeweiligen Argumentationen rekonstruierend – von unterschiedlichen Perspektiven aus annähern könnten. Wenn Sie Literaturempfehlungen erhalten, erwartet der Dozent von Ihnen also die Rekonstruktion einer ganz bestimmten Argumentation (die Sie freilich meist erweitern oder mit anderen kontrastieren dürfen oder gar sollen). Solche Empfehlungen bedeuten Hilfe, weil sie einen bestimmten „Filter" nahelegen. Das erleichtert Ihre Arbeit, weil dieser Filter anschlussfähig zu dem Vorwissen sein sollte, das Sie im Seminarverlauf bereits erworben haben. Wenn Ihnen der Dozent keine Hinweise gibt, könnte dies bedeuten, dass er von Ihnen auch nicht erwartet, Sie würden eine wissenschaftliche These entwickeln oder rekonstruieren. Er wünscht dann eher eine informative, faktenreiche Darstellung eines Ereignisses oder eines Prozesses – und Sie können bei der Suche nach Informationen getrost so vorgehen, wie Sie es in der Schule gelernt haben. Wenn Sie dabei selbst auf einen anspruchsvollen Zugang zum Thema stoßen sollten, hätten Sie ohne Unterstützung etwas Wesentliches gelernt. Falls Sie das wollen, sollten Sie so vorgehen, wie unter Punkt (2) beschrieben.

Wie Sie an Texte herangehen, hängt nicht nur davon ab, ob sie gut sind, sondern auch davon, für welchen Zweck sie geschrieben wurden bzw. was Sie von ihnen erwarten. Unterschiedliche Textarten legen daher ebenfalls – zumindest im Prinzip – unterschiedliche Herangehensweisen zur jeweiligen Lektüre nahe. Wir kommen später kurz darauf zurück (> Kap. 9.1).

# 3 Vom Lesen zum Schreiben

## 3.1 Schreiben und Denken

Man kann philosophisch und neuropsychologisch argumentieren, dass Denken sehr wohl jenseits der Sprache möglich ist. Als Politikwissenschaftler machen wir es uns jedoch leicht und behaupten: Schreiben *ist* Denken. Manche Ratgeber für das wissenschaftliche Schreiben benutzen die Wörter „Schreibprozess" und „Niederschrift" als Synonyme. Dies ruft eine Assoziation hervor, die blockierend ist: Im Schreibprozess entstehen Gedanken, die Sie vorher und jenseits von ihm nicht hatten und nicht haben können. Sie schreiben keineswegs einfach auf, was Sie wissen, sondern Sie produzieren (zumindest für Sie) neues Wissen, indem Sie Gelesenes durchdenken und in Ihrem Kopf weiterentwickeln: Schreiben ist also Denken und, ebenso wie Lesen, eine Form des selbst organisierten Lernens, das weitgehend ohne Hilfe von außen auskommen muss. „Erst denken, dann schreiben" – dieser Rat, den viele von Ihnen in der Schulzeit gehört haben mögen, hilft Ihnen im Studium nicht weiter: Die meisten wissenschaftlichen Argumentationen sind zu komplex, um sie an einem Stück widerspruchsfrei zu produzieren, sich einzuprägen und dann in einem einzigen Akt „niederzuschreiben". Während des Schreibens werden Sie immer wieder auch recherchieren, lesen, Gedanken neu strukturieren, schreiben, streichen, umstellen, neu schreiben und korrigieren.

> **Tipp**
>
> Wenn Sie gut lesen, können Sie auch gut schreiben. Bezogen auf Sprache, Stil und Ausdrucksvermögen ist das eine Binsenweisheit. Sie gilt aber auch strukturell: Wenn Sie zusammenfassende, überleitende, illustrierende usw. Absätze in Texten erkennen können und ihre Funktion verstanden haben (> Kap. 2.4), werden Sie sie auch schreiben wollen und können. Indem Sie den roten Faden einer Argumentation anhand von Kapitel- und Abschnittsüberschriften rekonstruieren können, lernen Sie auch, selbst gute Gliederungen zu erarbeiten (> Kap. 8).

Wenn Sie sich ungenau ausdrücken, denken Sie ungenau. Falls Sie angesichts einer schlecht benoteten Abschlussarbeit Ihrem Dozenten

vorwerfen, er habe Sie nicht verstanden, Sie hätten sich vielleicht
nicht ganz genau ausgedrückt, aber alles richtig gemeint und das
hätte er netterweise sehen können, argumentieren Sie nicht überzeugend. Es liegt in *Ihrer* Verantwortung, leidlich kluge, beleg- und
nachvollziehbare, logisch konsistente, allgemeinsprachlich korrekte
und fachsprachlich präzise schriftliche Aussagen zu machen. Das
Schreiben ist – neben dem Lesen und als seine „Krönung" – die
wichtigste Lernaktivität eines Studenten. Es entwickelt und verlangt
das selbständige Erschließen und Bearbeiten wissenschaftlicher Probleme. Es setzt Fachwissen voraus und dient seinem Erwerb.

Das können Sie nur, wenn Sie wissenschaftliche Texte gelesen und
verstanden haben. Vieles von dem, was wir lernen, lernen wir durch
Nachahmung. Sie gelingt meist leichter, wenn man „das Prinzip"
verstanden hat. In diesem Sinne halten wir aktives Lesen und die
dadurch mögliche Informationsverarbeitung für eine unhintergehbare
Voraussetzung von wissenschaftlichem Produzieren, wie es Ihnen in
Gestalt mündlicher und schriftlicher Präsentationen abverlangt
wird.

Auf den folgenden Seiten wenden wir uns mit den Techniken der
Kreativitätsförderung zunächst unspezifischen Aspekten des wissenschaftlichen Produzierens zu. Danach befassen wir uns mit Arten
wissenschaftlicher Texte, die Sie während des Studiums schreiben.

## 3.2 Ideen produzieren und sortieren

Das Studium der Politikwissenschaft erschöpft sich nicht in der Informationsaufnahme und der Reproduktion fremder Ideen. Es umfasst auch die kreative Produktion neuer Gedanken, neuer Sichtwei-
sen und neuer Problemlösungen. Es wird Ihnen leichter fallen, auch
diesen Anforderungen gerecht zu werden, wenn Sie Vertrauen in Ihre
kreativen Fähigkeiten haben. Glücklicherweise lassen sich Bedingungen schaffen, um das zu fördern. Dazu gehören:
- gründliches und systematisches Wissen über den *State of the Art*
  der politikwissenschaftlichen Debatte zum eigenen Thema, das
  Sie insbesondere durch das aktive Lesen erwerben (> Kap. 2);
- gute Arbeitsbedingungen, psychisches und physisches Wohlbefinden;
- die Anwendung von Techniken, die es leichter machen, konsum-
  tive Prozesse der Informationsaufnahme und -verarbeitung in
  produktive Prozesse zu wenden.

Wir stellen im Folgenden drei Kreativitätstechniken vor, die wir selbst häufig in unserer wissenschaftlichen Arbeit und in der Lehre anwenden. Sie zielen darauf, Denkblockaden zu überwinden und die Fähigkeit unseres Gehirns zu nutzen, nicht-linear und assoziativ zu denken.

## Brainstorming

Hierbei werden zufällige Einfälle gefördert und nutzbar gemacht. Sie notieren ein Schlüsselwort bzw. -thema und schreiben dann schnell und ohne darüber nachzudenken auf, was Ihnen spontan in den Kopf kommt. Auch in einer kleinen Gruppe funktioniert diese Technik gut. Damit Brainstorming den gewünschten Erfolg zeitigt, müssen Sie folgende Regeln beachten:

(1)   Eine Bewertung der aufkommenden Gedanken wird während des Brainstormings nicht zugelassen. Sie ist erst bei der nachfolgenden Auswertung gefragt.

(2)   Der Phantasie wird freier Lauf gelassen, alles ist erlaubt.

(3)   Es ist erlaubt und erwünscht, an vorangegangene Einfälle anzuknüpfen. Wenn diese sich als blockierend erweisen, wird versucht, positive Aspekte zu finden, umzuinterpretieren, die Idee zu „wenden".

(4)   Es sollen so viele Ideen wie möglich so schnell wie möglich produziert werden. Als Ziel könnte gelten, 30 Einfälle innerhalb einer Minute zu produzieren, und dies fünf bis zehn Minuten lang fortzusetzen.

(5)   Nach Abschluss des Brainstormings, am besten sogar: nach einer längeren Pause, werden die spontan aufgetauchten Einfälle in aller Ruhe geprüft und – wenn sie brauchbar sind – geordnet, zum Beispiel in Form einer *Mindmap* (> Kap. 3.2).

Ein solches Vorgehen kann Ihnen beispielsweise dann helfen, wenn Sie das Gefühl haben, mit einem vorgegebenen Thema überhaupt nichts anfangen zu können. Es wird Ihnen zeigen, dass Sie trotz allem irgendetwas damit verbinden und bringt vielleicht einen interessanten Zugang zutage. Deshalb ist diese Technik oft nützlich, wenn man ein neues Forschungsthema exploriert (> Kap. 6). Vielleicht hilft sie Ihnen noch mehr, um Situationen aufzulösen, in denen Sie auf Denk- oder Schreibblockaden stoßen, beispielsweise beim Schreiben von Klausuren. Es handelt sich um eine Auflockerungsübung für den Anfang oder für Zwischendurch.

### W-Fragen-Technik

Diese Technik eignet sich ausgezeichnet, um durchzuspielen, welche unterschiedlichen Forschungsfragen in einem Forschungsthema stecken und in wie vielen Dimensionen man es verändern, erweitern oder einengen kann. Sie können sie daher anwenden, wenn Sie beispielsweise nach Zugängen zu bislang nur vage definierten Gegenständen für Referate oder Hausarbeiten suchen. Um Themen für Abschlussarbeiten zu erkunden und eine passende Forschungsfrage zu finden (> Kap. 6), ist diese Technik oft das Mittel der ersten Wahl. Wahrscheinlich kann die W-Fragen-Technik Ihnen auch helfen, wenn Sie in einer Klausur vor einem Blatt Papier sitzen und erst einmal nicht weiterwissen, denn mit ihrer Hilfe können Sie feststellen, dass Ihr Thema mehrere Aspekte hat. Wenigstens zu einigen davon werden Sie sicherlich etwas wissen.

Die W-Fragen-Technik ist denkbar einfach: An Ihr Forschungsthema stellen Sie nacheinander die Fragen „Was? Wer? Wann? Wo? Warum? Wie?" und schreiben die Antworten auf, die Ihnen dazu einfallen. Auch hier ist es wieder gut, zunächst viele Antworten ohne innere Zensur zu notieren. Anschließend werten Sie aus, welche dieser Fragen Ihnen besonders interessant erscheinen, gut zu beantworten sind, eventuell miteinander kombiniert werden können usw. Sie sollten einige Minuten länger über die Fragen nachdenken, als Sie es spontan vorhaben – meist kommen die besten Einfälle erst ein wenig später als man erwartet.

### Mindmapping

Die Erstellung von *Mindmaps* („Gedächtniskarten") wird in Kreativitätsratgebern oft als Wundermittel für buchstäblich alle Fälle gehandelt – und vielleicht stimmt das sogar. Es ist ein Verfahren, das sehr leicht zu erlernen ist. *Mindmapping* nutzt die Art und Weise, wie die meisten Menschen denken: nicht-linear, assoziativ, räumlich, unter Rückgriff auf Bilder, Emotionen, Zahlen, Farben u.a. Dabei werden Gedanken nicht in mehr oder weniger lückenhaften Sätzen von oben nach unten aufgeschrieben wie in Strichlisten. *Mindmaps* beginnen vielmehr in der Mitte der für die Notizen zur Verfügung stehenden Fläche und breiten sich dann in alle Richtungen aus. Sie bestehen (ausschließlich) aus Schlüsselwörtern, deren Beziehungen zueinander durch Linien und Zeichen ausgedrückt werden. Die Grundstruktur der „Gedächtniskarte" wird dabei durch Verzwei-

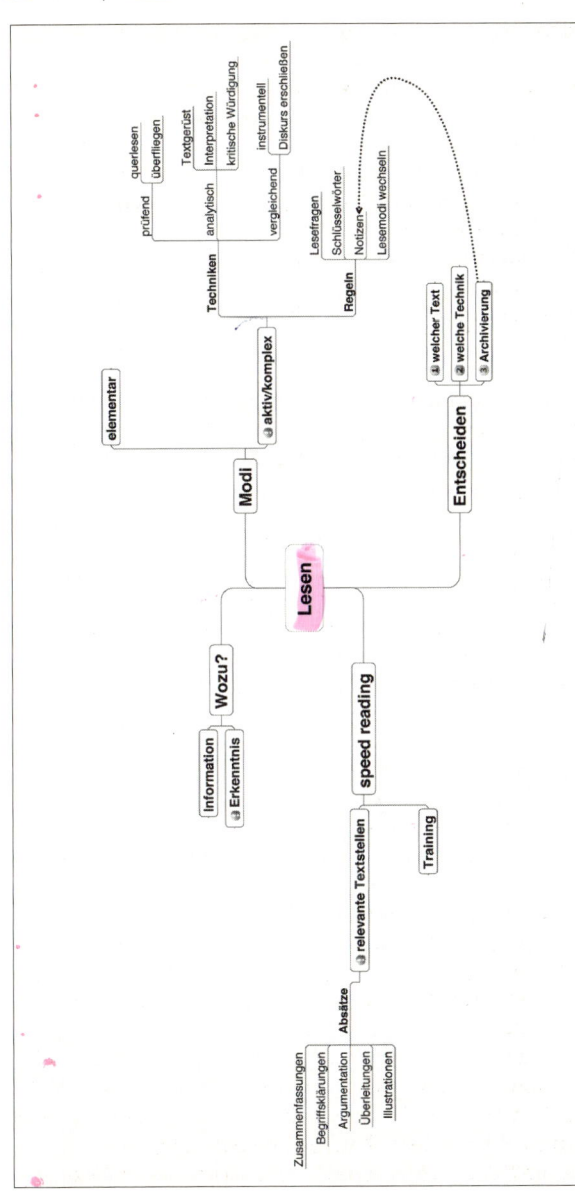

Abbildung 1: Mindmap

gungen gebildet, die sich immer weiter auffächern lassen. Wir illustrieren, was wir meinen, mit einem Beispiel zum Thema „Lesen". (Abb. 1).

Das Prinzip des *Mindmapping* besteht darin, die eigenen Gedanken sowohl frei zu entwickeln als auch zu ordnen, also kreativ zu sein, ohne im Chaos zu versinken. Dazu werden technische Mittel genutzt, die dem Gehirn gewissermaßen Halt bieten, weil sie seine spezifische Funktionsweise nutzen: Der gedankliche Raum wird so deutlich und individuell wie möglich geordnet, indem Visualisierungen (Bilder, Symbole, Linien, Zwischenräume) verwendet und Assoziationen (durch Pfeile, Farben, Codes) hergestellt werden. Die wichtigsten Regeln für die Erstellung von *Mindmaps* sind daher folgende:

(1)   In den *Mittelpunkt* der Notizfläche schreiben Sie das Thema (noch besser wäre ein Bild, das Ihr Thema symbolisiert). Dadurch wird es in das Zentrum Ihres Denkens gestellt. Sie können sich gut darauf konzentrieren, so dass Ihr Thema auch dann nicht „auseinanderfällt", wenn Sie weiter vom Zentrum entfernt Ideen produzieren.

(2)   Vom zentralen Thema gehen zunächst dicke *Linien* wie Äste ab, aus denen dann dünnere Linien wie Zweige sprießen. Auf jeder Linie steht (möglichst nur) *ein* Schlüsselwort. Stellen Sie sich eine *Mindmap* vor wie einen Baum, der sich vielfältig verästelt und Blätter treibt. Auch Ihre Gedanken werden auf diese Art geordnet: Die Schlüsselwörter auf den Linien werden entsprechend ihres Abstraktionsniveaus platziert – die abstrakteren Begriffe stehen auf Ästen, von denen Zweige mit konkreteren Gedanken abgehen.

(3)   Verwenden Sie möglichst nur *Substantive*. Das spart Zeit und Platz, und es fördert präzises Denken. Auch wenn Ihre Notizen lückenhaft sind, kann Ihr Gehirn die Bedeutung der verwendeten Wörter assoziativ genau rekonstruieren, wenn sie in der passenden Reihenfolge angeordnet sind.

(4)   Schreiben Sie in *Druck- und Großbuchstaben*. Das erleichtert es, den Text zu lesen, auch wenn die Wörter quer oder auf dem Kopf stehen.

(5)   Verwenden Sie *Symbole, Bilder, Verbindungslinien und -pfeile*, um den Zusammenhang zwischen den einzelnen Wörtern deutlich zu kennzeichnen.

(6)   Arbeiten Sie wenn möglich mit unterschiedlichen *Farben*.

Der entscheidende Vorteil von *Mindmaps* besteht in ihrer offenen Struktur: Wenn Sie einen neuen Gedanken haben, selbst wenn das erst nach Wochen der Fall sein sollte, passt er immer noch ins Bild. Arbeiten Sie also mit Ihrer *Mindmap*, radieren Sie, überkleben Sie Stellen, die Sie ändern wollen oder fertigen Sie eine neue *Mindmap* an. Je nach seiner Bedeutung wird ein neuer Gedanke zum Ausgangspunkt eines neuen Astes oder nur eines neuen Zweiges – auf jeden Fall nimmt er nicht den letzten Platz auf einer Strichliste ein, auf der alle Einfälle in der Reihenfolge ihres Auftretens geordnet sind, unabhängig davon, ob sie zueinander in Beziehung stehen und welches Gewicht ihnen jeweils zukommt. Während solche Aufstellungen statt eines „Gedankengebäudes" bestenfalls Materiallisten abbilden, erkennen Sie auf Ihrer *Mindmap* immer mindestens das Grundgerüst dieses Gebäudes.

*Mindmaps* eignen sich dafür, Vorlesungen mitzuschreiben, den Ertrag des analytischen Lesens eines Textes zu protokollieren (> Kap. 3.3) oder „herumschwirrende" Gedanken für ein künftiges Forschungsprojekt einzufangen und zu ordnen (> Kap. 6-8). Sie erleichtern das Lernen für Prüfungen, weil sie dem Gehirn ein strukturiertes Bild des Lernstoffs zur Verfügung stellen. Probieren Sie auch aus, wie hilfreich sie als Manuskripte für Vorträge und Referate sind: Gegenüber ausformulierten und Stichwort-Manuskripten erlauben *Mindmaps* ein freieres und souveräneres Agieren. Sie lassen stets den Gesamtzusammenhang einer Argumentation erkennen und erleichtern sogar ein verlustarmes Kürzen Ihrer Rede, falls Sie in Zeitnot geraten. Da die Gedanken hier systematisch und nach ihrer Relevanz strukturiert sind, können Sie sich schnell entscheiden, einige Zweiglein wegzulassen, ohne den roten Faden insgesamt zu beschädigen.

---

**Tipp**

*Mindmaps* lassen sich auch mit Computerprogrammen (FreeMind, Mindjet MindManager, iMindMap) erstellen. Ideen lassen sich dadurch leichter und sauberer ändern, erweitern, streichen und verlinken. Allerdings kann man auch der Auffassung sein, dass gerade das Spontane und „Un-Technische" am *Mindmapping* wesentlich für seinen Gebrauchswert ist, weshalb Papier und Stift(e) die letztlich bessere Lösung seien. Übrigens sind *Mindmaps* eine Form des gleichzeitigen Schreibens und Denkens, die von Fremden nicht vollständig erschlossen werden kann. Nutzen Sie sie also

**Tipp**

vorrangig für sich selbst. Prüfen Sie immer, ob die Wörter, Pfeile, Symbole usw., die Sie verwenden, tatsächlich bedeutungsvoll sind. Widerstehen Sie schließlich auch der Versuchung, alles in *Mindmaps* zu erfassen, was Sie irgendwie bewegt – auch wenn Sie beim Üben feststellen werden, dass dies technisch durchaus möglich ist.

## 3.3 Textarten im Studium

Schreiben können Sie einerseits Texte, die für Sie selbst bestimmt sind, z.B. Exzerpte von Texten, die Sie lesen, Tagebücher und Notizen, andererseits „Auftragswerke" wie Essays, Rezensionen, Bachelor- oder Masterarbeiten usw. Entsprechend wird das, was Sie tun, von außen stärker oder schwächer normiert und bewertet. Wir unterscheiden im Folgenden zwischen zwei Sorten von Texten: Als *Leseertragsprotokolle* im weitesten Sinne sollen Textarten bezeichnet werden, in denen der Inhalt und (bzw. oder) die Struktur von Texten, also das Forschungsproblem fremder Autoren, im Mittelpunkt stehen. Unter dem Stichwort *komplexe schriftliche Arbeiten* verstehen wir hingegen solche Textarten, die dazu dienen, eine eigene Forschungsfrage zu bearbeiten und dabei die wissenschaftlichen Erkenntnisse anderer Autoren zu nutzen. Leseertragsprotokolle sind logisch gesehen Vorstufen komplexer Arbeiten, sie entstehen im Ergebnis des „konsumtiven" systematischen Querlesens, vor allem aber des analytischen Lesens (> Kap. 2). Komplexe schriftliche Arbeiten produzieren hingegen eigene Argumentationen, indem sie die vorgefundenen Erkenntnisse verwenden, neu kombinieren und etwas hinzufügen, das von Ihnen selbst stammt (> Kap. 4, 6-8).

### Leseertragsprotokolle

Dozenten bestellen Leseprotokolle bei Ihnen mitunter aus didaktischen Gründen oder um sie zu benoten, ihr wahrer Nutzen zeigt sich jedoch vor allem für Ihre eigene Arbeit: Sie schreiben dabei meist weniger für Adressaten in der Außenwelt als für sich, um festzuhalten, was Sie aus einem wissenschaftlichen Text mitnehmen können. Lesen übersetzt sich hier unmittelbar in Schreiben, und die Arbeitsschritte des analytischen Lesens (> Kap. 2.3.3) sind fast alles, was Sie für gehaltvolle Leseertragsprotokolle brauchen.

Sie sollten ausprobieren, wie Sie am besten vorgehen. Einerseits ist es wichtig, dass Sie die wichtigsten Erkenntnisse festhalten, die Ihnen ein Text verschafft hat. Andererseits sollten Sie genau zwischen dem trennen, was der Autor tatsächlich mitgeteilt hat, und dem, was Sie verstanden haben. Dies ist nötig, um Plagiate (> Kap. 4.3) zu vermeiden, falls Sie anhand der Leseprotokolle später eigene Argumentationen produzieren wollen, aber auch, um die Gedanken nicht zu übersehen und wieder zu vergessen, die Ihnen selbst beim Lesen einfallen. Zu diesem Zweck stehen Ihnen viele Formate zur Verfügung, mit denen Sie experimentieren können.

### Markierungen und Notizen am Text

sind eine rudimentäre Form des Leseertragsprotokolls. Wenn Ihnen das Original oder die Kopie eines Textes gehört, sollten Sie sich daran gewöhnen, bereits beim (prüfenden und analytischen) Lesen unmittelbar am Text zu arbeiten (> Kap. 2.3). Entwickeln und verwenden Sie ein einigermaßen differenziertes System aus Zeichen, Symbolen und Stichwörtern. Sie können einmal gelesene Texte dadurch sehr schnell erneut erschließen, wenn Sie sie später wieder zur Hand nehmen. Hier ein Vorschlag dafür (S. 70, Tab. 1):

Leseertragsprotokolle im engeren Sinne schreiben Sie im Textverarbeitungsprogramm Ihres PC oder handschriftlich auf Karteikarten, in Heften oder auf losen Blättern, *nachdem* Sie den Text fertig gelesen und verstanden haben (> Kap. 14).

Probieren Sie aus, mit welcher Textart es Ihnen am besten gelingt zu arbeiten:

### Abstracts

sind die kürzeste Form von Leseertragsprotokollen. Sie finden sie in vielen Fachzeitschriften den betreffenden Aufsätzen vorangestellt. Durch Verstehen und Nachahmen kann man leicht lernen, wie sie zu schreiben sind. Abstracts enthalten die bibliographischen Angaben, eine Kurzzusammenfassung der Forschungsfrage sowie die These des Autors und eine Skizze seines Argumentationsgangs.

**Tabelle 1: Texte aneignen durch Markierungen und Notate**

| Wo? | Was? | Wie? | |
|---|---|---|---|
| im Text | unterstreichen | mit weichem Bleistift in unterschiedlichen Strichstärken/ Linienformaten sparsam vorgehen | |
| | überstreichen | mit farbigen Textmarkern sparsam vorgehen | |
| am Seitenrand | Randnotizen, Stichwörter, Kurzkommentare notieren | präzise und kurz | |
| | Textstellen durch Symbole markieren | **Pb** | Problem, Forschungsfrage |
| | | **Th** | These |
| | | $\sum$ | Zusammenfassung |
| | | **Def** | Definition |
| | | ❏ | Beispiel, Illustration |
| | | ↔ | Widerspruch |
| | | **!!!** | wichtig |
| | | **Zit** | wichtiges Zitat |
| | | **?** | „versteh ich nicht", „glaub ich nicht" |
| | | * | nachschlagen, noch klären, unbekanntes Wort |
| | Gliederung des vorgefundenen Arguments sichtbar machen | **1. A I i** **2. B II ii** **3. C II iii** | |
| größere unbedruckte Flächen (vor/nach dem Text eines Aufsatzes, im Buchdeckel usw.) | Schlagwörter, Seitenzahlen, Zusammenfassungen, Kommentare, eigene Gedanken | Fachbegriffe nutzen, präzise formulieren | |

*Exzerpte*

sind ausführlicher als Abstracts, ansonsten aber nicht standardisiert. Sie können Ihre Notizen darüber enthalten, wie die Argumentation in einem Text aufgebaut ist. Stattdessen oder zusätzlich dazu können sie auch den Inhalt dieser Argumentation protokollieren. Sie können wörtlich sein und entweder ausschließlich aus Zitaten des Autors bestehen oder seine Gedanken paraphrasieren (> Kap. 4.2.3). Exzerpte können auch Ihre Kommentare enthalten. Entscheidend ist, für welchen Zweck Sie das Exzerpt anfertigen und womit Sie gut arbeiten können.

> **Tipp**
>
> Bei Exzerpten ist es besonders wichtig, eine Lösung zu finden, wie die eigenen Gedanken von denen des Autors unzweideutig unterschieden werden können. Eine Möglichkeit besteht darin, Kernaussagen des Autors stets in Anführungszeichen zu setzen, eine andere darin, dreispaltige Exzerpte zu erstellen: In der ersten Spalte steht die Seitenzahl, in der zweiten die Aussage des Autors, in der dritten das, was Ihnen beim Lesen dazu auf- oder eingefallen ist.

*Mindmaps*

können sich ebenfalls eignen, um Leseerträge zu fixieren. Sie sollten dabei genau trennen zwischen *Mindmaps* als Form eines Exzerpts und *Mindmaps*, die eigene Gedankengebäude abbilden (> Kap. 3.2).

*Outline Paper*

halten wir für eine besonders effektive Form des Leseertragsprotokolls. Es ist ein Strukturexzerpt: Auf höchstens einer Seite fassen Sie den Text zusammen, indem Sie den roten Faden der Argumentation aufspüren. Sie gehen die einzelnen (Unter-)Abschnitte des Textes durch und versuchen, den jeweiligen Gedanken des Autors präzise zusammenzufassen. Dabei gilt: Die Ihnen am wichtigsten erscheinenden (und/oder die besonders komplexen) Argumente sind gegenüber unwichtigen/trivialen Gedanken zu bevorzugen. Was Sie auswählen, hängt zwangsläufig von Ihrem Wissensstand und dem verwendeten „Fragefilter" ab. Das Ergebnis Ihrer Bemühung sollte wie folgt aufgebaut sein:

> These oder Gesamtfazit (in einem Satz)
> 1 Erster Hauptgedanke
> 1.1 Erster Untergedanke
> 1.1.1 Argument, Beispiel oder Illustration
> 1.1.2 weiteres Argument, Beispiel oder Illustration
> 1.1.3 …
> 1.2 Zweiter Untergedanke
> …
> 2 Zweiter Hauptgedanke
> …

Achten Sie darauf, dass die Untergedanken tatsächlich den Hauptgedanken entwickeln und nicht etwa einen neuen Hauptgedanken darstellen. Mit größter Wahrscheinlichkeit werden Sie in einem Aufsatz weit weniger als zehn (meist fünf bis sieben) Hauptgedanken finden. Sollten es mehr sein, haben Sie zu wenig von den konkreten Aussagen abstrahiert.

Der Vorteil des *Outline Papers* besteht darin, dass Sie die Struktur und den Inhalt der Argumentation in ihrem Zusammenhang erschließen. Eigene Gedanken müssen Sie hierbei separat notieren, und auch eine Bewertung des Gelesenen hat keinen Platz in dieser Form des Leseertragsprotokolls.

---

**Beispiel für ein Outline Paper**

*Eckhard Jesse*, 1994: War die DDR totalitär? In: Aus Politik und Zeitgeschichte B 40/94, S. 12-23.

Die DDR bis 1989 als totalitäres Regime zu bezeichnen, folgt dem Zeitgeist, nicht aber der Realität. Sie hatte sich nach einer totalitären Frühphase zunehmend in eine Diktatur gewandelt, die auch autoritäre Züge aufwies.

1    Die Deutsche Demokratische Republik war bis zu ihrem Ende „nicht deutsch, nicht demokratisch und nicht republikanisch", sondern eine Diktatur nach sowjetischem Vorbild,

1.1  nicht deutsch, weil sie nur dank der Sowjetunion lebensfähig war,

1.2  nicht demokratisch-republikanisch, weil sie keine Gewaltenteilung kannte,

1.3 nicht „stalinistisch" im engeren Sinne.

2 „Totalitarismus" kann unterschiedlich definiert werden.

2.1 Politisches System sui generis: Ideologie, Partei, terroristische Geheimpolizei, Nachrichtenmonopol, Waffenmonopol, zentralisierte Wirtschaft (Friedrich/Brzezinski 1957)

2.2 Vergleich mit und Abgrenzung von Autoritarismus: Grad des politischen Pluralismus, der ideologischen Ausrichtung, der gelenkten politischen Mobilisation (Linz 1975) und Grad der politischen Repression (Jesse).

3 Die empirische Prüfung anhand der Linz-Kriterien ergibt: Der totalitäre Machtanspruch des Parteistaates wurde bis zum Ende der DDR aufrechterhalten. (Spätestens) in den 1980er Jahren vollzog sich aber ein widersprüchlicher Wandel des politischen Systems.

3.1. Der politische Monismus konnte nicht mehr vollständig durchgesetzt werden.

3.2 Die Ideologie verlor ihre handlungsleitende Funktion immer mehr.

3.3 Statt ostentativer Ergebenheit gegenüber dem System reichte es zunehmend aus, nicht mit aktiv systemkritischem Verhalten aufzufallen.

4 Die Expansion des MfS in den 1980er Jahren ist – anders als oft behauptet – kein Hinweis auf zunehmend totalitäre Tendenzen, sondern vielmehr auf deren Abschwächung.

4.1 Der Geheimdienst propagierte ein irreales Feindbild.

4.2 Die harten Repressionsmaßnahmen der frühen DDR machten größerer Duldung von politischem Andersdenken und weicheren Repressionen Platz.

5 Bewertung des politischen Systems der DDR:

5.1 Die DDR wurde dennoch keine von Politik und Repressionen freie „Nischengesellschaft". Die Entstehung privater Nischen bedeutete vielmehr eine Flucht vor dem Regime und die Verweigerung der geforderten Anpassungsleistung.

5.2 Je nach Verwendung des Totalitarismus-Begriffs ist die DDR unterschiedlich zu bewerten:

5.2.1 Normativ: Gegenentwurf zum demokratischen Verfassungsstaat.

5.2.2 Empirisch: Das Regime wurde zunehmend „autalitär".

5.2.3 Die DDR blieb aber bis zum Ende eine Diktatur.

*Rezensionen, Literatur- und Buchberichte*

sind kommentierte Rekonstruktionen von Textinhalten (und Argumentationsstrukturen), liegen also an der Schnittstelle zwischen Leseertragsprotokollen und komplexen wissenschaftlichen Arbeiten. Wenngleich sie meist für einen Leistungsnachweis geschrieben werden, besteht ihr eigentlicher Zweck darin, potentiellen Interessenten eine Entscheidungshilfe darüber zu geben, ob sie die besprochene Literatur lesen sollten oder nicht.

Wie Abstracts und Exzerpte referieren Rezensionen, welches Problem im betreffenden Text wie bearbeitet wurde. Darüber hinaus sollen sie diesen aber auch in diskursive Zusammenhänge einordnen und (vergleichend) bewerten, was seine Argumentation bedeutet und inwiefern das die wissenschaftliche Debatte zum Thema weiterbringt.

Anders als bei belletristischen Rezensionen ist hier übrigens nicht erwünscht, dass Sie feuilletonistisch schreiben und sich dabei selbst präsentieren; bewerten Sie die Schlussfolgerungen des Textes auch nicht nach moralischen Maßstäben oder danach, wie sehr Sie sich beim Lesen amüsiert haben. Seien Sie fair, präzise und konkret, wenn Sie einen Text besprechen.

Rezensionen bestehen aus folgenden Elementen:

- Vollständige Angaben zum Buch (bzw. den Büchern) oder dem Aufsatz.
- Einleitung, z.B. das betreffende Buch „in einem Satz".
- Zusammenfassende und korrekte Rekonstruktion des Inhalts: Was genau steht darin?
- Einordnung in den Forschungszusammenhang:
  - Was ist der Anspruch des Autors? Welches fachwissenschaftliche Problem wirft er auf und bearbeitet er?
  - Wie passt sein Beitrag in welche aktuelle politikwissenschaftliche Diskussion? In welcher Perspektive oder anhand welcher Theorie argumentiert er? Hier können auch – wenn nötig – weitere Informationen über den Autor untergebracht werden, z.B. Verweise auf frühere Werke.
- Bewertung und Stellungnahme: Löst der Autor seinen Anspruch ein? Worin besteht sein Diskussionsbeitrag? Was leistet er (Relevanz des Forschungsgegenstands, Erschließungstiefe, Konsistenz und Plausibilität der Argumentation, methodologische Stärken und Schwächen, Sprache und Stil) – und was nicht? Welche

Fragen bleiben offen? Welcher Adressatenkreis profitiert vom referierten Text?

Es ist leicht zu erkennen: Um Rezensionen oder Literaturberichte zu einem Thema zu schreiben, müssen die betreffenden Texte unbedingt anhand der Regeln des analytischen Lesens (> Kap. 2.3.3) durchgearbeitet werden – was von Ihnen verlangt wird, ist nichts anderes als das Ergebnisprotokoll eines solchen Vorgehens.

### Protokolle

sind Zusammenfassungen nicht von „Leseerträgen", sondern des Verlaufs einer mündlichen Diskussion (*Verlaufsprotokoll*) oder ihres Ergebnisses (*Ergebnisprotokoll*). Sie folgen aber derselben Logik. In knapper, präziser und sachlicher Form wird ohne Bewertung oder Interpretation die Substanz eines Erkenntnisprozesses oder -zuwachses notiert.

### Komplexe wissenschaftliche Arbeiten

Die Textarten, mit denen Sie über die Aufnahme und Verarbeitung der Gedanken anderer hinausgehen, um selber wissenschaftlich zu produzieren, sind ebenfalls vielfältig. Ihnen gemeinsam ist, dass sie vorhandene Erkenntnisse nutzen, um ein Forschungsproblem zu bearbeiten – im Mittelpunkt des Interesses steht also nicht die verwendete Literatur „an sich", sondern die selbständige Bearbeitung eines Themas unter Rückgriff auf diese Literatur. Wir unterscheiden im Folgenden der Einfachheit halber *kleine* und *große Formen*. Zur kleinen Form gehören:

### Thesenpapier

Es enthält pointierte Aussagen zu einem bestimmten Forschungsthema. Kernaussagen (und Struktur) wissenschaftlicher Texte werden in reduzierter Form wiedergegeben, um sich mit einem politikwissenschaftlichen Problem auseinanderzusetzen. Provokante, aber korrekte Zuspitzungen vorgefundener Aussagen sind zulässig. Oft dient das Thesenpapier als Diskussionsgrundlage mündlicher Referate (*Handout*). Das *Infopapier*, das einen Vortrag ebenfalls unterstützen kann, ist hingegen eine Sammlung von Daten, Beispielen oder anderem Anschauungsmaterial, das keine wissenschaftlichen Argumentaonen oder Thesen enthält. Beide Textarten sind auch deshalb kurz und prägnant zu halten, damit die Zuhörer sich nicht durch Lesen allzu lange von Ihrem Vortrag ablenken.

## (Kritischer) Essay

Er enthält die schriftliche Erörterung eines Themas, für welche die Standards der wissenschaftlichen Argumentation gelten (> Kap. 1.2), während die Einhaltung weiterer Standards (korrektes und vollständiges Zitieren, Formalia, Inhalts- und Literaturverzeichnisse) nachgeordnet ist. Inhaltlich geht es darum, eine klare These mit plausiblen Argumenten systematisch zu entwickeln und wissenschaftlich zu belegen. Dabei werden die präzise Formulierung wissenschaftlicher Aussagen, das wissenschaftliche Argumentieren und die Auseinandersetzung mit Gegenargumenten trainiert. Ebenso wie bei einer

## Klausur

sollen Sie Grundkenntnisse über ein relevantes politikwissenschaftliches Problem sowie analytische Fähigkeiten nachweisen. Der Unterschied zwischen den beiden Formen ist fließend und besteht in wenig mehr als dem unterschiedlichen Arbeitsort und seinen Folgen – ob Sie handschriftlich in einem Hörsaal während einer vorgegebenen Zeitspanne schreiben oder Ihren PC an einem anderen Arbeitsplatz so lange nutzen, wie Sie selbst entscheiden. Bei Klausuren ist der Zeitdruck meist wesentlich größer und Sie müssen die Inhalte vorab gelernt haben, die Sie brauchen; bei einem Essay, den Sie zu Hause oder in der Bibliothek schreiben, können Sie hingegen die nötige Literatur noch recherchieren und auswerten, nachdem Sie den Arbeitsauftrag erhalten haben.

## Exposé (Disposition, Entwurf, Konzept)

Exposés bereiten schriftliche Arbeiten der großen Form vor. Sie werben für ein Forschungsprojekt, dienen der Kommunikation zwischen dem Studierenden und dem Betreuer seiner Qualifizierungsarbeit und enthalten einen Arbeitsplan. Die Anforderungen an ein solches Papier sind wenig standardisiert. Sie müssen darüber informieren, worin Ihr Anliegen besteht (Problem, Frage, Forschungsstand, Ziel oder Hypothesen), wie Sie diese bearbeiten wollen (Material, Theorie, Methode, Arbeitsschritte) und welche Ergebnisse Sie erwarten. Sinnvollerweise enthält ein Exposé auch eine erste Gliederung und einen Zeitplan, um zu zeigen, dass Sie das Projekt auch realistisch bearbeiten können.

### *Abschluss- oder Examensarbeiten (Qualifizierungsarbeiten)*

krönen einen politikwissenschaftlichen Ausbildungsabschnitt. Sie weisen Sie als Profi aus, der über die handwerklichen Fähigkeiten und das intellektuelle Potential verfügt, ein politikwissenschaftliches Problem erfolgreich zu bearbeiten. *Haus- oder Seminararbeiten* sind ihrem Zweck nach Vorarbeiten zu solchen Abschlussarbeiten. Sie sollen wichtige Aspekte für die „große" Arbeit üben. Daher sind die Anforderungen an sie im Prinzip gleich.

Seminar- und Qualifizierungsarbeiten sollen wissenschaftlichen Aufsätzen in Bezug auf die Argumentation, den Stil, die Zitierstandards u.ä. also weitgehend ähneln und selbständig in Bezug auf die Fragestellung, die Literaturrecherche und die Argumentationsstruktur entwickelt werden. Der Anspruch an Hausarbeiten ist aber geringer: Die Auswahl des Themas bzw. der Forschungsfrage ist durch den Seminarbesuch nicht nur eingeengt, sondern auch hilfreich vorstrukturiert. Auf wichtige Literatur können Sie daher auch ohne eigene Recherche zugreifen. Eigene produktive Anteile an der Argumentation dürfen geringer ausgeprägt sein, eigene empirische Untersuchungen werden nur in Sonderfällen erwartet. Im Detail sind die Erwartungen der einzelnen Dozenten freilich sehr unterschiedlich. Sorgen Sie deshalb dafür, dass Sie sie verstehen. Beschränken Sie sich nicht auf Fragen nach dem Zeilenabstand und der Fußnotenformatierung.

---

**Tipp**

Die meisten schriftlichen Arbeiten während des Studiums fertigen Sie an, um die geforderten Studienleistungen zu erbringen. Sie bergen aber vor allem die Chance, nicht nur Noten zu sammeln, sondern auch Bewertungen und Kommentare Ihrer Dozenten – sie können also dazu beitragen, die oft vermisste Hilfe und Unterstützung beim Lernen einzufordern. Klären Sie mit Ihrem Dozenten, wie Sie sein Feedback erhalten können, um die Gründe für die Bewertung Ihrer Arbeit zu verstehen.

Auch wenn Sie nicht Ihr Leben lang politikwissenschaftliche Arbeiten schreiben wollen, können Sie mithilfe wissenschaftlicher Arbeiten universell anwendbare Fähigkeiten und Fertigkeiten trainieren: Sie üben, systematisch und eigenständig unbekannte Probleme zu erschließen, Informationen zu beschaffen und auszuwerten sowie präzise und routiniert zu formulieren, was Sie sagen wollen.

In den Kapiteln 4 sowie 6 bis 8 befassen wir uns mit Überlegungen, die sich an der Notwendigkeit ausrichten, „große" wissenschaftliche Arbeiten zu schreiben. Damit schließen Sie Ihr Studium ab, und die Erfahrung zeigt, dass Sie in dieser Phase einen entscheidenden Schritt vorwärts tun werden. Wir hören oft von unseren Absolventen, dass sie dabei mehr gelernt hätten „als je zuvor". Weil Seminararbeiten dazu dienen, die Herangehensweise an Abschlussarbeiten zu üben, ist es sinnvoll, sich diesen Kapiteln jetzt schon zu widmen, auch falls Ihr Studienabschluss noch fern liegt: Die Fragen, die in diesem Zusammenhang auftauchen, sind die gleichen, nur ihre Maßstäbe fallen kleiner aus. Es ist völlig unnötig – und wahrscheinlich auch gar nicht möglich –, diese Kapitel der Reihe nach durchzulesen. Konzentrieren Sie sich jeweils nur auf die Textabschnitte, mit denen Sie gerade wirklich etwas anfangen können. Kehren Sie zu unserem Buch zurück, wenn Ihnen im Studienalltag auffällt, dass Sie auf ein Problem gestoßen sind, das hier behandelt wird.

# 4 Komplexe wissenschaftliche Arbeiten schreiben

## 4.1 Schreiben als mehrstufiger Prozess

### 4.1.1 Schreiben als mühsamer Prozess

Wissenschaftliches Schreiben steht in enger Beziehung zur Forschung, also zur Produktion von neuem Wissen. Als Form des Denkens, die Spuren auf dem Papier oder in einer Datei hinterlässt, ist Schreiben erstens ein komplexer Prozess. Er umfasst Ideenfindung und Recherchieren, das Lesen und Verstehen von fremden Texten sowie die Entwicklung von Argumentationen und Beweisführungen bis hin zur sprachlich korrekten, strukturell konsistenten und formal optimierten Darstellung eigener Denkprodukte. Er ist zweitens kein linearer, sondern ein rekursiver Prozess. Einzelne Phasen werden mehrfach durchlaufen. Die Vorstellung, man beginne mit einer Idee im Kopf die themenrelevante Literatur zu lesen, schreibe danach einen skizzenhaften Entwurf und schließlich eine ausformulierte Rohfassung mit einigen Lücken, die zu guter Letzt einen Feinschliff erhält, greift zu kurz. Wenn Sie dieser populären, aber ausgesprochen oberflächlichen Vorstellung anhängen, werden Sie die Intensität der Auseinandersetzung mit dem Thema Ihrer Arbeit nie erreichen, die nötig ist, um Wissen zu produzieren, das für Sie (und vielleicht auch andere) neu ist. (Einen Eindruck von dieser Intensität erhalten Sie, wenn Sie sich den Kapiteln 6 bis 8 unseres Buches zuwenden.)

Die normale Praxis des wissenschaftlichen Schreibens sieht meist so aus: Sie werden mehrere oder viele Ideen, Strukturpläne, Gedankensammlungen und Gliederungen ent- und verwerfen, bevor Sie einen Text zu schreiben beginnen, der Ihnen in weiten Teilen lange als unfertig erscheinen wird. Sie werden während des Schreibens immer wieder neue Dateien mit neuen Namen anlegen, weil Sie fürchten, etwas zu löschen, das Sie später doch noch brauchen könnten. Sie werden mehrere Male wesentliche Textteile umstellen und überarbeiten oder sogar noch einmal „ganz anders" von vorn beginnen, nachdem Sie Ihre Forschungsfrage neu entwickelt haben. Sie werden feststellen, dass Sie für einzelne Formulierungen manchmal unendlich viel Zeit benötigen und sie später trotzdem nicht verwenden. Mitunter werden Sie ganze Kapitel an einen anderen Platz in Ihrer Argumentation verschieben, und wenn Sie Glück haben, werden Sie dabei entdecken, dass sich dadurch „alles" und zum Besseren ändert. Und manchmal werden Sie sich ziemlich sicher sein, dass nicht zu schaffen ist, was Sie sich vorgenommen haben.

Die Mühsal, die mit diesem Prozess verbunden ist, spiegelt nicht etwa individuelles Versagen wider, wie viele von Ihnen befürchten. Sie ist vielmehr völlig normal. Sie zeigt an, dass Sie sich auf Ihr Thema tatsächlich ernsthaft eingelassen haben. Wenn wir weiter oben Lesen als Arbeit bezeichnet haben, so gilt das selbstverständlich auch für das Schreiben. Wissenschaftliches Schreiben verhält sich zum bloßen Hinschreiben etwa so wie aktives Lesen zum elementaren Lesen (> Kap. 2).

### 4.1.2 Phasen des Schreibprozesses

Wir wenden uns im Folgenden dem Verfassen einer Bachelorarbeit als Referenzfall zu. Nach demselben Muster werden auch Haus- und Masterarbeiten sowie Dissertationen geschrieben, allerdings dürfte der Aufwand dafür geringer oder (wesentlich) größer sein. Es lassen sich dabei folgende Phasen unterscheiden, die logisch zu trennen sind (auch wenn sie sich in der Schreibpraxis teilweise überlagern oder wiederholen):

#### Inkubationsphase

Das anfangs noch wenig systematische, offene und gleichzeitig intellektuell durchaus intensive Herangehen an das Forschungsprojekt hat etwas vom Ausbrüten einer Idee. Hier geht es darum, die Anforderungen zu klären und zu verstehen, die im Zusammenhang mit der Arbeit zu erfüllen sind. Es müssen das Forschungsthema festgelegt und eine klare Vorstellung über das Projekt entwickelt werden (> Kap. 6). Während Sie erste Literaturrecherchen durchführen, (prüfend) lesen (> Kap. 2.3.2, 6.4) und mehrere Gliederungen (> Kap. 8) entwerfen, explorieren Sie Ihr Thema, leuchten seine unterschiedlichen Dimensionen aus und entwickeln schließlich eine konkrete Forschungsfrage, die Sie eventuell mehrfach revidieren, auf die Sie sich aber zunehmend besser konzentrieren können. Sie formulieren erste (Hypo-)Thesen und stellen einen realistischen Zeitplan auf (> Kap. 5). Am Ende dieser Phase steht Ihr Forschungsdesign (> Kap. 7). Sie haben Ihre Überlegungen in Form eines Exposés, also eines schriftlichen Projektplans, festgehalten. Zumindest aber sollten Sie den roten Faden detailliert in einem *Outline Paper* oder einer vorläufigen Gliederung skizzieren (> Kap. 3.3).

## Beschaffung, Auswertung und Strukturierung des Materials

Je nachdem, was Sie sich in Ihrem Forschungsprojekt vorgenommen haben, werden Sie in dieser Phase die einschlägige Forschungsliteratur weiter recherchieren und analytisch bzw. vergleichend lesen, weitere themenrelevante Diskurse erschließen oder auch empirische Erhebungen durchführen und die dabei gewonnenen Daten auswerten. Sie ordnen Ihr Material, entwickeln Ihre Argumentation, entwerfen eine neue Gliederung. Die einzelnen Abschnitte darin können bereits mehr oder weniger ausführliche Ideensammlungen enthalten – Schlüssel- und Stichwörter, Verweise auf wichtige Literatur oder eigene Exzerpte, vielleicht sogar schon einzelne ausformulierte Gedanken. Sie haben das Gefühl, nun richtig losschreiben zu können. Diese Phase ist häufig ein integraler Bestandteil der Inkubationsphase.

## Schreiben der ersten Textfassung

Die Rohfassung, die nun entsteht, ist wahrscheinlich lückenhaft. Vielleicht schreiben Sie sie in einem Zug, vielleicht beginnen Sie aber auch mit dem Theoriekapitel und befassen sich dann erst mit der gezielten Erhebung, Aufbereitung und Auswertung von empirischen Daten, bevor Sie weiterschreiben.

Sie können kleinere Lücken in der Argumentation in diesem Stadium oft hinnehmen. Sie sollten den Gedanken, der an seiner Stelle später ausformuliert und gut belegt stehen wird, aber soweit wie möglich als Platzhalter skizzieren. Wenn Sie wichtige Gedanken finden, die in die Einleitung oder den Schluss der Arbeit gehören, notieren Sie sie unbedingt, wie unfertig auch immer sie noch sein mögen. Falls Sie mit Ihren Formulierungen nicht zufrieden sind, aber fürchten, sich zu blockieren, wenn Sie allzu lange an einer Idee hängen bleiben, sollten Sie sich die betreffende Stelle als Problem markieren, dennoch aber meist weiterschreiben: Es ist ja noch nicht die letzte Fassung Ihrer Arbeit.

Entweder sind Sie nach einer gewissen Zeit mit dem ersten Durchgang Ihrer Arbeit fertig oder Sie kommen nicht mehr weiter, weil Sie feststellen, dass Ihnen wesentliches Wissen fehlt oder die Gliederung nicht mehr stimmt. In beiden Fällen sollten Sie sich etwas Abstand gönnen und eine mehr oder weniger große Pause nehmen, um auf Distanz zu Ihrem Werk gehen zu können.

## Vertiefungs- und Überarbeitungsphase

Das Überarbeiten beschränkt sich keinesfalls, wie Anfänger oft glauben, auf die Korrektur von Rechtschreibfehlern; diese verursacht vielmehr den allergeringsten Aufwand unter den mit dem Überarbeiten verbundenen Tätigkeiten. Zentral für diese Arbeitsphase ist vielmehr die Arbeit an der Argumentation. Wenn Ihnen Wissen fehlt, müssen Sie erneut recherchieren, lesen und nachdenken, um das betreffende Problem bzw. Argument zu verstehen und schriftlich entwickeln zu können. Wenn die Gliederung Ihren beim Schreiben entstandenen Gedankengang stört, stellen Sie sie um und fragen sich, welche Folgen dies für Ihre Forschungsfrage und Ihre bis dahin angenommenen Ergebnisse hat. Falls dadurch neuer Bedarf an Wissen und Erkenntnis entsteht, müssen Sie noch einmal recherchieren, lesen, nachdenken und Teile der Arbeit umschreiben.

Je nachdem wie umfangreich und anspruchsvoll Ihr Projekt ist, wie systematisch Sie denken, wie viel Sie im Studium gelernt haben, wie unsicher oder sicher Sie sich sind, wie viel Zeit Sie sich eingeräumt haben, welche Bedeutung eigene empirische Forschungen für das Gesamtprojekt haben usw. werden sich in der Folgezeit die Tätigkeiten des Innehaltens, Textveränderns, Recherchierens und Lesens abwechseln. Sie werden meist auf einzelne oder einige eng miteinander verbundene Textteile fokussiert sein. Es ist nahezu unvermeidbar, dass Sie in dieser Zeit manchmal stark unter Druck stehen und Schaffenskrisen aushalten müssen. Wenn nötig, unterbrechen Sie Ihre Arbeit, um Abstand zu gewinnen. Halten Sie es nicht für ein Zeichen mangelnder Intelligenz, falls Sie Ihr Werk mehrere Male umschreiben – das ist normal.

## Fertigstellen des Manuskripts (Edieren und Korrekturlesen)

Am besten überarbeiten Sie den Text ein letztes Mal, nachdem Sie ihn ein paar Tage lang liegengelassen haben. Sie gehen ihn hochkonzentriert von vorn nach hinten durch und verändern ihn noch einmal, wenn nötig auch grundsätzlich. Achten Sie darauf, dass Ihr Text sowohl inhaltlich als auch sprachlich ausgereift ist. Prüfen Sie:

(1)   Ist die Argumentationsstruktur (abgebildet in der Gliederung, > Kap. 8) konsistent und nachvollziehbar? Lösen Sie in der Arbeit ein, was Sie in der Einleitung ankündigen und fassen Sie dies am Ende präzise zusammen? Ist der rote Faden transparent und weist der Text an den richtigen Stellen zusammenfassende, überleitende usw. Absätze auf (> Kap. 2.4), die auch als solche erkennbar sind?

(2)   Haben Sie sich präzise ausgedrückt? Verwenden Sie die Fachbegriffe richtig? Schreiben Sie sachlich und in formal und stilistisch korrektem Deutsch?

Verweilen Sie insbesondere noch einmal bei den Überschriften Ihrer Gliederung: Sie sollen nicht nur abbilden, was im betreffenden Abschnitt inhaltlich enthalten ist, sondern auch gut und treffend formuliert sein.

Stellen Sie dann das Manuskript fertig: Wenden Sie sich den Formalia (> Kap. 4.2) zu, falls Sie es nicht vorgezogen haben, dies bereits während des Schreibens zu tun. Achten Sie besonders auf ein korrektes und vollständiges Literaturverzeichnis. Befassen Sie sich mit dem Layout, nehmen Sie eventuelle Computerabstürze oder Ausfälle des Druckers hin, ohne sich aufzuregen (sie pflegen sich in dieser Arbeitsphase zu häufen). Lassen Sie das fertige Werk binden und geben Sie es ab.

---

**Checkliste für die Überarbeitung von Texten**

- Haben Sie Ihre Schlüsselbegriffe definiert und arbeiten Sie mit ihnen tatsächlich?
- Hat die Präsentation Ihres empirischen Materials etwas mit der Theorie oder dem Modell zu tun, für das Sie sich entschieden haben? Nutzen Sie diese als analytisches Instrument oder ist der Verweis auf sie eher fiktiv?
- Halten Sie den roten Faden durch und ist die Gliederung konsistent? Argumentieren Sie folgerichtig, so dass Ihre Gedanken aufeinander aufbauen, Sie also nicht mit Informationen, Begriffen oder Thesen arbeiten, über die Sie den Leser erst viel später im Text informieren? Hat jeder Gedanke, den Sie präsentieren, einen Bezug zu Ihrer Forschungsfrage und haben Sie dies deutlich gemacht?

- Widersprechen Ihre Daten Ihrer These oder widersprechen Sie sich selbst an einer anderen Stelle?
- Können Sie den Inhalt Ihrer Arbeit präzise in einem Absatz zusammenfassen – und steht dieser Absatz im Schlusskapitel?
- Finden sich unnötige Wiederholungen desselben Gedankens? Meinen Sie, was Sie sagen, wenn Sie Zusammenhänge sprachlich deutlich machen („weil", „deshalb", „daraus folgt")? Sind die Übergänge zwischen den einzelnen Argumenten schlüssig formuliert, so dass Ihre Adressaten dem Wechsel zu einem neuen Gedanken folgen können?
- Ist Ihr Literaturverzeichnis vollständig? Zitieren Sie korrekt? Ist das Layout der Arbeit in Ordnung?

Das hier vorgestellte Phasenmodell des Schreibens ermöglicht eine sinnvolle Planung (> Kap. 5). Wir haben einen Musterzeitplan für eine auf zehn Wochen angelegte Bachelorarbeit entworfen, der uns realistisch erscheint (Tab. 2).

**Tabelle 2: Zeitplan für eine Bachelorarbeit**

| Phase | Arbeitsinhalt | Tage |
|---|---|---|
| Inkubations-phase | – Thema explorieren<br>– Erster Zyklus: Recherche – prüfendes Lesen – wichtigste Texte lesen<br>— Fragen sammeln und Forschungsfrage auswählen, These und erste Gliederung entwerfen<br>– Erste Entwürfe für Einleitung und Schluss | 5 |
| Material-beschaffung & -auswertung | – Zweiter Recherche-Lesen-Zyklus, Exzerpieren<br>– Frage modifizieren<br>– Argumentationsschritte konzipieren, detaillierte Gliederung | 15 |
| Erstes Schreiben | – Rohfassung schreiben<br>– Recherchieren und Lesen | 21 |
| Pause/Urlaub | nicht arbeiten | 4 |

| Überarbeiten & Umschreiben | – erste Textfassung vervollständigen, Argumentation präzisieren, Textteile und Gliederungen umstellen, neue Fassungen schreiben<br>– Recherchieren und Lesen bei Bedarf | 21 |
|---|---|---|
| Edieren & Korrigieren | – Layout, Formalia, Abschlusskorrektur<br>– Drucken und Binden | 4 |

### 4.1.3 Texte „zusammenschreiben"?

Unserer Erfahrung nach nehmen ungeübte Schreiber oft an, man könne zuerst alles lesen, was man an Literatur zu einem Forschungsthema findet, um danach alles aufzuschreiben, was man dazu sagen kann. Lesen und eine Forschungsfrage entwickeln (> Kap. 6.4) sowie Denken und Schreiben (> Kap. 3.1) gehören aber zusammen – Sie werden viele, wenn nicht die meisten Ihrer eigenen Gedanken erst während des Schreibens entwickeln können. Deshalb ist der Beginn der unmittelbaren Schreibphase in unserem Musterplan recht früh angesetzt, nämlich bereits nach etwa einem Drittel der insgesamt geplanten Arbeitszeit.

Bitte betrachten Sie dies jedoch nicht als Einladung zu einem Vorgehen, wie es ungeübte Schreiber manchmal praktizieren: Nachdem sie die einschlägige Literatur recherchiert und gesichtet haben, entwerfen sie eine Gliederung, sortieren die gefundenen Texte den einzelnen Abschnitten zu und beginnen zu schreiben. Lesen und Schreiben vollziehen sich dabei gleichzeitig, ohne dass ein Arbeitsschritt „Nachdenken und Verstehen" zwischengeschaltet würde. Erkenntnisse aus Texten werden vielmehr umstandslos in den Computer übertragen. Dieses Vorgehen hat mehrere Nachteile:

Erstens entstehen dadurch inkonsistente Argumentationen, weil im nächsten Abschnitt so gut wie immer ein anderer Text zu Grunde gelegt wird. Weil man mit der Literatur nicht souverän umgeht – sie nicht zur Lösung eigener Forschungsfragen nutzt, sondern bestenfalls die Gedanken der jeweiligen Autoren nachvollzieht –, ist man auch nicht in der Lage, die dargelegten Argumente in einen schlüssigen Zusammenhang zu bringen, ein einheitliches Begriffssystem zu entwickeln, theoretische Perspektiven gegeneinander abzusetzen oder zu synthetisieren. Aufgrund des Verzichts auf jene geistige Arbeit, die mit dem Modus des vergleichenden Lesens (> Kap. 2.3.4) verbunden ist, verbleibt man in gedanklicher Gefangenschaft des jeweiligen Textes. Selbständig durchdachte Erkenntnisse können so nicht entstehen.

Zweitens wird das Schreiben als Prozess zu einem Problem: Da man sich nicht vorher gründlich mit der Literatur befasst hat, stößt man geradezu zwangsläufig immer wieder auf Texte, die für das betreffende Thema besser geeignet scheinen. Das verursacht Verunsicherung, Löschen und Neuschreiben von Textteilen oder aber die eben beschriebenen inkonsistenten Argumentationen.

Drittens bereitet dies beim besten Willen keinerlei Freude.

Viertens verfehlt ein solches Vorgehen den Zweck einer wissenschaftlichen Forschungsarbeit, denn der Denkaufwand beschränkt sich auf das Umformulieren fremder Gedanken. Faktisch, eventuell auch formal, wird dabei die Grenze zum Plagiat (> Kap. 4.3) überschritten. Selbst wenn man seine Lektüre nicht wörtlich abschreibt, übernimmt man zumindest ihre Argumentationsstruktur und ihren Inhalt. Man könnte zwar alles als Zitat markieren – also in Anführungszeichen setzen und die Herkunft belegen (> Kap. 4.2.3). Dadurch wird die Arbeit zwar weniger unehrlich, aber nicht besser.

Um Missverständnissen vorzubeugen: Selbstverständlich werden Sie in den jeweiligen Schreibphasen nicht nur schreiben, sondern auch lesen. Lesen und Schreiben sind zwei Seiten des wissenschaftlichen Denkens, bei dem Sie zwischen dem Konsumieren und Produzieren von Gedanken wechseln. Worum es dabei geht, ist das gedankliche Durchdringen, das Verstehen, das Nutzen von Gedanken fremder Autoren, um ein eigenes Problem zu bearbeiten. Das ist nicht dasselbe wie die direkte und nur vage verstandene Übernahme von Argumenten aus einem anderen Zusammenhang. „Wissenschaftliche Texte zusammenschreiben" ist nicht dasselbe wie „wissenschaftliche Texte schreiben". Die einzige sinnvolle Möglichkeit, Letzteres zu lernen, liegt darin, das Lesen wissenschaftlicher Texte (> Kap. 2) und das Entwerfen eigener Forschungsfragen und -designs (> Kap. 6-8) als eigenständige wissenschaftliche Aktivität zu begreifen und im Studium zu trainieren.

Effizient und gut zu schreiben, ist eine Frage der Übung. Je häufiger Sie es tun, desto besser und weniger mühsam wird es für Sie – und desto schneller stellt sich das Gefühl ein, dass das Produzieren präziser, zusammenhängender Gedanken eine anstrengende, aber überaus befriedigende Tätigkeit ist. Schreiben ist Denken. Versuchen Sie also nicht, erst dann zu schreiben, wenn Sie alles zu Ihrem Problem wissen und verstanden haben (dieser Zeitpunkt wird nie eintreten). Schreiben Sie aber auch nicht einfach drauflos, bevor Sie irgendetwas genau wissen und verstanden haben. Wenn Sie sich noch nicht gut in der einschlägigen Forschungsliteratur auskennen, können Sie kaum eine interessante und gleichzeitig realistisch beantwortbare Forschungsfrage stellen. Alles, was Sie fragen können, steht im Zusammenhang mit dem, was Sie bereits wissen und verstanden haben. Wenn Ihr Wissen weit unterhalb des *State of the Art* (> Kap. 1.3) liegt, wird dies wahrscheinlich naiv oder trivial sein.

Wissenschaftliches Arbeiten lässt sich mit dem Vorankommen auf einer Wendeltreppe vergleichen: Sie kommen mit der Zeit immer höher, obwohl Sie von oben gesehen im Kreis gehen und immer wieder dasselbe tun. Am Ende steht ein Text, der nicht perfekt sein wird, aber der beste ist, den Sie derzeit schreiben können.

### 4.1.4 Tipps

Finden Sie heraus, ob folgende Tipps für Sie hilfreich sind:

- Interessanterweise wird das Ende der Inkubationsphase oft intuitiv erfahren, weil sich ein Bedürfnis entwickelt, endlich mit dem Schreiben zu beginnen. Noch interessanter ist, dass dieser scheinbar nicht planbare Moment mehr oder weniger exakt zu jenem Zeitpunkt auftritt, wann er im Zeitplan vorgesehen ist – unter der Voraussetzung, dass man leidlich realistisch geplant und tatsächlich am Thema gearbeitet hat (> Kap. 5).

- Wenn Sie das Gefühl haben, Sie würden sehr gerne etwas aufschreiben, dann tun Sie dies – auch wenn sich das auf ein Kapitel beziehen sollte, das Sie eigentlich noch gar nicht bearbeiten. In relativ frühen Schreibphasen ist dies recht oft der Fall. Anfälle von Schreiblust bedeuten, dass Sie sich wirklich auf Ihr Thema einlassen und sich mit ihm auseinandersetzen. Es ist nicht wahrscheinlich, dass solche früh geschriebenen Textstücke bis zur Endfassung Bestand haben werden, aber das ist unwichtig.

- Sie müssen auch im Weiteren nicht unbedingt der Reihe nach schreiben. Wenn Ihnen gute Gedanken oder besonders treffende Formulierungen einfallen, die an einer anderen Stelle Ihrer Argumentation gebraucht werden, dann notieren Sie sie dort. Auch falls Sie von Schreibhemmungen blockiert werden, hilft der Wechsel zu einer neuen „Baustelle" zuweilen, um den Druck zu mindern und sich ein Erfolgserlebnis zu verschaffen, indem man zunächst an einer Stelle weiterarbeitet, die einfacher oder angenehmer ist. Vielleicht müssen Sie im Ergebnis dessen die Detailplanung Ihrer Arbeit revidieren, z.B. die Reihenfolge der zu schreibenden Kapitel vertauschen. Auch wird dadurch die Notwendigkeit noch deutlicher, den Text (mehrfach) umzuschreiben, um am Ende alle Argumente an der richtigen Stelle platziert und miteinander verbunden zu haben.

- Während des Schreibens stoßen Sie häufig auf Lücken in Ihrem Wissen und Verständnis. Das erfordert meist neue Literaturrecherchen und erneutes Lesen. Gewinnen Sie ein Gefühl dafür, wann es besser ist, die Arbeit zu unterbrechen und wann ein Vermerk hinreichend ist, der Sie später zu dieser offenen Baustelle zurückführt. Letzteres ist immer angemessen, wenn Sie genau wissen, welcher Gedanke an der betreffenden Stelle auszuführen ist und lediglich noch den exakten Literaturverweis (wieder)finden müssen. Ersteres ist zwingend, wenn Sie bemerken, dass Sie Ihre eigene Argumentation nicht mehr verstehen oder den roten Faden verlieren.

- Sie sollten mitunter zur Hilfe von anderen – Freunden oder vielleicht Verwandten – greifen. Es kann nützlich sein, wenn ein Außenstehender versucht, Ihre Argumentation nachzuvollziehen und zu verstehen. Er wird Ihren Text selten selbst verbessern können. Das „Stolpern" solcher Testleser ist aber meist ein zuverlässiger Hinweis darauf, dass an der betreffenden Textstelle etwas nicht stimmt. Auch um Korrekturleser, die Grammatik und Orthographie ihres Textes überprüfen sollen, müssen Sie sich bemühen. Das ist um so wichtiger, wenn Deutsch nicht Ihre Muttersprache sein sollte. Ein fertiggeschriebener Text ist dies auch in sprachlicher und formaler Hinsicht.

- Streichen, nicht Schreiben ist das Problem bei späten Phasen des Überarbeitens. Sie müssen viel mehr über ein Thema wissen, als Sie am Ende aufschreiben werden, um sich souverän damit beschäftigen zu können. Deshalb besteht eine der größeren Schwierigkeiten beim Schreiben nicht darin, dass Sie die vorgeschriebene Seitenzahl nicht füllen könnten, sondern dass Sie eine ganze Reihe von Textteilen streichen müssen. Dies tut weh – man hat schließlich meist viel Zeit in das Schreiben gesteckt. Fragen Sie Ihre Korrekturleser, ob sie überflüssige Abschnitte entdeckt haben. Streichen Sie selbst, nachdem Sie die Arbeit ein paar Tage lang haben ruhen lassen.

- Falls Sie beim Arbeiten das Gefühl bekommen, nicht mehr produktiv zu sein, aber trotzdem der Auffassung sind, Ihr Tagespensum noch nicht erledigt zu haben, können Sie auch zwischendrin die weniger kreativen Anteile des Schreibens in Angriff nehmen: Literaturverzeichnisse erstellen, Rechtschreib- und Druckfehler korrigieren, das Deckblatt der Arbeit aufsetzen u.ä. Es ist immer sinnvoll, wenn man sich damit nicht gerade diejenigen Stunden des Tages vertreibt, in denen man besonders leistungsfähig ist.

## 4.2 Sprachlich-stilistische und formale Standards

### 4.2.1 Sprache und Stil

Das Ergebnis politikwissenschaftlichen Schreibens muss auch auf der sprachlich-stilistischen Ebene überzeugen. Zum einen weisen Sie nach, dass Sie Fachbegriffe und Fachsprache (> Kap. 1) sicher verwenden, zum anderen wird erwartet, dass Sie Ihre Gedanken gut lesbar ausdrücken können – dass Sie also, wenn Sie in deutscher Sprache schreiben, diese fehlerfrei beherrschen, sich präzise, korrekt und auf einer angemessenen Stilebene artikulieren können. Sie müssen sachlich und autoritativ schreiben, d.h. sich so ausdrücken, dass Ihre Argumentation glaubwürdig, überzeugt und überzeugend vorgetragen wird. Umgangssprachliche Redewendungen, flapsige Sprüche, pathetische Appelle an das Gewissen, die Ehre oder die Menschheit im Allgemeinen, die meisten journalistischen Tricks zur Erweckung von Aufmerksamkeit, Drohungen, Mahnungen, Binsenweisheiten, entrüstete Kommentare und dergleichen sind tabu. Halten Sie sich mit Visionen für eine allgemein oder speziell bessere Welt zurück. Schreiben Sie distanziert, denn Sie sind ein analytischer Beobachter; identifizieren Sie sich nicht mit Ihrem Forschungsgegenstand (> Kap. 1.1) – auch wenn Sie ihn wahrscheinlich deshalb gewählt haben, weil er Ihnen aus irgendeinem Grunde am Herzen liegt.

**Dürfen Sie „ich" schreiben?**
In der englischsprachigen Fachliteratur ist das heutzutage gang und gäbe, und auch in der deutschsprachigen trifft man zunehmend auf Autoren, die sich beim wissenschaftlichen Argumentieren zu ihrer Autorschaft bekennen. Dies trägt der Tatsache Rechnung, dass auch wissenschaftliche Erkenntnisse keine objektiven Gegebenheiten sind und nicht aus Beobachtungen allein folgen – sondern daraus, dass „jemand" denkt, Beobachtungen interpre-

tiert, Schlüsse zieht und auch die Verantwortung dafür übernimmt, was er tut. Wenn Ihr Dozent nicht explizit dagegen ist, benutzen Sie das Wort „ich", sparsam und wo es angebracht ist (z.B. „Im Folgenden werde ich zeigen…"), aber nicht den manierierten Pluralis majestatis bzw. auctoris („Wir werden zeigen", obwohl bestenfalls „ich" etwas zeigen wird).

## 4.2.2 Layout

Die formalen Anforderungen an politikwissenschaftliche Leistungen sind an den meisten Universitäten nicht übermäßig fachspezifisch definiert. Oft werden für schriftliche Arbeiten die Gestaltung des Deckblatts, Zeilenabstände, Schriftart und -größe und dergleichen vorgegeben. In diesem Falle müssen Sie einfach herausfinden, woher Sie die nötigen Informationen bekommen und sich an die Vorgaben halten. Weitere Anforderungen, darunter auch an Referate, müssen Sie gegebenenfalls mit Ihrem Dozenten besprechen.

**Tipp**

Wenn Sie über Gestaltungsspielräume für die Formalia in Ihrer Arbeit verfügen, betreffen sie meist das Layout. Unser Rat: Schöpfen Sie diese Spielräume nicht aus, bleiben Sie bei einer einfachen Variante, wie Sie Ihnen jedes Textverarbeitungsprogramm als Standard vorschlägt. Sie sind meist keine professionellen Layouter und wissen daher wenig über die Wirkungen, die Sie mit Veränderungen erzielen. Gehen Sie also keine Risiken ein.

Halten Sie sich an die Standards der deutschen Rechtschreibung und Grammatik, wählen Sie in Ihrem Textprogramm die Funktionen „Blocksatz" und „Silbentrennung". Falls Sie die Silben automatisch trennen lassen, prüfen Sie hinterher, was Ihr Programm angestellt hat. Sie müssen Trennungen nicht akzeptieren, wenn sie falsch sind, Ihnen nicht gefallen oder wenn es sie stört, dass jede Zeile mit einem Trennstrich endet. Weitere Hinweise entnehmen Sie bei Bedarf der einschlägigen Ratgeberliteratur (> Kap. 15.2).

**Zeilenabstände**

Oft ist für Manuskripte ein Zeilenabstand von 1,5 Zeilen einzuhalten. Dies schafft Raum für (korrigierende) Notate. Unter dem Gesichtspunkt des schnellen Lesens (> Kap. 2.4) sind allerdings etwas geringere Zeilenabstände günstiger (14 bis 16 pt). Außerdem ist es hilfreich, neue Absätze mit einem Einzug von ca. 1,25 cm zu beginnen oder nach einem Absatz 6 pt freizulassen („Durchschuss" bzw. „halber Durchschuss"). Nutzen Sie dabei eine Formatvorlage, die Sie mit Ihrem Textprogramm leicht erstellen können; formatieren Sie keineswegs jeden Absatz von Hand.

Beim Nummerieren der Kapitel und Abschnitte können Sie das rein numerische System verwenden oder zwischen lateinischen und griechischen Buchstaben sowie arabischen und römischen Ziffern wechseln. Es handelt sich hier um eine Geschmacksfrage; uns gefällt das numerische „1.5.2.1" weitaus besser als das alpha-numerische „A.5.ii. α". Generell raten wir Ihnen davon ab, in Ihren schriftlichen Arbeiten bis auf die vierte Gliederungsebene hinunterzugehen wie im eben zitierten Beispiel – nicht einmal in einem Lehrbuch wie diesem ist das nötig.

**Tipp**

Im Zweifelsfall gilt: Das Vorbild wissenschaftlicher Abschlussarbeiten sind wissenschaftliche Aufsätze und ihre Standards. Was Sie in solchen Aufsätzen nirgends finden, ist in Ihrer Arbeit wahrscheinlich ebenfalls fehl am Platze.
Übrigens: Nicht korrekt ist es, wenn auf einen Abschnitt „1.1" kein Abschnitt „1.2" folgt, und laut Duden steht zwar zwischen den einzelnen Teilnummern der Gliederung ein Punkt, nicht aber nach der letzten Zahl. Literaturverzeichnis und Eigenständigkeitserklärung werden nicht nummeriert.

Noch ein Wort zum geforderten Umfang schriftlicher Leistungen: Selbstverständlich kann man zu jedem Thema viel mehr oder auch viel weniger als die verlangte Seiten- oder Wörterzahl schreiben. Es ist ein Nachweis Ihrer Kompetenz, wenn Sie Ihr Thema so zuschneiden und vertiefen, dass es den geforderten Umfang einer Auftragsarbeit im Wesentlichen einhält. Zu den Tricks, hier Kompetenzmängel zu kaschieren, gehört es, Schriftarten zu verkleinern oder zu vergrößern und extrem breite oder schmale Seitenränder einzurichten. Dozenten erkennen das mühelos, es lohnt den Formatierungsaufwand also nicht.

### 4.2.3 Zitieren und Belegen von Literatur

## Zitieren, Paraphrasieren, Verweisen

„Zitieren" im weiteren Sinne umfasst drei Verfahren: *Zitieren* im engeren Sinne bedeutet die wörtliche, wortgetreue und durch Anführungszeichen exakt markierte, *paraphrasieren* die lediglich sinngemäße Wiedergabe fremder Aussagen und Argumentationsgänge. Darüber hinaus können Sie auf Literatur *verweisen*, weil Sie sich auf diese in einem weniger strikten Sinne gestützt haben (wenn dies der Fall ist, beginnen Sie den Literaturnachweis mit der Angabe „s." oder „vgl."). Die Funktion dieser Tätigkeiten besteht darin zu belegen, woher die Informationen und Behauptungen stammen, auf die Sie in Ihrer Argumentation zurückgreifen. Das enthebt Sie der Notwendigkeit, die betreffenden Daten selbst zu erheben oder die Thesen selbst zu begründen: Die Verantwortung für die Richtigkeit des von Ihnen weiterverwendeten Materials liegt bei seinem Urheber und dessen Werk, und den Fundort dafür geben Sie überprüfbar, vollständig und korrekt in Ihrer Arbeit (als Fuß- bzw. Endnote oder/und im Literaturverzeichnis) an.

---

**Wie zitiere ich „aus zweiter Hand"?**
Wenn Sie in einem Text auf ein Zitat eines anderen Autors stoßen, das Ihnen wichtig erscheint, müssen Sie die originale Fundstelle suchen, d.h. den entsprechenden Originaltext. Zitieren aus „zweiter Hand" ist nicht korrekt und allenfalls dann hinnehmbar, wenn das Original in nur einem einzigen Exemplar in einer Bibliothek am Ende der Welt liegt, welche die Fernleihe (> Kap. 13.2) verweigert. Dieser Fall wird extrem selten eintreten. Wenn doch – z.B. weil Sie meinen, ein unveröffentlichtes Manuskript oder eine inzwischen gelöschte Internetquelle zitieren zu müssen, die ein anderer Autor verwendet hat –, dann weisen Sie dieses Zitat als „zit. n." („zitiert nach") aus. Vermuten Sie ein Missverhältnis zwischen den Beschaffungskosten und dem Zitieren aus dem Original, ist das betreffende Zitat übrigens fast immer entbehrlich.

---

Zitiert werden muss jegliches fremdes Gedankengut, sofern es kein generelles oder fachliches Allgemeinwissen („Yaoundé ist die Hauptstadt von Kamerun") ist. Wenn Sie sich in dem Themengebiet, über das Sie schreiben, gut auskennen, werden Sie auch ein Gefühl dafür bekommen, welche Begriffe und Fakten definiert und belegt werden müssen und welche als bekannt vorausgesetzt werden können. Wenn Sie also feststellen, dass Sie das Bedürfnis haben, buchstäblich jeden Satz in Ihrer eigenen Arbeit als Zitat, Paraphrase oder Verweis zu präsentieren, heißt dies, dass Sie noch ganz am Anfang stehen und noch nicht souverän argumentieren können. Diesem Umstand können Sie nicht dadurch Abhilfe verschaffen, dass Sie einige Literaturnachweise „einfach weglassen" – dieses Verfahren heißt *plagiieren* (> Kap. 4.3). Sie brauchen vielmehr umfangreicheres, gründlicheres und gut verstandenes Wissen über Ihren Gegenstand und die wissenschaftliche Diskussion darüber, müssen also mehr lesen und insbesondere anders lesen (> Kap. 2, 6.4.2).

**Fremdsprachige Zitate**
Englischsprachige Literatur können Sie im Original zitieren. Aus allen anderen Sprachen müssen in der Regel Übersetzungen angefertigt werden, falls Sie mit den Adressaten Ihres Textes – das heißt meist: mit Ihrem Dozenten oder Gutachter – nichts anderes vereinbart haben. Sie müssen dann auch den Autor der Übersetzung (z.B. sich selbst) angeben, am besten in einer Fußnote oder an einer passenden Stelle in der Einleitung zu Ihrer Arbeit, falls sich Übersetzungen im Text öfter finden; ansonsten reicht auch eine Bemerkung in Klammern nach dem Zitat, z.B. *Übers. durch den Autor/die Autorin/Initialen des Vor- und Nachnamens.*

## Vollständige und korrekte Literaturangaben: gedruckte Dokumente

In wissenschaftlichen Arbeiten müssen alle benutzten Quellen angegeben werden, um den Charakter eines überprüfbaren Diskurses zu wahren und jeglichem Plagiatsvorwurf vorzubeugen. Es werden dabei fast immer *Literaturverzeichnisse* gefordert, nicht aber *Bibliographien*. Letztere erfassen die gesamte einschlägige Literatur zum betreffenden Thema, die sich finden ließ, während Erstere nur diejenigen Texte enthält, die man benutzt hat, um ein eigenes Werk zu verfassen

– also alle Texte (und nur die), die man (im weiteren Sinne) zitiert hat.

In der deutschen Politikwissenschaft setzt sich zunehmend die sogenannte „amerikanische Zitierweise" (*Harvard Citation*) durch, bei welcher der Literaturverweis unmittelbar auf die zu bezeichnende Stelle im Fließtext folgt. Genannt werden dabei (in Klammern) Nachname des Autors, Erscheinungsjahr des Textes und Seitenzahl, auf die man sich bezieht, z.B. (*Müller 2015: 8*). Wir haben die Literaturverweise in Kap. 7.1 nach diesem System gestaltet. Die vollständigen Literaturangaben finden sich bei dieser Zitierweise immer im Literaturverzeichnis am Ende des Textes – in unserem Falle am Ende des betreffenden Unterkapitels.

Eine andere, oft als „deutsch" bezeichnete Zitierweise, die bis heute als Standard etwa in der Geschichts- und Rechtswissenschaft gilt, verzeichnet beim erstmaligen Verweis auf eine Quelle die vollständige Fundstelle in einer Fußnote (am Ende jeder Textseite) oder in einer Endnote (am Ende des Kapitels oder der ganzen Arbeit). Beispiele dafür finden Sie in Kap. 7.2. Bei wiederholtem Verweis wird der Autor in Verbindung mit einer Kurzangabe des Titels und der Seitenzahl zitiert. Oft wird verlangt, auch die Nummer der Fußnote zu notieren, unter der das Werk erstmals und vollständig erwähnt wurde, also: *Müller, Koalitionspolitik, S. 8 (Anm. 10)*.[5]

Unseres Erachtens sollten Sie frei sein in der Wahl Ihrer Zitierweise, weil es sich um eine Geschmacksentscheidung handelt. Klären Sie jedoch, ob auch Ihre Dozenten dieser Auffassung sind oder aber genaue Vorgaben machen. Manche fühlen sich dadurch gestört, dass in der amerikanischen Zitierweise der Textfluss durch Namen und Zahlen unterbrochen wird, andere halten die deutsche Zitierweise für eine ästhetische Zumutung oder scheuen den Arbeitsaufwand, der hinsichtlich der Fußnoten üblicherweise anfällt, wenn man Textteile bei der Überarbeitung umstellt. Ein bedenkenswertes Argument zugunsten der amerikanischen Zitierweise betrifft übrigens die Fußnoten: Hier sind sie ausschließlich für Nebengedanken, Übersetzungen, Erklärungen u.ä. reserviert. Es werden also relativ wenige Fußnoten in einem Text anfallen. Ihre Chance, aufmerksam gelesen zu werden, ist daher im Vergleich zur deutschen Zitierweise größer, wo Fußnotengedanken im Wust der Literatur- bzw. Quellenangaben unterzugehen pflegen.

---

[5]   Falls in der unmittelbar folgenden Fußnote erneut auf dasselbe Werk des Autors Bezug genommen wird, wird manchmal *ebd.* (= „ebenda") verwendet, also etwa [8] *Müller, ebd., S. 13.*

**Fußnoten – ja oder nein?**

Walter Krämer erachtet inhaltliche Fußnoten, also Gedankengänge jenseits des roten Fadens in wissenschaftlichen Arbeiten, für „so nötig wie einen Kropf", denn: „Entweder ist die betreffende Aussage wichtig. Dann gehört sie in den Text. Oder sie ist unwichtig. Dann hat sie in der Arbeit nichts zu suchen."[1] Andere Autoren sind in dieser Frage weniger apodiktisch und mahnen lediglich zur „vorsichtigen" Verwendung.[2] Wir haben uns entschieden, im vorliegenden Lehrbuch (mit wenigen Ausnahmen) nur dann Fußnoten zu verwenden, wenn es darum geht, Standards der politischen Korrektheit einzuhalten oder wiederherzustellen. Wir illustrieren damit, wie man eine wichtige Forderung einhalten kann: Der Text muss eine vollständige Argumentation enthalten, die ohne Rückgriff auf die Fußnoten konsistent ist. In die Fußnoten gehören nur Bemerkungen, die den Gedankenfluss im Text unterbrechen würden, von denen Sie sich aber aus bestimmten Gründen nicht ganz verabschieden wollen.

[1] *Krämer, Walter*, 1999: Wie schreibe ich eine Seminar- oder Examensarbeit? 2. Aufl. Frankfurt/M.: Campus, S. 79.
[2] *Kalina, Ondrej/Köppl, Stefan/Kranenpohl, Uwe/Lang, Rüdiger/ Stern, Jürgen/Straßner, Alexander*, 2003: Grundkurs Politikwissenschaft. Einführung ins wissenschaftliche Arbeiten. Wiesbaden: VS Verlag für Sozialwissenschaften, S. 152.

Neben der grundsätzlichen Unterscheidung in die beiden genannten Zitierstile weisen Zitiersysteme erhebliche Varianz hinsichtlich von Detailfragen – etwa der Reihenfolge der Angaben und der Zeichensetzung – auf. Wir verweisen Sie an die einschlägige Literatur (> Kap. 15.2), wenn Sie sich dafür interessieren.

**Tipp**

Schauen Sie immer wieder einmal, wenn Sie im Verlaufe Ihres Studiums schriftliche Arbeiten anzufertigen haben, in eins oder mehrere der einschlägigen Ratgeber für wissenschaftliches Arbeiten und folgen Sie den Hinweisen. Die formale Seite der Anforderungen an Ihre Leistungsnachweise verliert dann mit der Zeit an Schrecken.

Wichtig ist unserer Auffassung nach allerdings, die Grundprinzipien von Zitiersystemen zu verstehen: Warum ist ihre Gestaltung überhaupt der Rede wert?

Zwar wirken die Regeln, an welcher Stelle ein Komma zu setzen ist oder aber ein Punkt, auf den erschöpften Autor, der seiner Arbeit den letzten Schliff gibt, wie bösartige Schikane, sie haben aber einen Sinn: Sie sollen erstens sichern, dass Quellen, die Sie verwenden, eindeutig identifiziert und nachgeprüft werden können. Dadurch ist es möglich, den Diskurs zu rekonstruieren, in dem Sie sich bewegen, und Ihre Arbeit lässt sich als dessen Bestandteil verorten. Deshalb enthalten alle Systeme, in welcher Form auch immer, mindestens Informationen über den Autor (Name und Vorname), den Titel des Werks, das Erscheinungsjahr und den Erscheinungsort. Bei Zeitschriftenaufsätzen wird das Kriterium „Erscheinungsort" durch die Angabe des Zeitschriftentitels (ohne Verlag!) und seiner Konkretisierungen, also Jahrgang (und Heftnummer) sowie Seitenzahlen, erfüllt. Die Reihenfolge dieser Angaben ist bei den verschiedenen Zitiersystemen eventuell unterschiedlich.

Zweitens folgen alle Zitiersysteme dem Prinzip der Sparsamkeit, das sie aber jeweils unterschiedlich interpretieren. Manche halten es beispielsweise für hinreichend, wenn der Autor mit abgekürztem Vornamen erscheint (was für „Stykow, P." zutreffend ist, für „Schmidt, M." aber nicht). Einige gehen davon aus, der Verlagsort indiziere gleichzeitig den Verlag, so etwa „Norderstedt" den Verlag „Books on Demand", in dem erst dann gedruckt wird, wenn ein Kunde eine Bestellung aufgibt. Andere verlangen auch die Angabe des Verlags, denn „München" beispielsweise könnte für „C.H. Beck", „Wilhelm Fink" oder den „Oldenbourg Wissenschaftsverlag" stehen, ganz zu schweigen von Publikumsverlagen wie „Wilhelm Heyne" und „Goldmann", die hier ihren Sitz haben. (Bücher aus Publikumsverlagen haben übrigens in aller Regel nichts in Ihrem Literaturverzeichnis verloren, da dort weder politikwissenschaftliche Literatur verlegt wird noch Quellen ediert werden.)

**Tabelle 3: Zitiermuster**

| Zitiermuster | |
|---|---|
| Monographie | <*Name, Vorname*, Jahr: Titel. Untertitel.> <Nr. der> Aufl.[6] <Ort: Verlag.> |
| | *Eco, Umberto*, 2007: Wie man eine wissenschaftliche Abschlussarbeit schreibt. Doktor , Diplom- und Magisterarbeit in den Geistes- und Sozialwissenschaften. 12. Aufl. Heidelberg: C.F. Müller. |

---

[6]  Die Nummer der Auflage wird nur dann notiert, wenn es sich nicht um die erste Auflage handelt.

| Monographie mit mehreren Autoren | *Name, Vorname/Name, Vorname*, Jahr: Titel. Untertitel.> <Nr. der> Aufl. <Ort: Verlag.> |
|---|---|
| Sammelband | *Name, Vorname*> (Hrsg.), <Jahr: Titel. Untertitel.> <Nr. der> Aufl. <Ort: Verlag.> |
| Beitrag in Sammelband | *Name, Vorname*, Jahr: Titel. Untertitel,> in: *Name, Vorname*> (Hrsg.), <Titel. Untertitel.> <Nr. der> Aufl. <Ort: Verlag,> S. <Seitenzahl-Seitenzahl.>
|  | *Keseling, Gisbert*, 2008: Schreibblockaden überwinden, in: *Franck, Norbert/Stary, Joachim* (Hrsg.): Die Technik wissenschaftlichen Arbeitens. Eine praktische Anleitung. 14. Aufl. Paderborn/München: Schöningh, S. 197-222. |
| Zeitschriftenaufsatz | *Name, Vorname*, Jahr: Titel,> in: <Zeitschriftenname> <Jahrgang> (<Heftnummer>), S. <Seitenzahl-Seitenzahl.>
|  | *Kruse, Otto*, 2005: Zur Geschichte des wissenschaftlichen Schreibens, Teil 2: Rolle des Schreibens und der Schreibdidaktik in der Seminarpädagogik seit der Humboldtschen Universitätsreform, in: Das Hochschulwesen 53 (6), S. 214 – 218. |
| Zeitungsartikel | <Zeitungsname, Nr. oder Datum>, S. <Seitenzahl.> |
| Zeitungsartikel mit Autor | wie Zeitschriftenaufsätze |

Wie auch immer Sie sich entscheiden – Sie müssen das einmal gewählte System in Ihrem Text durchhalten und dürfen nicht mehrere kombinieren. Beachten Sie bitte, dass dies auch für scheinbare Nebensächlichkeiten gilt, also etwa für die Frage, ob Sie zwischen Nachname und Jahreszahl ein Komma und vor die Seitenzahl ein „S." setzen oder nicht.

**Tipp**

Beginnen Sie in einer frühen Phase des Schreibens damit, vollständige und korrekte Literaturangaben zusammenzutragen und zu archivieren. Entscheiden Sie sich von Anfang an für eine einheit-

**Tipp**

liche Zitierweise. Falls Ihre Dozenten keine Vorschriften erlassen haben, raten wir Ihnen, sich an ein etabliertes Zitiersystem zu halten und kein neues zu erfinden. Das ist am einfachsten. Im vorliegenden Lehrbuch haben wir die Zitiervorschriften der *Politischen Vierteljahresschrift* (leicht modifiziert und um den Verlagsort ergänzt) verwendet. Weitere Verweise auf Zitiersysteme finden Sie in Kapitel 15.2. Computerprogramme zur Literaturverwaltung (> Kap. 14.1) enthalten meist mehrere Varianten für das Ausdrucken der erfassten Literatur. Entscheiden Sie sich für eine von ihnen und achten Sie darauf, dass Sie bei der Literaturerfassung alles korrekt eingeben – dann wird der spätere Aufwand für die Erstellung des Literaturverzeichnisses minimal.

## Vollständige und korrekte Literaturangaben: andere Dokumente

Internetquellen werden im Prinzip wie gedruckte Quellen zitiert. Anstelle von Verlagsort und Erscheinungsjahr werden die zur Identifikation der Quelle erforderlichen internetspezifischen Angaben (URL und Datum) gesetzt. Weil Internetseiten oft geändert oder aus dem Netz entfernt werden, muss auch der aktuelle Stand der Webseite (meistens unten auf der Seite als *Zuletzt aktualisiert am...* oder ähnlich angegeben) sowie das Datum des letzten eigenen Abrufs angegeben werden. (Manche Zitiersysteme begnügen sich übrigens mit Letzterem.)

**Tipp**

Falls das betreffende Dokument über einen dauerhaften Indikator, also einen Permalink, ein PURL *(Persistent Uniform Resource Locator)* oder ein DOI (Digital Object Identifier), verfügt, verwenden Sie diesen anstelle der URL. Weil sehr lange URLs unhandlich und fehleranfällig sind, nutzen Sie kostenlose Internetdienste wie *DecentURL* (http://decenturl.com), um Bandwurm-Links in Kurzversionen zu konvertieren.

**Tabelle 4: Zitiermuster für Internetquellen**

| Zitiermuster für Internetquellen | |
|---|---|
| Internetseite | *<Name, Vorname*, Jahr: Titel.> Online unter <URL oder sonstige Referenz auf die Internetquelle> [Stand: <auf der Webseite angegebenes Datum>; letzter Zugriff: <Datum des eigenen Zugriffs>].<br><br>Beispiel: *Plieninger, Jürgen*, 2007: Politikwissenschaft im WWW. Tübingen: Institut für Politikwissenschaft. Online unter http://www.uni-tuebingen. de/uni/spi/urlpool.htm [Stand: 04.05.2007; letzter Zugriff: 10.11.2007]. |
| Beitrag aus einer Online-Zeitschrift | *<Name, Vorname*, Jahr: Titel.> Online unter <URL> [Letzter Zugriff: <Datum des eigenen Zugriffs>]. |
| Beiträge von Nachrichtenagenturen oder anderen Dokumentationsdiensten in Onlinearchiven | *<Name, Vorname*, Jahr: Titel.> Zugriff über Datenbank <Name der Datenbank.> Online unter <Startseite der Datenbank> [Letzter Zugriff: <Datum des eigenen Zugriffs>]. |
| Weblog-Beiträge | *<Name, Vorname*, Jahr: Titel,> in: <Name des Weblogs> [Weblog], <Datum des Beitrags.> Online unter <URL oder Permalink> [Letzter Zugriff: <Datum des eigenen Zugriffs>]. |

Immer wenn Sie im Internet Dokumente finden, die auch als Printausgabe verfügbar sind, geben Sie nur die Angaben dafür an. Dies bedeutet zum Beispiel, dass Sie Zeitschriftenaufsätze, die Sie aus den Elektronischen Zeitschriftendatenbanken der Bibliotheken (> Kap. 11.1) im PDF-Format beziehen, wie Zeitschriftenaufsätze zitieren, d.h. Sie geben die elektronische Fundstelle nicht an. Das ist gerechtfertigt, weil es sich um exakte Kopien der betreffenden Dokumente mit exakten Quellenangaben handelt – nur liegen diese Kopien nicht in Papier-, sondern in elektronischer Form vor.

Manchmal werden Sie auch Dokumente aus Archiven, Protokolle von Interviews, die Sie selbst geführt haben, oder noch andere Quellen in Ihr Literaturverzeichnis aufnehmen müssen, über die wir hier nichts geschrieben haben. Orientieren Sie sich dann am besten daran, in welcher Form diese in wissenschaftlichen Texten zitiert werden, schlagen Sie in ausführlichen Zitiermanualen (> Kap. 15.2) nach oder finden Sie eine eigenständige Lösung, die in das von Ihnen verwendete System passt.

**Tipp**

Ob Sie unveröffentlichte Archivdokumente oder selbst produzierte Quellen im Anhang Ihrer Arbeit publizieren sollen, sprechen Sie bitte mit Ihrem Betreuer ab. In der Regel ist es ausreichend, solche Quellen bereitzuhalten und lediglich auf Nachfrage zugänglich zu machen.

## 4.3 Akademische Kriminalität: Täuschungsversuche

Täuschungsversuche sind keine Kavaliersdelikte. Aus der Diskursivität der politikwissenschaftlichen Erkenntnis (> Kap. 1.3) folgt notwendig, dass die Regeln des Diskurses unbedingt eingehalten werden müssen – sonst ist er zerstört. Jeder Autor muss die Nachprüfbarkeit seiner Aussagen sichern und für seine eigenen, gegebenenfalls originellen, innovativen oder gar revolutionären Beiträge zur Debatte die Verantwortung übernehmen. Ebenso muss er die Verantwortung für alle nicht von ihm stammenden Aussagen bei deren Autoren belassen. Zitieren bzw. paraphrasieren und der exakte Nachweis der jeweiligen Fundstellen sind daher Standardanforderungen an das wissenschaftliche Schreiben.

Plagiate sind Rückgriffe auf fremde Aussagen, die nicht deutlich als solche gekennzeichnet und unter Verweis auf ihre Quelle dokumentiert sind, sodass sie als eigene Aussagen erscheinen. Der Unterschied zwischen ihnen und einem Vorgehen, das den „Regeln der Kunst" vollständig entspricht, besteht einzig und allein darin, ob ein genauer Herkunftsnachweis angegeben ist! Als Plagiat wird angesehen, wenn Aussagen anderer Autoren wörtlich, aus einer Fremdsprache übersetzt oder nur mit leichten Änderungen in der Wortwahl und im Satzbau übernommen werden, ohne dabei auf die exakte Quelle zu verweisen. Aber auch, wenn Aufbau oder Struktur komplexer Argumentationsgänge anderer Autoren übernommen werden, handelt es sich um ein Plagiat, falls dies nicht dokumentiert ist. Damit würde ein unbegründeter Eigentumsanspruch nicht nur an einem einzelnen Gedanken, sondern sogar an einem ganzen Gedankengebäude erhoben.

Plagiate können das Resultat betrügerischen Vorgehens sein, entstehen aber mitunter auch aus Ungeschick, beispielsweise als Ergebnis ungenauen Exzerpierens (> Kap. 3.3) oder in Unkenntnis der
genauen Zitierregeln (> Kap. 4.2.3). Auch deshalb ist es für ange-
hende Politikwissenschaftler wichtig, professionelle Standards von
Studienbeginn an zu trainieren.

Zur Kategorie der Täuschungsversuche gehören nicht nur Plagiate.
Dazu zählt auch, geliehene oder gekaufte – also nicht selbst verfasste – schriftliche Arbeiten einzureichen oder eine Arbeit mehrfach zu
verwerten, um für dieselbe Leistung weitere Leistungsnachweise
(etwa in einer anderen Lehrveranstaltung) zu erhalten.

Die Sanktionen für Täuschungsversuche sind je nach Hochschule
unterschiedlich hart, beginnen aber immer damit, dass die betreffende Leistung als nicht erbracht bewertet wird. Studierende müssen
deshalb allen schriftlichen Arbeiten eine Erklärung beifügen, derzu-
folge sie korrekt vorgegangen sind. Zwar ist die Aufdeckung von
Plagiatsfällen generell nicht einfach, erfahrene Dozenten sind dazu
aber recht oft in der Lage. Seit einigen Jahren gibt es auch effektive
technische Hilfsmittel (Computerprogramme), die es erleichtern, Plagiate aus dem Internet zweifelsfrei und ohne großen Aufwand zu
identifizieren.

# 5 Den Arbeitsprozess planen

## 5.1 „Ich hatte keine Zeit": Irrtum, Lüge, Selbstbetrug?

Zeit ist ein knappes Gut, manche halten sie für knapper als Geld. Sie reicht nie. Über Zeitmangel klagen Studierende (und Dozenten) immer, und er liefert die Standardbegründung für jede Art von Termin, der nicht eingehalten wird. Die ständige Wiederholung dieser Rechtfertigung ist seltsam. Eigentlich dürfte man einen inner-universitären Konsens vermuten, dessen sich nicht alle immer wieder aufs Neue versichern müssen. Worum geht es also in Wirklichkeit?

Tatsächlich besteht der Sinn des Vorbringens und Ablehnens von Zeitmangel-Erklärungen darin, dass Studierende und Dozenten darüber verhandeln, wie wichtig und dringlich studienbezogene Aktivitäten im Vergleich zu anderen Zeitvertreiben sind. Dozenten unterliegen in diesen Verhandlungen auch deshalb ungern, weil sie ihre berufliche Daseinsberechtigung aus der Bedeutung wissenschaftlichen Arbeitens im weitesten Sinne beziehen. Da jeder über die gleiche Menge Zeit am Tag verfügt und jeder in diesen 24 Stunden allerhand bewerkstelligt, ist offensichtlich, dass für irgendetwas immer Zeit vorhanden ist. Darum sehen sich Studierende in der Regel bemüßigt, konkret mitzuteilen, was genau wichtiger war als die Seminarvorbereitung oder -teilnahme, der Abgabetermin der schriftlichen Leistung usw. Sie führen dabei meist (ungeplante, weil unvorhersehbare) familiäre Verpflichtungen, (ungeplanten, aber bedingt vorhersehbaren) Liebeskummer oder eine (meist geplante und vorhersehbare) Erwerbstätigkeit an. Dozenten sollen dann die Stichhaltigkeit dieser Entschuldigungen prüfen und einsichtigerweise nachgeben. Oft weigern sie sich aber, dies zu tun – aus einem einfachen Grund: Woher sollten sie das Recht nehmen, über Ihre privaten Unglücke als eines gewichtigen Hindernisses für die termingerechte Abgabe einer Leistung zu befinden oder Sie vor die Alternative des Verhungerns wegen abgesagter Erwerbstätigkeit zu stellen?

Wenn man sich etwas tiefer in das Zeitproblem hineindenkt, erkennt man, dass es ein Entscheidungsproblem ist: In jedem Moment haben Sie mehrere Tätigkeiten zur Wahl. Manchen kann man gleichzeitig nachgehen (etwa Atmen und Lesen), anderen nicht (Joggen und Lesen). Wenn man zwischen unterschiedlichen Aktivitäten wählen muss, fällt man eine Entscheidung – einige erhalten den Zuschlag, weil sie wichtiger erscheinen, andere, weil man sie lieber tut, dritte, weil man ihnen anscheinend nicht entgehen kann. Letztere treffen oft auf inneren Widerstand, weshalb man so lange wie möglich versucht, sie durch andere Tätigkeiten zu ersetzen. Diese simplen Überlegungen verdeutlichen zunächst: Es gibt gar keinen Zeitmangel per se. Jegliche Entschuldigung, die sich darauf bezieht, ist substanzlos. Es gibt aber durchaus Zeitmangel für bestimmte Tätigkeiten. Dieser ist jedoch nicht objektiv zu begründen, sondern folgt aus einer subjektiven Entscheidung gegen eine bestimmte Art von Zeitvertreib.

Im Journalismus gibt es sogenannte *Deadlines*. Es handelt sich um einen Termin, zu dem ein Text abgeliefert werden muss, um rechtzeitig in den Druck zu gehen. Die Deadline ist das oberste, völlig unverhandelbare Gesetz. Sie zu missachten, ist buchstäblich tabu, man muss darüber nicht einmal nachdenken. Warum erlangen die Abgabetermine schriftlicher Arbeiten im Studium so selten die Qualität solcher Deadlines? Wir vermuten folgende Gründe: Erstens verlangen zumindest größere schriftliche Arbeiten oft Aktivitäten über einen längeren Zeitraum, was es zunächst erleichtert, sie vor sich her zu schieben – weil man sie nicht mag oder weil es zunächst nicht eilig ist. Am Ende wird dann die Zeit knapp. Zweitens wird es leichter, Termine einzuhalten, je routinierter man ist, je öfter man also solche Termine einhalten muss. Gerade Studienanfängern und ungeübten Schreibern mangelt es aber an einschlägigen Erfahrungen. Drittens sind schriftliche Arbeiten ein besonderes Problem für Menschen mit hohen Ansprüchen an sich selbst: Einmal abgegeben, lässt sich nichts mehr daran ändern.

An allen drei Problemen lässt sich arbeiten. Wer mit Perfektionismus geschlagen ist, hat es möglicherweise besonders schwer. Wir lassen es hier bei dem – ernsthaften – Rat bewenden, etwas netter zu sich zu sein und zu üben, sich auch mit Fehlern und wenig perfekten Leistungen zu mögen. Sind Sie mit einer Leistung nicht zufrieden, kasteien Sie sich nicht im Nachhinein. Prüfen Sie sachlich, ob Sie systematisch etwas verbessern können, um künftig von dieser Erfahrung zu profitieren. Erscheint Ihnen das aber als unmöglich, versuchen Sie, es ohne Groll zu den Akten zu legen. Das zweite Problem ist durch Übung zu lösen: Beglückwünschen Sie sich zu jeder schriftlichen Leistung, die Ihnen nicht in Form einer Klausur abverlangt wird, sondern als Hausarbeit größeren oder kleineren Formats. Dadurch können Sie üben, unter Zeitdruck zu schreiben und Ihren tatsächlichen Zeitbedarf kennenzulernen.

Das erste Problem wiederum, Arbeiten aufzuschieben, ist ein im Prinzip einfach zu behebender Fehler in Ihrem Zeitmanagement. Um ihn korrigieren zu können, brauchen Sie Grundkenntnisse darüber, wie Sie mit Zeitmangel umgehen können, müssen fähig sein, realistische Pläne aufzustellen und benötigen Disziplin, um sie einzuhalten. Alle drei Aspekte sind wichtig und bedürfen der Übung. In allen drei Aspekten sollten Sie aber auch Augenmaß walten lassen: Zwar könnte man sicherlich Maximales leisten, wenn man niemals mehr auch nur eine Stunde ohne Sinn und Verstand durch das Internet surfte oder zu lange im Bett bliebe, aber wozu eigentlich…

---

**Tipp**

Welche Termine sind für Sie Deadlines? Überprüfen Sie an Ihren eigenen Erfahrungen, ob Sie jemals solche Termine nicht eingehalten haben. Suchen Sie nach Wegen, wie es gelingen kann, Termine als Deadlines zu *glauben*. Verzichten Sie beispielsweise darauf, über Entschuldigungs- und Verlängerungsmöglichkeiten auch nur nachzudenken.

---

Unserer Beobachtung nach scheinen die meisten Menschen relativ starken Zeitdruck zu brauchen, um sich einem Projekt endlich mit voller Energie zu widmen (falls es sich nicht um ihre Lieblingsbeschäftigung handelt). Wenn das auch bei Ihnen so sein sollte[7], akzeptieren Sie das und denken Sie darüber nach, wie Sie diesen Umstand für sich nutzen können. Vielleicht finden Sie unsere Überlegungen in den folgenden Abschnitten hilfreich. Um eine gute (Abschluss-)Arbeit zu schreiben, reicht es dennoch nicht aus, einfach abzuwarten, bis der Zeitdruck unerträglich wird. Das kann zunächst bestenfalls die termingerechte Abgabe sichern. Wenn Sie, indem Sie eine schriftliche (oder auch mündliche) Prüfungsleistung erbringen, das Beste aus sich herausholen wollen, dessen Sie fähig sind, müssen Sie auch die Zeit davor nutzen. Inwiefern dieses „Beste" gehaltvoller ist als das, was Sie sowieso schon wissen und können, entscheidet sich lange bevor Sie in die Endphase Ihrer wissenschaftlichen Arbeit mit ihrem kaum vermeidbaren ununterbrochenen Schuften eintreten.

---

[7]    Wenn nicht, würden wir uns über eine Mail von Ihnen freuen, in der Sie Ihre abweichenden Erfahrungen schildern.

## 5.2 Regeln des Zeitmanagements

Wie und womit man seine Zeit verbringt, ist also nicht eine Frage der Zeit, sondern eine Frage der Entscheidung über die Zeit. „Ich habe keine Zeit" gilt für alle Beschäftigungen, für die Sie sich keine Zeit nehmen. Daraus folgt, dass es sinnvoll ist, seinen Zeitvertreib durchdacht zu bestimmen und zu planen, um spontanen Gemütslagen nicht völlig ausgeliefert zu sein. „Zeitmanagement" ist die bewusste, zielorientierte, selbstbestimmte Entscheidung zugunsten einiger (und zuungunsten anderer) Aktivitäten.

Das Pläneschmieden ist auf vielen Ebenen möglich. Eine erste Entscheidung betrifft die Festlegung des Zeitrahmens, den Sie sich für das Studium insgesamt und im Rahmen Ihrer Lebensplanung setzen: Sechs Semester? Neun oder zehn? Planen Sie ein Auslands- oder Urlaubssemester ein? Welche Spielräume haben Sie dabei? Eine zweite Gruppe von Entscheidungen ist Semester für Semester neu zu treffen: Wie viel Zeit wollen Sie pro Woche für das Studium nutzen? Wie ist das Verhältnis zwischen Studium, Erwerbsarbeit und Freizeit? Welche Seminare wollen Sie besuchen und mit welchem Aufwand vor- und nachbereiten?

Wir enthalten uns in diesen Fragen sämtlicher Empfehlungen. Wir weisen Sie lediglich darauf hin: Auf welche Zwänge auch immer Sie sich berufen mögen und mit gutem Grund können – wie Sie Ihre Zeit verbringen und womit, ist am Ende immer Ihre Entscheidung. Diese wird übrigens in Ihrer gegenwärtigen Lebensphase meist sehr viel weniger äußere Einflussfaktoren berücksichtigen müssen als später. Sie gewinnen an Freiheit, wenn Sie verstehen, dass Sie sich nie als Opfer widriger Umstände betrachten müssen, wie auch immer die Umstände beschaffen seien, unter denen Sie Ihr Leben gestalten.

*(1) Bestimmen Sie Ihr Ziel*

Worauf arbeiten Sie hin? Was wollen Sie erreichen? Welches Ziel verfolgen Sie? Wenn es im Folgenden konkret wird, gehen wir davon aus, dass Sie eine Bachelorarbeit schreiben wollen, um Ihr Studium der Politikwissenschaft abzuschließen. Sie umfasst ca. 80.000 Zeichen, weist also mit ca. 25 bis 30 Seiten etwa die Länge eines traditionellen wissenschaftlichen Aufsatzes auf. Der Studienplan sieht dafür in unserem Falle zehn Wochen vor.

*(2) Ordnen Sie anstehende Aufgaben nach ihrer Priorität*

Um diejenigen Tätigkeiten in Ihrem (Tages-, Wochen- usw.) Plan sinnvoll unterbringen zu können, die der Erreichung Ihres Ziels nützen, brauchen Sie Entscheidungskriterien. Am besten geeignet sind *Dringlichkeit* und *Wichtigkeit*. Prüfen Sie Ihre Vorhaben und ordnen Sie sie einer der folgenden Kategorien zu:

(1)   A-Aufgaben = dringlich und wichtig (z.B. „Seminar von 10 bis 12", „Einleitung zur Bachelorarbeit schreiben, die morgen fällig ist");

(2)   B-Aufgaben = nicht dringlich, aber wichtig (z.B. „Gliederung für die Bachelorarbeit entwerfen, die in zehn Wochen fällig ist");

(3)   C-Aufgaben = dringlich, aber nicht wichtig (z.B. „staubsaugen");

(4)   D-Aufgaben = nicht dringlich und nicht wichtig (z.B. „Bier trinken gehen").

Auch bei dieser Zuordnung handelt es sich um Entscheidungen, die nur Sie treffen können, denn ob es objektiv wichtiger ist, ein klärendes Gespräch mit einem wichtigen Menschen zu führen oder in derselben Zeit einen wissenschaftlichen Aufsatz zu lesen, ist ein Problem, das nicht theoriefähig ist.

*(3) Entscheiden Sie, wie viel Zeit Sie diesen Aufgaben widmen wollen*

Wenn Sie einen konkreten Zeitplan aufstellen, sorgen Sie dafür, dass A-Aufgaben zuerst erledigt werden und B-Aufgaben an zweiter Stelle stehen. Räumen Sie sich einen bestimmten Zeitrahmen dafür ein, den Sie für realistisch halten. Wenn Sie mit der Kategorie A nicht zum vorgesehen Zeitpunkt fertig geworden sind, empfiehlt es sich dennoch fast immer, zu B überzugehen. C-Aufgaben sollten Sie versuchen, an andere zu delegieren. Wenn dies nicht möglich ist, müssen Sie neu entscheiden: Handelt es sich nicht doch um Aufgaben der Kategorie A, B oder D?

D-Aufgaben sind eine besondere Kategorie. Es wird sich meist um Tätigkeiten handeln, die Ihnen besonders angenehm sind, Sie aber dem Ziel, das Sie sich vorgenommen haben, nicht direkt näherbringen und Zeit kosten. Hier müssen Sie abwägen: Entweder ist es notwendig, sich völlig den Aufgaben A und B zu widmen, dann entschließen

Sie sich, die D-Aufgaben (zumindest für den überschaubaren Planungszeitraum) völlig zu streichen. Oder Sie entscheiden sich ganz bewusst dafür, sich diese Annehmlichkeit zu gönnen. In diesem Fall sollten Sie aber auch den größtmöglichen Genuss zulassen. Es bringt nichts, wenn Sie sich mit einem schlechten Gewissen abplagen, weil Sie ins Kino gegangen sind, statt am Schreibtisch zu sitzen.

Wenn Sie eine D-Aufgabe streichen, werden Sie erleben, dass dies entweder folgenlos bleibt, oder aber dass Sie mehr oder weniger schnell in Gruppe B oder sogar A aufrückt. Falls Ihnen das Staubsaugen in unserem Beispiel niemand abnehmen wollte und Sie es daher zunächst von C nach D abgewertet hatten, wird es früher oder später mit Sicherheit zu A werden. Nehmen Sie es dann seiner Bedeutung gemäß in Ihren aktuellen Tagesplan auf und erledigen Sie es z.B. in einer Arbeitspause. Übrigens: Falls Sie Aufgaben der A- oder B-Priorität nicht erfüllen, ohne dass sich unerwünschte Folgen einstellen, haben Sie sich entweder bei der Bedeutungszuweisung geirrt oder aber Sie freuen sich zu früh. Vielleicht ist das in der gegebenen Situation nicht besonders schlimm. Sie können sich diesem Kapitel jederzeit erneut zuwenden, falls plötzlich Leidensdruck wegen verstrichener Termine entstehen sollte.

### (4) Berücksichtigen Sie Ihr Leistungsvermögen und Ihren Pausenbedarf

Berücksichtigen Sie bei der Planung Ihren Lebensrhythmus. Dabei sind zwei Aspekte wichtig – Ihre *persönliche Leistungskurve* und Ihr *Pausenverhalten*. Sie sollten also erstens wissen, ob es Tages- oder Nachtzeiten gibt, zu denen Sie konzentrierter arbeiten können als zu anderen Zeiten. Manche haben beispielsweise das Gefühl, morgens zwischen acht und elf Uhr am besten nachdenken und schreiben zu können. Durch Ihre Planung können Sie nun dafür sorgen, dass sie zu dieser Zeit überhaupt eine Chance haben, wach zu sein. Auch wäre es klug, nicht beim Frühstück zuerst zur Zeitung zu greifen, um es gemütlich zu haben – sondern planmäßig erst nach elf Uhr, in der ersten ausgedehnten Arbeitspause. Andere wiederum haben festgestellt, dass sie nach Mitternacht am besten arbeiten können, weil dann endlich Ruhe in der ganzen Wohnung herrscht. Auch das zieht Folgen nach sich, z.B. den zeitweiligen Verzicht aufs Frühstück.

Zweitens sollten Sie Pausen einplanen. Sie dienen der Erholung und Wiederherstellung der Leistungsfähigkeit. Darüber hinaus strukturieren sie Ihre Arbeit: Pausen ermöglichen es z.B. Ihrem Gedächtnis, einen bestimmten Stoff als zusammengehörige Einheit abzuspeichern und Abstand zur nächsten Informationseinheit zu schaffen. Wenn Sie mehrere Texte hintereinander querlesen (> Kap. 2.3.2), sind (kurze) Pausen nach jedem von ihnen wichtig, weil Sie sich dann später besser erinnern können, wo eine bestimmte Information stand, die Sie sich gerade ins Gedächtnis zurückzurufen versuchen.

Pausen bedeuten einen Tätigkeitswechsel. Sie müssen sich nicht unbedingt aufs Sofa legen. Es kann ausreichen, wenn Sie eine Phase des sitzenden Nachdenkens durch einen Gang zum Kaffeeautomaten auflösen, nach dem Lesen kurz telefonieren, also hören oder reden usw. Wenn Sie am PC gearbeitet haben, sollten Sie jedenfalls nicht zur Abwechslung ein Computerspiel spielen – das ist eine zwar verbreitete, aber völlig ineffiziente Unterbrechung. Lenken Sie sich auch besser nicht mit Besuchen bei *StudiVZ*, *Facebook* oder *YouTube* ab, bevor Sie Ihr Tagespensum nicht abgearbeitet haben; Sie finden dort kaum so schnell wieder heraus, wie Sie es sich vorgenommen hatten.

Viele Zeitmanagement-Ratgeber empfehlen (sehr) kleine Pausen nach jeder Stunde, manche sogar bereits nach 15 bis 20 Minuten.[8] Da aber jede Unterbrechung auch bedeutet, dass man sich danach in einen Gedanken wieder hineindenken muss, also Zeit verliert, ist der unbestreitbare Nutzen von Pausen auch gegen ihre Kosten abzuwägen. Wir haben die Erfahrung gemacht, dass man unter Umständen auch viele Stunden hintereinander ohne Unterbrechung arbeiten kann und will, wenn *es* einen gepackt hat (*flow*). Dies ist aber nur möglich, wenn man tatsächlich in der Lage ist, sich längere Zeit ausdauernd und ohne Ablenkung zu konzentrieren.

Probieren Sie also für sich aus, was Ihnen gut tut und effizient erscheint. Am besten ist es sicher, wenn man Pausen nach Abschluss einer Arbeitseinheit einlegen kann – also etwa, nachdem man einen Aufsatz gelesen hat oder wenn man mit dem Aufschreiben eines Gedankenblocks fertig ist. Daneben erzwingen ungeplante Störungen, die nicht abzuwenden sind, Kopfschmerzen, Hunger, eine deutlich

---

[8]   Gut zu wissen: Das deutsche Arbeitszeitgesetz (ArbZG, 1994, § 4) schreibt bei einer täglichen Arbeitszeit von sechs bis neun Stunden mindestens 30 Minuten, bei einer Arbeitszeit von mehr als neun Stunden 45 Minuten Pause vor. Die Bildschirmarbeitsverordnung (BildscharbV, 1996, § 5) verlangt regelmäßige Unterbrechungen der Arbeit am PC. Als angemessen gilt eine fünf- bis zehnminütige Pause pro Stunde. Da es sich hierbei um gesetzliche Ansprüche lediglich von abhängig Beschäftigten gegenüber ihrem Arbeitgeber handelt, liegt es in Ihrem Ermessen, diese Regelungen zu beachten oder auch nicht.

nachlassende Konzentration usw. unerwünschte Unterbrechungen. Prüfen Sie deshalb, wie Sie für jene Zeiträume, in denen Sie erfahrungsgemäß besonders intensiv arbeiten können – also beispielsweise zwischen acht und elf oder ein und vier Uhr – die Gefahr von Störungen minimieren können: Schalten Sie Ihr Handy aus, seien Sie weder hungrig noch zu satt usw.

Beachten Sie, dass Sie bei größeren Schreibarbeiten, die sich über Wochen oder Monate erstrecken, nicht nur kleine Pausen, sondern auch einen kurzen oder sogar längeren Urlaub einplanen. Sie sollten solche Phasen tatsächlich für eine Auszeit nutzen. Nehmen Sie sich nicht vor, jeden Tag ein bisschen zu arbeiten, um dann mit schlechtem Gewissen gegen diesen Vorsatz zu verstoßen. Betrachten Sie eine solche Auszeit als D-Aufgabe, die Sie genießen wollen. Falls Sie die freie Wahl haben, legen Sie den Urlaub bei (und von) Abschlussarbeiten zwischen das Schreiben der Rohfassung und die Überarbeitung, bei einem zehnwöchigen Zeitraum also nach etwa sechs Wochen. Wenn der Pausenzeitraum jedoch durch Familienfeste oder Feiertage vorgegeben ist, überlegen Sie bei Ihrer Planung, wie Sie es anstellen können, dass er an das Ende einer Arbeitsphase fällt. Nehmen Sie sich vor, zum betreffenden Zeitpunkt beispielsweise mit dem Schreiben von Kapitel 2 Ihrer Examensarbeit fertig zu sein. Vermeiden Sie es auf jeden Fall, „mitten im Satz" in eine längere Phase der Unterbrechung einzutreten. Wenn Sie sich nach einer größeren Pause einem Thema erneut zuwenden, müssen Sie sich zwangsläufig neu einarbeiten. Das kostet Zeit. Daher ist es viel effizienter, Gedanken abzuschließen, bevor man pausiert.

*(5) Stellen Sie einen überschaubaren Plan auf, der für Sie instruktiv ist*

Planen Sie die entsprechenden Zeiträume unbedingt *vom Ende her*: Sie betrachten dazu den Abgabetermin als unverrückbare Deadline und überlegen sich, wie die Zeit für die einzelnen Schreibphasen aufgeteilt werden muss. Dieses Vorgehen vermeidet, dass Sie den wichtigen Überarbeitungszeitraum schon bei der Planung stiefmütterlich behandeln. Auch wenn Sie später in Zeitnot geraten, werden Sie sich dessen bewusst sein, dass es eine objektive Termingrenze für Ihre Arbeit gibt.

Wenn Sie einen mehrwöchigen oder gar über mehrere Monate reichenden Plan erstellt haben, hängen Sie ihn in Sichtweite am Arbeitsplatz auf. Planen Sie dann weiter, indem Sie die vor Ihnen liegende Woche und den aktuellen Tag – nach denselben Regeln – strukturieren. Menschen haben einen kurzen Zeithorizont. Gewinne, die in unabsehbarer Ferne liegen, werden meist zugunsten von Verlusten abgewertet, die in allernächster Zukunft abzusehen sind. Die Mühen des heutigen Tages werden weitaus höher gewichtet als die möglicherweise noch größeren Mühen im nächsten Jahr. Unserer Erfahrung nach heißt das zum Beispiel, dass der Abgabetermin für eine größere Forschungsarbeit nicht instruktiv ist, wenn der dafür vorgesehene Arbeitszeitraum gerade erst beginnt. Dies ändert sich erst, wenn etwa zwei Drittel der Zeit bereits vergangen sind. Der Termindruck für eine auf zehn Wochen angelegte Bachelorarbeit verschafft Ihnen wahrscheinlich erst dann schlaflose Nächte, wenn höchstens noch drei bis vier Wochen verbleiben. Leider ist das sehr spät, zu spät für ein gutes Resultat, wenn Sie dieses Projekt bis dahin völlig ignoriert haben. Deshalb müssen Sie neben großen auch kleinteilige Pläne aufstellen und erfüllen. Nur so wird es gelingen, das betreffende Ziel immer wieder präsent und relevant zu halten. Einen Vorschlag für die Grobplanung einer Bachelorarbeit, der unsere Überlegungen über den Schreibprozess und den sinnvollen Umgang mit Zeit berücksichtigt, finden Sie in Kapitel 4.1.2.

Zeit sparen, um sie schließlich übrig zu haben, ist unmöglich. Wenn Sie bei einer Tätigkeit weniger Zeit verbrauchen als ursprünglich angenommen, wird sie frei für andere Tätigkeiten, denen Sie (bewusst oder unbewusst) die nächstgrößere Priorität beimessen. Sie sollten sich also auch überlegen, wofür Sie eingesparte Zeit nutzen, damit Sie sie wirklich gewinnen. Sicherlich könnten Sie Arbeitszeit, die Sie nicht gebraucht haben, auf Ihr Freizeitkonto umbuchen. Allerdings sollten Sie sich ab einem bestimmten Verhältnis zwischen Studien- und Freizeit auch fragen, worum es Ihnen eigentlich geht – wenn Sie das Studieren als lästige und, konsequent betrachtet, auf ein Minimum zu reduzierende Art betrachten, Ihr Leben zu verbringen, sollten Sie sich möglicherweise einige grundsätzliche Fragen stellen.

## 5.3 Realistisch planen

Die wichtigste Bedingung für realistisches Planen besteht darin, den benötigten Zeitaufwand für eine Aktivität hinreichend korrekt einzuschätzen

Die meisten Studierenden unterschätzen den Aufwand für Denken und Schreiben deutlich. Während sie relativ bald in der Lage sind zu kalkulieren, wie lange sie für das Lesen eines Textes brauchen – selbst dann, wenn sie ihn analytisch lesen – können sie kaum sagen, wie lange sie brauchen werden, um einen bei der Planung noch unbekannten Gedanken hervorzubringen, zu entwickeln und argumentativ darzustellen. Das ist ein reales Problem, das sich nur dadurch entschärft, dass man immer wieder plant und die dabei gesammelten Erfahrungen auswertet.

Für den Anfang mag es genügen, sich an Vorgaben zu orientieren: Dozenten geben Ihnen eine bestimmte Lektüre für die Seminarsitzung der nächsten Woche auf, die sie (hoffentlich) unter Berücksichtigung des Aufwandes eines Studierenden und seiner sonstigen Aufgaben für angemessen halten. Eine Bachelorarbeit ist üblicherweise auf zehn Wochen ausgelegt, eine Masterarbeit auf etwa vier Monate, eine Magisterarbeit auf ein halbes Jahr, eine Dissertation auf ca. drei Jahre. Das heißt, dass Personen, die den damit verbundenen Anforderungen generell und durchschnittlich gewachsen sind, für die entsprechenden Arbeiten mit dem vorgegebenen Zeitrahmen auskommen sollten. Sie haben allen Grund anzunehmen, dass dies auch auf Sie zutrifft. Damit verfügen Sie bereits über die Eckpfeiler für Ihre Planung.

*Die zweite Bedingung realistischen Planens ist es, sich für die einzelnen Aktivitäten ernstgemeinte Zeitlimits zu setzen*

Eine Arbeit benötigt genau so viel Zeit, wie für sie zur Verfügung steht. Versuchen Sie, diese Maxime aller Zeitgurus zu glauben. Sie scheint tatsächlich zuzutreffen. Auch der oben diskutierte Deadline-Effekt spiegelt das wider. Begrenzen Sie also Ihr Zeitbudget mit derselben Rigorosität, mit der Sie Ihr Geldbudget zuweilen behandeln müssen. Sie werden von selbst umsichtiger mit der betreffenden Ressource umgehen, was in Bezug auf Zeit heißt, dass Sie konsequenter vermeiden werden, sich ablenken und stören zu lassen.

*Die dritte Bedingung realistischen Planens verlangt Ihnen Entscheidungen ab: Streichen Sie Ihren Aufgabenkatalog zusammen*

Das betrifft C- und D-Aufgaben, während Sie insbesondere dafür sorgen müssen, dass die A-Aufgaben erledigt werden können. Mogeln Sie nicht, indem Sie Dinge, die weder wichtig noch dringlich sind, als A-Aufgaben definieren. Aufgaben, von denen Sie feststellen, dass Sie sie bereits seit mehreren Tagen vor sich herschieben, sollten Sie überprüfen: entweder sofort erledigen oder streichen. Der berühmte Mut zur Lücke kann hier trainiert werden.

Sorgen Sie dafür, dass Sie zu einem Zeitpunkt nicht mehrere Aufgaben gleichzeitig erledigen müssen. Sicherlich können Sie beim Lesen wissenschaftlicher Texte weiter atmen, aber eben nicht Musik hören. Und Sie sollten nicht versuchen, parallel zueinander mehrere intensive Denkaufgaben zu bearbeiten, etwa: morgens an einer Hausarbeit schreiben und nachmittags an einer anderen. Dafür reicht Ihre Energie nicht aus.

*Die vierte Bedingung realistischen Planens betrifft die bewusste Berücksichtigung von Zeitverlusten*

Für Ihre unmittelbaren Arbeitsziele sollten Sie kaum mehr als die Hälfte Ihrer Arbeitszeit einplanen. Realistisch ist die Annahme, dass Sie ungefähr ein Fünftel Ihrer Zeit buchstäblich verlieren werden, weil Sie irgendetwas am Arbeiten hindern wird – ein ungeplanter Anruf Ihrer geschwätzigen Freundin, Ihre eigene Faulheit o.ä. Außerdem sollten Sie davon ausgehen, dass Sie ein weiteres Fünftel Ihrer Zeit dafür verwenden werden, um spontan auftauchende Ideen zu verfolgen, die sich vielleicht – vielleicht aber auch nicht – als brauchbar erweisen werden, oder um Gespräche über Ihre Arbeit zu führen, die sich mit Kommilitonen, Lebensgefährten oder anderen Personen ergeben. Diese Art Puffer ist keine Störung Ihrer Arbeit im engeren Sinne. Es ist eine Inkubationszeit für neue Ideen oder eine Zeit für Gedankenexperimente, und auch das ist nötig. Vielleicht erscheint es Ihnen recht viel, fast die Hälfte Ihrer Arbeitszeit für Verluste einzuplanen. Sie werden sie aber meistens brauchen.

**Beispiel: Tagesplanung während der Vertiefungs- und Überarbeitungsphase der Bachelorarbeit**
Sie planen, von 9 Uhr morgens bis 19 Uhr abends an Ihrer Arbeit zu sitzen, danach treffen Sie sich mit Freunden. Abzüglich einer Mittagspause von zwei Stunden wollen Sie also acht Stunden arbeiten. Vielleicht verzichten Sie vormittags auf eine Pause und schreiben bzw. überarbeiten Ihren Text (A-Aufgabe) konzentriert und störungsfrei von 9 bis 12 Uhr. Sie werden dann den wichtigs-

ten Teil Ihres Tagespensums bereits erledigt haben. Nach der Er-
holungspause bearbeiten Sie zunächst Lücken in Ihrem Argument
oder Sie gehen den Text noch einmal von vorne durch (B-Aufgabe).
Vielleicht müssen Sie auch noch einmal Literatur recherchieren
und lesen (B-Aufgabe), und Sie sollten sich gegen Ende des Tages
mit inhaltlichen Notizen für Ihr Projekt am nächsten Tag sowie mit
der Zeitplanung befassen (B-Aufgabe). Wenn Sie sich nachmittags
zwei kürzere Pausen von jeweils 15 Minuten erlauben, können Sie
also mit einer Arbeitszeit von siebeneinhalb Stunden planen: Außer
den drei Stunden Schreiben am Morgen sehen Sie am Nachmittag
eineinhalb Stunden für die genannten Tätigkeiten vor. Insgesamt
fast drei Stunden Ihrer Arbeitszeit verplanen Sie aber nicht, in der
realistischen Annahme, dass sie trotzdem am Ende des Tages
nicht drei Stunden früher frei haben werden.
Übrigens: Vermutlich wird es einen Zeitraum von einigen Wochen
während des Schreibens der Bachelorarbeit geben, in der Sie sich
besser nicht mit Freunden verabreden, weil Sie es ohnehin nicht
genießen können. Viele berichten auch von Phasen, in denen sie
nicht einmal mehr schlafen können oder wollen. Stehen Sie solche
Phasen durch, indem Sie dem betreffenden Anfall von Arbeitswut
nachgeben. Sie halten das gesundheitlich wahrscheinlich eine
Weile gut durch, und inhaltlich lohnt es sich meist sogar sehr.

Zusammengefasst bedeutet das: Sie müssen erkennen, was für Sie
und Ihr gegenwärtiges Wissen und Können realistisch ist. Sie müssen
sich genügend Pausen gönnen und über Zeitpolster verfügen, die Sie
planmäßig nicht verplanen. Sie müssen flexibel sein, um bei Zeit-
rückständen eine Änderung vornehmen zu können, die nicht Ihr ganzes Projekt zu Fall bringt, sondern lediglich eine Plankorrektur ist.
Sie müssen mit Störungen fertig werden, die von außen kommen und
nicht immer von Ihnen zu kontrollieren sind. Das ist eine anspruchsvolle Managementaufgabe.

Das Problem der realistischen Schätzung des eigenen Zeitbedarfs
verliert an Bedeutung, je häufiger und mehr man liest, denkt und
schreibt, und zwar insbesondere dann, wenn man diese Prozesse reflektiert betreibt: Nach und nach bekommt man ein Gefühl dafür, wie
lange man für bestimmte Tätigkeiten braucht. Man gewöhnt sich
etwas daran, diszipliniert und konzentriert zu arbeiten. Schließlich
wird der Zeitbedarf mit zunehmendem Wissen und wachsender Rou-

tiniertheit geringer. Zum Beispiel entdeckt man auch in unbekannten Texten immer mehr bekannte Gedanken, in deren Verständnis nicht noch einmal investiert werden muss. Literatur zu finden, gelingt immer treffsicherer, Formalia einzuhalten, bereitet kein langwieriges Kopfzerbrechen mehr usw.

Im Laufe der Zeit macht man sogar die anfangs völlig unwahrscheinliche Erfahrung, dass die nötige Arbeitszeit durch das Setzen von Limits beschränkt werden kann, ohne dass das Ergebnis leidet. Ob und wann man einen Arbeitsprozess beendet, hängt nun oft weniger von der vermuteten Komplexität des Forschungsgegenstands ab als davon, wie viel Zeit man ihm einräumt – eine Erkenntnis, die für den Anfänger überraschend ist, da er davon ausgeht, dass die für eine Arbeit benötigte Dauer ausschließlich inhaltlich bedingt ist. Je mehr Zeit Sie sich aber für ein Vorhaben nehmen, desto länger werden Sie daran arbeiten. Oder umgekehrt: Wenn Sie sich weniger Zeit geben, können Sie trotzdem in guter Qualität fertig werden. Daher wird Zeitplanung mit wachsender Professionalität noch wichtiger, weil sie das Arbeitstempo beschleunigen kann, indem man sich ein wenig Druck macht.

## 5.4  Durchhalten – aber wie?

Pläne funktionieren nur, indem man sie einhält. Es wird Ihnen leichter fallen, dies zu tun, wenn Sie
*   sie *schriftlich* verfassen sowie ihre Einhaltung überprüfen, indem Sie die einzelnen Punkte schriftlich abhaken oder streichen;
*   sich mehr oder weniger große *Belohnungen* für den Erfolgsfall zukommen lassen;
*   Ihre *Planungserfahrungen auswerten*, um zu lernen, wie Sie Ihren Zeitbedarf immer realistischer einschätzen können.

### Sich selbst beobachten und auf Erfahrungen reagieren

Längerfristige Pläne müssen im Arbeitsprozess immer wieder angepasst werden, sonst werden Sie sie – zumindest unbewusst – ignorieren. Pläne, die nicht gründlich durchdacht sind, können nicht eingehalten werden. Wenn Ihnen die Mühe des Pläneaufstellens irgendetwas bringen soll, müssen Sie es auch ernsthaft, d.h. reflektiert, betreiben. Wenn Sie einen Plan nicht einhalten konnten, ergründen Sie, warum nicht: Hat die Arbeit mehr Zeit beansprucht als Sie wollten, weil sie von vornherein zu kurz bemessen war – oder weil Sie sich irgendwo verrannt haben? Im ersteren Fall müssen Sie das nächste Mal mehr Zeit veranschlagen, im zweiten Fall dafür sorgen, dass Sie während des Arbeitens ab und an auf den Plan schauen und ihn auch wirklich ernst nehmen.

Oder hat die Zeit nicht gereicht, weil Sie zwischendrin keine Lust mehr hatten, sich an Ihren eigenen Plan zu halten? Das könnte entweder daran liegen, dass Sie zu wenig Disziplin aufgebracht haben oder aber, dass Ihnen die geplanten Aktivitäten so wenig Freude versprachen, dass Sie sich nicht überwinden konnten, ihnen nachzugehen. In beiden Fällen bleibt Ihnen nichts anderes übrig, als sich auf der Metaebene mit sich selbst auseinanderzusetzen: Warum wollten Sie nicht mehr tun, was Sie sich zuvor selbst auferlegt hatten? Wie können Sie sich selbst helfen, um Ihren eigenen Plan disziplinierter zu erfüllen? Schließlich soll er jene Hilfe leisten, die früher in Gestalt von Ermahnungen durch Lehrer und Eltern, dies und jenes zu tun oder zu lassen, erteilt wurde. Selbstdisziplin hat genau den Vorteil, dass sie nicht von anderen erzwungen wird – und das ist gleichzeitig ihr Nachteil, weil Sie mit Ihrem inneren Schweinehund alleingelassen sind.

Wir legen es Ihnen deshalb nahe, noch einmal die Hinweise des vorangegangenen Abschnitts zu lesen und sich anhand dessen zu fragen, inwieweit Sie bereits über Planungserfahrungen verfügen. Wie bewerten Sie diese? Was hat gut funktioniert, was weniger und warum war das so? Wir empfehlen Ihnen, den Umgang mit Zeit immer wieder zu trainieren und auszuwerten. Auch kleinere Vorhaben, wie beispielsweise das gründliche Lesen eines Seminartextes, lassen sich planen. So werden Sie im Laufe der Zeit ein Gefühl dafür bekommen, was realistisches Planen bedeutet, wenn Sie es auf sich anwenden. Dies wird Ihnen aber nur dann gelingen, wenn Sie sich selbst beobachten. Kein Mensch wird aus bloßer Erfahrung klug. Klüger wird man nur, wenn man über Erfahrungen nachdenkt und sie versteht: Auch das eigene Leben ist ein Text, den man aktiv lesen sollte. Wie Sie mit diesem Leben unter dem Gesichtspunkt der Zeitverwendung klarkommen, ist nicht der unwesentlichste Teil davon. Und manchmal werden Sie auch das Scheitern eines Plans und einer Planung akzeptieren müssen und versuchen, neu oder anders zu beginnen. Wichtig ist, das zu erkennen und es zu verstehen.

*Kleinere und größere Tricks anwenden*

Es gibt kleinere und größere Tricks, um die eigene Plantreue zu verbessern. Zu den kleineren gehört es beispielsweise, sich einen Zettel
an den Badezimmerspiegel zu kleben, der wichtige Planungsinfor-
mationen in kurzer, knapper, positiver Form enthält: „Freitag, 12 Uhr,
ist Kapitel 1 fertig." Das ist ein Versuch, sich auch jenseits der Ebene
des bewussten Denkens ganz auf das gesetzte Ziel zu fokussieren:
Wenn Sie nicht wirklich glauben und verinnerlicht haben, was Sie
nach außen hin wollen, werden Sie scheitern.

Sinnvoll ist es auch, in entscheidenden Arbeitsphasen den Morgen
damit zu beginnen, einen abstrakteren Plan auf die spezifischen Ta-
gesanforderungen abzustimmen und ihn zu konkretisieren: Wann
genau werden Sie heute Ihre Mutter anrufen (oder reicht es, wenn Sie
es morgen tun?). Gehen Sie gleich nach dem Aufstehen einkaufen?
Oder lieber doch erst drei Stunden später, wenn Sie den ersten größeren Gedanken so zu Papier gebracht haben, dass Sie zufrieden sind
und eine Pause verdient haben? Sollten Sie das Geschirrspülen auf
das Tagesende verschieben, statt es als Chance für einen Aufschub
der Arbeit zu nutzen? Schreiben Sie Ihren Tagesplan auf, hängen Sie
ihn neben den Schreibtisch an die Wand und haken Sie ab, was Sie
erledigt haben.

Zu den größeren Tricks gehört es, sich Belohnungen für erfüllte
Aufgaben auszudenken und zu gönnen. Sie brauchen solche Belohnungen, um Ihre Motivation aufrecht zu erhalten. Sie sollten unbedingt nett und freundlich zu sich sein, denn Tadel und Kritik wirken
meistens entmutigend – Sie kennen diese Wirkungen sehr gut, wenn
Sie sich erinnern, wie sich andere Ihnen gegenüber verhalten. Denken
Sie deshalb einmal grundsätzlich darüber nach: Was empfinden Sie
als (kleine oder große) Belohnung? Was davon können Sie selbst
organisieren, um sich zu belohnen, wenn Sie Ihre Ziele erreicht haben? Für kleinere Arbeitsabschnitte sollten Sie sich kleine Belohnungen gönnen – eine Tasse Kaffee oder eine Zigarette[9], wenn Sie
dies mögen (aber rauchen Sie niemals während der Arbeit selbst!),
vielleicht auch nur einen langen Blick aus dem Fenster oder in die
Zeitung. Wichtig ist, dass es Ihnen Erholung verschafft und angenehm ist.

---

[9]    Rauchen ist schädlich für Ihre Gesundheit. Dasselbe gilt für die meisten
       anderen Belohnungen außer ungeschwefeltem Trockenobst.

*Grenzen akzeptieren und ausgleichen*

Es wäre nicht ehrlich zu behaupten, gute Planung würde es ermöglichen, etwa eine Masterarbeit gut zu bewältigen, indem Sie ein paar Wochen lang jeden Tag regelmäßig vier oder sechs Stunden arbeiten. Wahrscheinlich wird das nicht so sein. Es wird vielmehr Phasen geben, in denen Sie sich beim nutzlosen Vertun von Zeit ertappen, aber auch Phasen, in denen Sie kaum noch schlafen.

Falls Sie neben dem Studium erwerbstätig sind, sollten Sie prüfen, ob Sie dies für eine Zeitlang unterbrechen können. Wenn nicht: Die Erfahrung unserer Studierenden zeigt, dass es nie die Berufstätigkeit ist, welche die termingerechte Abgabe von schriftlichen Arbeiten verhindert. Mit anderen Worten: Wahrscheinlich wird es Ihr Privatleben sein, das während des Schreibens zu kurz kommt. Sie werden weniger als sonst „da" sein, und Sie werden am liebsten über Ihre Arbeit sprechen (oder klagen, um Zuspruch zu erhalten). Sie werden sich weniger Freizeit nehmen als sonst, und Sie können dies kaum noch spontan tun. Sprechen Sie mit den Menschen in Ihrem persönlichen Umfeld und bitten Sie um Unterstützung, vielleicht um Nachsicht für einen bestimmten Zeitraum. Und verlangen Sie bei alledem nicht zu viel von ihnen und von sich.

Übrigens kollidieren auch wir, die Autoren dieses Buches, immer wieder mit unseren Zeitplänen. Wir brauchen länger für unsere Texte, als wir anfangs gedacht haben, zum Beispiel für dieses Buch. Wir schaffen keineswegs alles, was wir uns vorgenommen haben. Wir machen die Erfahrung, dass es auch unseren Kollegen so geht. Wir haben gelernt, Planungsmängel durch mehr und längere Arbeit auszugleichen. Das ist nicht immer gut. Es bedeutet in der Regel, dass wir Zeit an unsere Arbeit geben, die wir für unser Privatleben und unsere Freizeit geplant hatten und brauchen, und dass Andere die Folgen unserer schwachen Plandisziplin ertragen oder sogar kompensieren müssen. Wir haben aber auch gelernt, dass wir heute viel mehr können und viel mehr wissenschaftliche Leistungen viel besser in der gleichen Zeit erbringen können als vor fünfundzwanzig oder auch vor fünf Jahren. Und wir wissen, dass dies nicht eine Frage der Zeit ist, die wir „haben" oder „nicht haben". Es geht vielmehr um einen routinierten Umgang mit der Entscheidung darüber, wofür Zeit verwendet werden soll, und wie diese Entscheidung durchzusetzen ist: besser indem man mit sich selbst kooperiert als indem man gegen sich selbst ankämpft.

Möglicherweise werden Sie sich später an einen Sommer oder einen Winter erinnern, in dem Sie über Ihrer Bachelorarbeit nicht einmal gemerkt haben, ob es überhaupt ein Wetter gab. Falls es Ihnen so gehen sollte, haben wir – außer dem Verweis auf unsere eigenen Erfahrungen – nur zwei tröstliche Ratschläge: Zum einen werden Sie sich dafür an eine sehr intensiv erlebte Erfahrung mit sich selbst und mit der eigenen Leistungsfähigkeit erinnern. Zum anderen handelt es sich um eine Phase in Ihrem Leben, die vergeht. Sie werden hinzugelernt haben, auch was Ihre Fähigkeiten für künftige Planungen betrifft, und Sie werden sich – hoffentlich – danach zunächst einen Plan gönnen, in dem die Prioritäten zwischen Arbeiten und Genießen vertauscht sind.

# Techniken für die Erarbeitung
# und Durchführung wissenschaftlicher
# Forschungsprojekte

# 6 Eigene Forschungsfragen entwickeln

## 6.1 Ein Thema finden

### 6.1.1 Die Problemfokussierung wissenschaftlicher Arbeiten

Die schriftlichen Arbeiten, die Sie während Ihres Studiums anfertigen – Essays, Hausarbeiten und vor allem die Abschlussarbeit – sollen zeigen, dass Sie gelernt haben, politikwissenschaftlich zu denken und zu argumentieren. In der Regel wird dabei von Ihnen verlangt, sich selbst einen Gegenstand zu wählen, eine eigene Fragestellung zu entwickeln, ein entsprechendes Forschungsdesign zu entwerfen und die Arbeit in einem festgesetzten Zeitraum selbständig zu verfassen.

Manchmal werden die Themen, die Studenten bearbeiten sollen, von ihren Dozenten vorgegeben. Unserer Ansicht nach liegt der Sinn des politikwissenschaftlichen Studiums aber gerade darin zu lernen, selber ein Problem zu identifizieren, es wissenschaftlich zu formulieren und mit dem geeigneten theoretischen und methodischen Instrumentarium zu bearbeiten. Damit sind im Grunde auch schon die Standards genannt, anhand derer Ihre Arbeiten bewertet werden: Wird ein relevantes politisches oder politikwissenschaftliches Problem identifiziert? Wird eine analytische, politikwissenschaftliche Fragestellung entwickelt? Werden Begriffe klar und reflektiert verwendet? Ist eine Theorieorientierung erkennbar? Werden angemessene wissenschaftliche Methoden eingesetzt?

Häufig sind diese Standards allerdings nicht explizit, und nicht alle Dozenten legen auf alle Aspekte gleichermaßen Wert. Machen Sie sich deshalb rechtzeitig mit den Erwartungen Ihrer Dozenten vertraut, um später keine unliebsamen Überraschungen zu erleben.

> **Tipp**
>
> Bitten Sie den Dozenten, die Bewertungskriterien für schriftliche Arbeiten im Seminar zu erläutern. Vielleicht lässt sich sogar gemeinsam ein Kriterienkatalog erarbeiten.

Im Folgenden wollen wir alle genannten Aspekte gleichwertig behandeln. Dabei wissen wir, dass bei Bachelorarbeiten andere Maßstäbe als bei Master- oder Doktorarbeiten anzulegen sind. Entsprechend

einfach – aber ohne zu verfälschen – haben wir versucht, die grundsätzlichen Entscheidungen darzulegen, die Sie beim Abfassen einer
politikwissenschaftlichen Arbeit treffen müssen. Denn entgegen
einem weit verbreiteten Vorurteil ist Politikwissenschaft nichts für
entscheidungsschwache Naturen: Man muss entscheiden, worüber
man arbeiten will; man muss entscheiden, welche Begriffe man verwendet; man muss entscheiden, welche theoretischen Ansätze man
in Anschlag bringen und welche Methoden man verwenden will.
Dabei sind Sie hinsichtlich der substantiellen Entscheidungen, die Sie
treffen, nicht festgelegt. Denn akademische Lehrer haben unserer
Meinung nach nicht die Aufgabe, ihren Studenten bestimmte Theorien und Methoden (oder gar politische Positionen) nahezubringen
und sie zu Anhängern bestimmter Denkschulen zu machen, sondern
ihnen unterschiedliche Ansätze zu vermitteln und sie anzuleiten, selbständig begründete Entscheidungen zu treffen. Ob Sie also über die
Demokratisierung in Südamerika oder den Wandel des Kriegsbegriffs
arbeiten wollen, ob Sie einen institutionalistischen oder poststruktu-
ralistischen Theorieansatz verwenden, ob Sie statistisch oder mit
Fallstudien arbeiten: All das akzeptieren wir, solange Sie ihre Entscheidung gut begründen können und sich klar darüber sind, welche
Konsequenzen diese Entscheidungen haben.

Uns ist klar, dass wir dabei viele Themen nur anreißen können und
unsere Darstellung häufig stark vereinfacht ist. Zu fast jeder Position
gibt es eine Gegenposition und von jeder Gegenposition wieder kleine Abweichungen, die es lohnten, genauer betrachtet und begründet
zu werden. Das können wir in diesem Buch nicht leisten. Dennoch
meinen wir, dass es wichtig ist, sich auch im politikwissenschaftlichen Bachelorstudium mit theoretischen und methodischen Grund-
fragen sowie Problemen des Forschungsdesigns auseinanderzusetzen. Denn es ist das Verständnis wissenschaftstheoretischer
Grundprobleme – und die Umsetzung dieses Verständnisses in schriftlichen Arbeiten –, was Politikwissenschaft und anderen Formen, sich
mit Politik zu befassen, unterscheidet (> Kap. 1).

Wie findet man ein geeignetes Thema für eine politikwissenschaft-
liche Arbeit? Diese Frage stellt sich spätestens, wenn Sie beginnen,
Ihre Bachelorarbeit zu planen. Wir sind davon überzeugt, dass die
Politikwissenschaft eine problemfokussierte Wissenschaft ist, das
heißt, sie bezieht ihre Themen aus den Problemen der politischen
Praxis unserer Zeit: An Demokratie sind wir interessiert, weil viele
Länder einen schwierigen Transformationsprozess durchlaufen und
auch im Westen die Demokratie beständig gefährdet ist. Internatio-

nale Finanzkrisen sind deshalb politikwissenschaftlich interessant, weil sie nach gewissen Gesetz- oder Regelmäßigkeiten abzulaufen scheinen, deren Kenntnis helfen könnte, sie politisch zu beherrschen. Und am politischen Denken der Renaissance sind wir interessiert, weil dort Grundgedanken unseres heutigen Verständnisses von Politik entstanden.

Wenn man von politischen Problemen ausgeht, bedeutet das auch, dass Politikwissenschaft nicht in erster Linie methodenfokussiert ist. Das heißt, Methoden sollen keine Problemstellungen vorgeben, sondern dabei helfen, gegebene Problemstellungen zu bearbeiten. Alles andere hieße, den sprichwörtlichen Schlüssel unter der Laterne zu suchen – nicht weil man den Schlüssel dort verloren hat, sondern weil es dort hell ist. Methoden sind Instrumente, wissenschaftliche Probleme zu lösen. Deshalb rangieren sie bei uns auch relativ weit am Ende der Überlegungen zum Forschungsdesign. Zunächst muss man sich über das Problem klar werden, das einen interessiert.

Manche Probleme liegen auf der Hand, das heißt, sie werden in den Medien diskutiert und von Politikern debattiert: Wie lassen sich die Renten langfristig sichern? Wie kann der Terrorismus erfolgreich bekämpft werden? Warum kommt es zu Protesten bei G8-Gipfeln? Andere Probleme sind verborgen oder werden erst von Wissenschaftlern dazu gemacht: Warum entspricht die Entwicklung der EU nicht den Vorhersagen des Funktionalismus? Wie gelingt es dem amerikanischen Präsidenten, seine Politik zu rechtfertigen? Politikwissenschaftliche Probleme sollten wichtige Probleme sein, also eine gewisse politische Relevanz haben. Ein bestimmter Abstimmungsmodus in der EU oder die Theorie eines politischen Philosophen sind nur dann politikwissenschaftlich interessant, wenn sie Auswirkungen auf unser Leben haben oder haben könnten. In Ihrer Arbeit sollten Sie deshalb die politische Relevanz des von Ihnen bearbeiteten Problems stets deutlich machen.

**Tipp**

Fragen Sie sich, worin die Relevanz ihrer Problemstellung besteht. Warum ist es wichtig, dass Ihre Arbeit nicht nur geschrieben, sondern auch gelesen wird?

Dabei geht es nicht zwangsläufig um das Lösen großer Weltprobleme. Wenn Sie die Arbeit einer kleinen Entwicklungs-NGO in Papua-Neuguinea untersuchen, muss man nicht erwarten, dass Ihre Ergebnisse das Armutsproblem der Welt lösen würden. Interessant ist Ihre Untersuchung aber dann, wenn durch sie deutlich wird, unter welchen Bedingungen Entwicklungszusammenarbeit erfolgreich sein kann oder nicht. Es kommt also darauf an zu zeigen, wie der kleine Ausschnitt, den Sie behandeln, mit den großen Problemen der Welt zusammenhängt.

## 6.1.2 Ideen entwickeln

„Technisch" gesehen, ist es am einfachsten und sinnvollsten, Sie knüpfen bei der Themenfindung an politikwissenschaftliches Wissen an, das Sie im Studium erworben haben: Gehen Sie die Lehrveranstaltungen durch, die Sie besucht haben, erinnern Sie sich an die Themen Ihrer schriftlichen Seminararbeiten. Wo vermuten Sie das Potenzial für eine interessante Frage? Woraus könnte sich ein Forschungsprojekt entwickeln lassen? Führen Sie Brainstormings durch, legen Sie *Mindmaps* an und kehren Sie über einige Tage hinweg immer wieder für eine halbe Stunde oder etwas länger dazu zurück (> Kap. 3.2).

Bewerten Sie Ihre Ideen ab und zu: Was erscheint Ihnen interessant? Was ist realistisch „machbar" unter den Bedingungen, die für Sie gelten – vom gegebenen Zeitrahmen über den Stand Ihres Vorwissens und Ihrer methodischen Fertigkeiten bis hin zum Ausmaß des Engagements für Ihr Thema, das Sie sich zutrauen. Führen Sie zu einigen Ihrer Ideen erste, noch flüchtige Literaturrecherchen durch, am besten in einer elektronischen Fachdatenbank (> Kap. 11) oder – etwa bei Themen aus dem Bereich der Politischen Theorie – im OPAC Ihrer Bibliothek (> Kap. 10.1). Testen Sie, ob es einen oder mehrere Diskurse zu Ihrem Thema gibt. Wenn es keinen großen Aufwand bedeutet, blättern Sie ein wenig in interessant erscheinenden Aufsätzen oder Büchern herum oder lesen Sie sie quer. Sie dürfen zu diesem Zeitpunkt unsystematisch und spielerisch vorgehen, denn Sie befinden sich am Anfang der Inkubationsphase Ihrer schriftlichen Arbeit (> Kap. 4.1.2).

Diskutieren Sie dann Ihre Vorstellungen mit Ihrem wissenschaftlichen Betreuer. Er wird sich Ihnen mit größerer Aufmerksamkeit widmen, wenn zu erkennen ist, dass Sie sich eigenständig Gedanken gemacht haben, weil Sie sich für etwas interessieren.

**Tipp**

Wählen Sie kein Thema für Ihre Abschlussarbeit, das völliges Neu-land für Sie darstellt. Sie sollten sich recht gut in dem betreffenden politikwissenschaftlichen Teilbereich auskennen und sich wenigs-tens ansatzweise in mindestens einem der Diskurse über dieses Thema orientieren, d.h. mit Schlüsselwerken, Schlüsselbegriffen (die Sie als Suchwörter schon für die erste Recherche benötigen, > Kap. 9.3) und allgemeinen theoretischen Annahmen in ir-gendeinem Grade vertraut sein. Verzichten Sie auch darauf, sich einem Thema zu widmen, das Ihnen aus privaten Gründen allzu nahegeht – Sie werden es sonst schwer haben, sich damit aus der Distanz zu befassen, die Ihnen als Politikwissenschaftler abver-langt wird. (Das bedeutet nicht, dass Sie sich für ein Thema ent-scheiden sollen, das Sie von Anfang an langweilig finden.)

## 6.2 Probleme entdecken: Strategien der Problemfindung

Es geht nun darum, Ihre erste Idee zu explorieren und das Rohmate-rial für ein Forschungsprojekt in ein tragfähiges wissenschaftliches Problem zu überführen. Es gibt viele Wege dorthin, die jeweils in unterschiedlichem Maße auf Vorwissen angewiesen sind. Probieren Sie aus, welche der folgenden Strategien der Problemfindung[10], bei Ihrem Thema „funktionieren" und was sich dadurch am Problemzu-griff ändert.

*Skandalisierung*

Eine erste Strategie besteht in der Skandalisierung, das heißt darin, an die normative Empfindung anzuknüpfen, dass etwas nicht richtig ist. Krieg empfinden wir zum Beispiel in der Regel als normativ falsch und doch finden immer wieder Kriege statt. Warum? Diese Frage steht historisch am Beginn der Entwicklung der politischen Teildisziplin Internationale Beziehungen. Der erste Lehrstuhl für In-

---

[10]   Im Folgenden beziehen wir uns stark auf ein unveröffentlichtes Manu-skript von Gunther Hellmann aus dem Jahr 2004: Strategien der Problem-formulierung.

ternationale Politik, der nach dem Ersten Weltkrieg an der Universität Abyrysthwyth in Wales gegründet wurde, hatte zur Aufgabe, die Bedingungen des Friedens zwischen den Staaten zu erforschen. Auch die Armut in der Welt, die Menschenrechtssituation in vielen Ländern und die Umweltzerstörungen sind „Skandale", die man als Ausgangspunkt politikwissenschaftlicher Problemfindung wählen kann.

Es kommt freilich darauf an, die moralische Empörung gleichsam in wissenschaftliche Energie umzuwandeln und Fragestellungen zu entwickeln, die akademischen Standards entsprechen. Dabei ist eine Grundsatzentscheidung zu treffen, auf die wir hier noch einmal hinweisen wollen: Man kann politikwissenschaftlich entweder normativ oder empirisch über politische Sachverhalte arbeiten (> Kap. 1): *Normativ* arbeitet man, wenn man nach ethischen Begründungen für ein bestimmtes politisches Handeln fragt: Unter welchen Bedingungen ist zum Beispiel der Einsatz militärischer Gewalt moralisch erlaubt? Zur Beantwortung kann man sich zum Beispiel mit der sogenannten „Theorie des gerechten Krieges" auseinandersetzen und die ethischen Voraussetzungen für militärische Gewaltanwendung diskutieren. Viele Probleme der Politikwissenschaft berühren solche Gerechtigkeitsfragen: Ist der Generationenvertrag eine gerechte Grundlage für unsere Gesellschaft? Soll es Entwicklungshilfe geben, und wenn ja: wie viel? Soll die Demokratie in anderen Ländern gefördert werden, und wenn ja: mit welchen Mitteln? All diese Fragen berühren Probleme der praktischen Philosophie und Ethik, die durchaus als Teil der Politikwissenschaft angesehen werden können.

Deutlich abzusetzen sind demgegenüber aber Fragestellungen, die nicht nach den normativen Begründungen, sondern nach der *empirischen* Wirklichkeit politischer Phänomene fragen. Hier geht es dann nicht um die moralische Rechtfertigung von Kriegen oder die ethische Begründung von Entwicklungshilfe, sondern um die empirische Frage, warum es Kriege gibt oder was Entwicklungshilfe erreichen kann. Normative und empirische Fragestellungen unterscheiden sich also grundsätzlich, auch wenn sie den gleichen Gegenstand zum Ziel haben können.

**Die Objektivität sozialwissenschaftlicher Erkenntnis**

Die Unterscheidung von Fakten und Werten geht insbesondere auf den deutschen Soziologen Max Weber zurück. In einem berühmt gewordenen Aufsatz über „Die ‚Objektivität' sozialwissenschaftlicher und sozialpolitischer Erkenntnis" erhob Weber schon 1904 die Forderung, dass Wissenschaftler sich mit normativen Wertungen zurückhalten sollten, wenn sie soziale Fakten analysieren. Dabei bezweifelte er nicht, dass schon die Auswahl eines Forschungsthemas von Werten beeinflusst sei. Weber betonte aber, dass diese Werte selber nicht wissenschaftlich begründen werden könnten, sondern letztlich eine Sache des „Glaubens" seien. Seine Argumentation richtete sich gegen die sogenannten „Kathedersozialisten", denen er vorwarf, die Wissenschaft in den Dienst der Politik zu stellen. Diese Auseinandersetzung führte zum „Werturteilsstreit" in der deutschen Soziologie. Eine Wiederauflage fand diese Debatte im „Positivismusstreit" in den 1960er und 70er Jahren, bei dem es zwischen den Vertretern einer „kritischen" (Frankfurter Schule) und einer „analytischen" (Popper, Albert) Sozialwissenschaft um die normative Orientierung der Forschung ging.

Auch empirische Fragestellungen sind nie ganz frei von Werten. Absolute Objektivität ist eine Illusion. Aber das hat Max Weber mit der „Objektivität" sozialwissenschaftlicher Erkenntnis auch nicht gemeint. Ihm ging es darum, empirische Fragestellungen über die Zusammenhänge der politischen Welt zu entwickeln und die Forschungsergebnisse möglichst wenig dem Einfluss normativer Überzeugungen auszusetzen. So sehr die Problemfindung also von einer Skandalisierung als einem Gefühl der moralischen Empörung geprägt sein mag, so sehr muss man darauf achten, die wissenschaftliche Fragestellung dann – normativ oder empirisch – so zu formulieren, dass normative Vorentscheidungen die Analyse nicht beeinträchtigen.

*Identifizierung neuer Phänomene*

Eine zweite Form der wissenschaftlichen Problemfindung besteht darin, neue Phänomene zu identifizieren. Denn Neuheiten aller Art stellen die Politik immer wieder auf die Probe und verlangen nach Reaktionen und innovativen Strategien. Es ist deshalb wissenschaftlich interessant, zum Beispiel den Wandel der politischen Gewalt zu untersuchen und nicht nur zu fragen, was an den „neuen Kriegen" oder am „neuen Terrorismus" neu ist, sondern auch, wie diesem

Neuen begegnet werden kann. Ebenso interessant ist es festzustellen, wie sich in vielen Politikbereichen die Formen politischer Steuerung wandeln und sich neue nicht-hierarchische Koordinationsmodi durchsetzen. Die Frage, ob diese Formen von *Governance* zu einer effektiveren und effizienteren Politik führen, ist in den letzten Jahren zu einem vieldiskutierten Thema der deutschen Politikwissenschaft geworden.

Allerdings wird die Neuheit politischer Phänomene gelegentlich auch übertrieben. Aus Ereignissen wird dann umstandslos ein „Trend" gemacht, und aus Anzeichen eines Trends ein „Paradigmenwechsel". Deshalb sind Behauptungen über neue Entwicklungen in der Politik auch häufig umstritten. Natürlich ist es im Einzelnen schwierig, Neuheiten exakt zu bestimmen. Aber insofern die Betonung des Neuen zur genaueren Beschreibung des Wandels von Politik dient, scheint sie uns heuristisch (d.h. als Hilfsmittel der Forschung) sinnvoll zu sein.

### Identifizierung wissenschaftlicher Rätsel

Die dritte – womöglich häufigste und fruchtbarste – Strategie der Problemfindung besteht in der Identifizierung wissenschaftlicher Rätsel. Rätsel (*Puzzles*) werden hier als empirische Beobachtungen verstanden, die sich mit unserem Alltagswissen und den Standardtheorien der Disziplin nicht erklären lassen. Für diese Form der Problemfindung sind also besonders gründliche Vorkenntnisse politikwissenschaftlicher Theorien notwendig. Die Frage ist dann, warum die verfügbaren Theorien keine Erklärungen liefern und wie dieses Erklärungsdefizit behoben werden kann. Warum ist z.B. die NATO nach dem Ende des Ost-West-Konflikts nicht auseinander gefallen, wie es die Theorie des Neorealismus voraussagt? Warum verbessert sich die Situation der Entwicklungsländer mit der Liberalisierung der Weltmärkte nicht, wie es die liberale Handelstheorie vorhersagt? Warum ist es so schwer, eine politische Protestbewegung in Gang zu setzen, auch und gerade, wenn sehr viele Bürger von einem bestimmten Problem betroffen sind? Warum führen Demokratien gegenüber Nicht-Demokratien genauso häufig Krieg wie Nicht-Demokratien untereinander, was zumindest der Kant'schen Version des Demokratischen Friedens widerspricht?

Solche Rätsel lassen sich auf unterschiedliche Weise lösen. Einerseits kann man versuchen, die Theorie, in deren Rahmen das Rätsel aufgetreten ist, zu modifizieren. Durch Veränderung der Prämissen, durch Zusatzannahmen oder Einschränkungen würde dann das Rätsel erklärbar und das Erklärungsdefizit der Theorie überwunden. Eine andere Möglichkeit besteht darin, eine alternative Theorie in Anschlag zu bringen, die das beobachtete Phänomen erklären kann. Damit würde das Rätsel gelöst und eine konkurrierende Theorie gestärkt. Eine dritte Möglichkeit besteht schließlich darin, eine gänzlich neue Erklärung zu finden und – insofern es mehrere ähnlich gelagerte Fälle gibt – eine entsprechende Theorie zu entwickeln.

## Theorienkonkurrenz

Sobald aus der Sicht der einen Theorie ein politisches Phänomen ein Rätsel, aus der Sicht einer anderen aber durchaus erklärbar ist, besteht eine Theorienkonkurrenz. Eine solche Theorienkonkurrenz kann selbst eine eigene Form der Problemfindung sein, denn wenn sich zwei Theorien widersprechen, stellt sich die Frage danach, welche erklärungskräftiger ist. Man kann dann empirische Fälle auswählen und testen, welche Theorie bessere Ergebnisse hervorbringt und deshalb vorzuziehen ist.

Insbesondere in den Internationalen Beziehungen war dieses Verfahren während der 1980er und 1990er Jahre beliebt, als zuerst die Auseinandersetzung zwischen Neorealismus und Neoliberalismus und anschließend zwischen Rationalismus und Konstruktivismus auf diese Weise ausgetragen wurde. Inzwischen ist man wieder davon abgekommen, durch systematische Theorienkonkurrenz theoretische und metatheoretische Kontroversen entscheiden zu wollen. Das Problem besteht darin, dass die genannten Ansätze von unterschiedlichen Prämissen ausgehen und deshalb letztlich inkommensurabel, also unvergleichbar sind. Die Testanordnung würde immer bereits einer Theorie einen Vorteil einräumen und nie zu einem unparteiischen Ergebnis führen. Dennoch ist Theorienkonkurrenz ein gutes Mittel, ein Forschungsproblem zu identifizieren. Sie bietet die Ausgangstheorie, um ein Rätsel zu formulieren – und mit der Alternativtheorie bereits Hinweise, wie es sich möglicherweise lösen lässt.

## Kritik politischer und politikwissenschaftlicher Theorien

Es gibt noch eine weitere Möglichkeit, ein politikwissenschaftliches Problem zu finden: *Politische und politikwissenschaftliche Theorien* werden selbst zum *Gegenstand der Kritik* gemacht. Dabei geht es dann nicht mehr (in erster Linie) um die theoretische Kohärenz oder die Erklärungsreichweite einer Theorie, sondern um die Kritik ihres politischen Gebrauchs oder ihrer Wirkung. Der Demokratietheorie ist zum Beispiel vorgeworfen worden, ein zutiefst eurozentrisches Politikverständnis zu besitzen, das sich nicht auf andere Weltregionen übertragen lasse. Dem politischen Realismus sagt man nach, er hätte die wissenschaftliche Legitimation für die US-amerikanische Politik im Kalten Krieg geliefert. Und dem (wirtschaftswissenschaftlichen) Neoliberalismus wird unterstellt, für die größer werdende Kluft zwischen Arm und Reich in der Welt verantwortlich zu sein. Wie auch immer im Einzelnen diese Kritik zu bewerten ist, sie bietet zunächst einen Einstieg, durch theoretische Ideologie- oder Machtkritik ein Problem zu identifizieren.

Beachten Sie bitte, dass dieser Weg der Problemfindung gewisse Risiken birgt – in einer Bachelorarbeit werden sie die genannten Behauptungen weder überzeugend belegen noch entkräften können, ohne gegen einige oder alle Standards des empirisch-analytischen Forschens (> Kap. 1.2) zu verstoßen. Möglicherweise können Sie in einer solchen Arbeit aber die Kontroverse über den politischen Gebrauch bzw. die Wirkung einer politischer Theorien sinnvoll, informativ und unvoreingenommen analysieren.

## 6.3 Fragen formulieren

Ganz gleich, wie Sie Ihr wissenschaftliches Problem gefunden haben – durch Skandalisierung, durch das Entdecken von etwas Neuem, durch das Auffinden von Rätseln oder durch theoretische Kritik –, wichtig ist, zu welcher Fragestellung Sie es umformulieren. Denn damit entscheidet sich, ob Sie eine eher deskriptive, also beschreibende, oder eher analytische, also theorieorientierte, Arbeit schreiben werden. Wie Sie dabei vorgehen können, demonstrieren wir im letzten Abschnitt dieses Kapitels (> Kap. 6.4).

Deskription ist eine wichtige Funktion von Wissenschaft, aber nicht das Ziel politikwissenschaftlichen Arbeitens (> Kap. 1.1). Selbstverständlich muss man beschreiben können, wie Wahlsysteme funktionieren, wie Entscheidungen in Mehrebenensystemen getroffen werden und wie internationale Krisen ablaufen. Das ist sozusagen das Grundwissen, das vorliegen muss, bevor sinnvolle Fragen gestellt werden können. Das eigentliche politikwissenschaftliche Interesse richtet sich aber z.B. auf die Bewertung der Repräsentativität von Wahlsystemen, die Effektivität von Entscheidungen in Mehrebenensystemen oder die Kausal-

mechanismen von internationalen Krisen. Das sind analytische Fragestellungen, die über die reine Beschreibung hinausgehen.

Den Unterschied zwischen deskriptiven und analytischen Fragestellungen kann man sich anhand der verwendeten Fragewörter klar
machen. Deskriptive Fragestellungen fragen: *Was* ist der Fall? *Wie*
funktioniert etwas? Analytische Fragestellungen fragen demgegenüber: *Warum* ist etwas der Fall? *Wie* konnte es dazu kommen? Während
also Was-Fragen tendenziell deskriptiv und Warum-Fragen analytisch sind, nehmen Wie-Fragen eine Mittelposition ein. Je nachdem
mit welcher Zielrichtung sie gestellt werden, können sie deskriptiv
oder analytisch orientiert sein (> Kap. 1). Solange mit einer Wie-
Frage nur der Verlauf eines bestimmten Prozesses chronologisch rekonstruiert wird, z.B. die Kuba-Krise im Oktober 1962, bleibt sie
deskriptiv: Wie verlief die Kuba-Krise 1962? Sobald aber nach der
Verbindung der einzelnen Phasen gefragt wird und die Geschichte
nicht mehr Schritt für Schritt, sondern vom Ende her erzählt wird,
entsteht ein Verständnis des Eskalationsprozesses: Wie konnte es zur
Eskalation und Deeskalation während der Kuba-Krise 1962 kommen? In dem Maße, in dem dabei Elemente eines Kausalmechanis-
mus deutlich werden, die unter Umständen auch auf andere Krisen-
situationen zutreffen, ist die Wie-Frage analytisch. Ein ausführliches
Beispiel, wie man zum selben Thema völlig unterschiedliche Forschungsfragen formulieren kann, stellen wir in Kapitel 6.4.2 vor.

---

**Beispiel: Deskriptive und analytische Fragen**

Wenn man zum Beispiel fragt, was am 30. Januar 1933 (dem Tag
der sogenannten Machtergreifung Adolf Hitlers) in Deutschland ge-
schah, bleibt man auf der Ebene der historischen Beschreibung. Das
kann durchaus nützlich sein, vor allem wenn die historischen Fakten
umstritten sind oder kontrovers interpretiert werden. Eine analytische Fragestellung wird aber erst daraus, wenn man fragt, warum
es an diesem Tag zur „Machtergreifung" kam und wie es dazu kommen konnte. Diese Frage basiert zwar auf einer beschreibenden
Feststellung (nämlich dass es am 30. Januar 1933 zur „Machtergreifung" kam), stellt aber die analytische Frage nach den Ursachen
(warum?) und die sie begünstigenden Faktoren (wie?). Politikwissenschaftlich ist also vor allem die analytische Frage interessant, warum
und unter welchen Bedingungen (d.h. wie) der Übergang von der
Demokratie zur Diktatur in Deutschland stattgefunden hat.

Mehr noch: Eigentlich ist das politikwissenschaftliche Interesse noch nicht erschöpft, wenn – wie im Beispiel – der Fall Deutschland erklärt ist. Denn es geht nicht so sehr um die spezielle analytische Frage, wie und warum in Deutschland die Demokratie zu Ende ging, sondern eher um die generelle analytische Frage, wie und warum Demokratien von Diktaturen im Allgemeinen abgelöst werden. Auf dieses Problem werden wir im Kapitel zur Theorieorientierung (> Kap. 7.2) näher eingehen.

Wenn man eine analytische Fragestellung wählt, löst sich meist auch das Problem, wie viel Beschreibung in einer Arbeit notwendig ist: nämlich genau so viel, wie zur Beantwortung der analytischen Frage gebraucht wird. Wenn diese klar formuliert ist und wenn Sie sich jederzeit an ihr orientieren, werden Sie leichter entscheiden können, welches empirische Material Sie in welchem Unfang präsentieren müssen, um Ihrer Aufgabe gerecht zu werden.

---

**Wie viel Informationen zum historischen Hintergrund eines Problems sind nötig?**

Häufig findet man in Seminar- oder Abschlussarbeiten separate Kapitel zum Thema „historischer Hintergrund", die keine nachvollziehbare Funktion im weiteren Verlauf der Argumentation erfüllen. Dies folgt aus einer falschen oder vermiedenen Entscheidung bei der Entwicklung der eigenen Forschungsfrage (s. dazu auch „chronologische Gliederung" > Kap. 8.2). Eine Arbeit über das Scheitern des Europäischen Verfassungsentwurfs beispielsweise sollte nicht zum größten Teil aus einer Beschreibung des Europäischen Einigungsprozesses seit dem Ende des Zweiten Weltkriegs bestehen – dies wäre ein deutliches Zeichen dafür, dass der Verfasser keine Forschungsfrage formuliert hat, die seine Argumentation anleiten würde.

Eine solche Frage könnte beispielsweise lauten: „Warum hat die französische (oder/und die niederländische) Bevölkerung mehrheitlich gegen den Europäischen Verfassungsentwurf gestimmt?". Nimmt man sie ernst, so wird deutlich, dass der „historische Hintergrund" der EU-Entstehung knapp gehalten werden kann. Seine Funktion besteht nämlich insbesondere darin, die Tragweite des Forschungsproblems zu erläutern. Die betreffenden Informationen gehören also vor allem in die Einleitung der Arbeit, um zu zeigen, dass der Europäische Einigungsprozess bis dahin vorrangig durch die politischen Eliten der Mitgliedstaaten gesteuert wurde. Die explizite Einbeziehung von Bevölkerungen auf dem Wege von Referenden verlieh ihm eine neue Qualität und eröffnete neue Risiken.

## 6.4 Lesen und forschen

### 6.4.1 Die richtige Literatur finden

Bereits bei der Problemfindung und dann auch bei jedem weiteren Arbeitsschritt an Ihrem Projekt stoßen Sie auf die Notwendigkeit, mit der vorhandenen Forschungsliteratur zu arbeiten. Anders können Sie nichts zu einer Debatte beitragen, es sei denn, Sie wollen einen neuen Diskurs begründen. Sich einen Überblick über den *State of the Art* zu einem Thema zu verschaffen, ist meist eine anspruchsvolle Aufgabe. Die Chance, dass Sie der Erstentdecker eines politikwissenschaftlichen Problems sind, ist extrem gering; die Chance, dass Sie sich in den Publikationen zu Ihrem Thema verirren, ist weitaus größer. Wir wenden uns deshalb nun wiederum Fragen des Umgangs mit der Literatur zu, nachdem wir Wege und Strategien vorgestellt haben, wie Sie zu einem Forschungsthema finden und wissenschaftliche Fragen formulieren können. Dass beides – Lesen und Fragen formulieren – ineinandergreift, demonstrieren wir an einem ausführlichen Beispiel (> Kap. 6.4.2).

Die richtigen Texte zu einem Thema zu finden, ist nicht leicht; sie brauchen dazu Fertigkeiten und Erfahrung im effizienten Recherchieren von Literatur. Schwierig ist weiterhin, die Reihenfolge festzulegen, in der man mehrere Texte liest und zu entscheiden, welche ganz oder vorläufig weggelegt werden können. Diese beiden Probleme stehen im Mittelpunkt der folgenden Überlegungen. Wie finden Sie schnell die wichtigsten Titel? Wie können Sie dafür sorgen, dass Sie die wichtigsten und „richtigen" Texte zuerst lesen? Wann wissen Sie genug, um sich im Dschungel des Diskurses zu Ihrem Thema einigermaßen sicher zu fühlen?

Bei der Suche nach Literatur für das eigene Forschungsprojekt hat man es mit einem ausgesprochen beweglichen Ziel zu tun: Einerseits muss man entscheiden, ob ein Text zum eigenen Thema passt, bevor man ihn überhaupt gelesen hat. Andererseits kann man erst nach dem Lesen wissen, was darin steht. Schließlich lernt man beim Lesen, und das verändert das eigene Thema, mindestens jedoch die Forschungsfrage: Man erschließt Konzepte und Theorien, die einem vorher unbekannt waren; man erkennt, dass man seine eigene Frage enger, weiter oder anders fassen muss, damit sie nicht trivial ist oder überhaupt realistisch beantwortet werden kann; man stößt auf völlig unerwartete Gedanken, die dem eigenen Denken eine neue Richtung geben usw. Mit einem Satz: Man vollzieht den Übergang von der

Konsumtion zur Reproduktion und Produktion wissenschaftlicher Erkenntnisse.

Führen Sie während der Inkubationsphase (> Kap. 4.1.2) Ihres Projekts, wenn Sie Ihr Thema auf unterschiedlichem Wege erkunden, zunächst eine intensive Literaturrecherche (> Kap. 9-12) durch. Erstellen Sie eine Liste von Texten, die Ihnen auf den ersten Blick als themenrelevant erscheinen. Das Ziel Ihres Vorgehens besteht darin, herauszufinden:

- Welche Schlüsselwörter, Forschungsfragen, wichtige Kontroversen, Autoren, große Studien usw. bestimmen den Diskurs? Wenn Sie dies wissen, können Sie Ihre eigene Forschungsfrage präzisieren und bei der weiteren Recherche zielsicher vorgehen.
- Was sind die Schlüsselwerke (> Kap. 1.3) des betreffenden Diskurses? Welche Texte werden Sie später außerdem gründlich lesen?

Um Antworten auf diese Fragen zu finden, gehen Sie Ihre vermutlich zunächst viel zu lange Literaturliste anhand der folgenden Checkliste durch, die eine gekürzte Fassung der Anleitung für das prüfende Lesen ist (> Kap. 2.3.2). Reduzieren Sie sie dadurch auf eine Kurzliste von Kandidaten für das gründliche (analytische oder vergleichende) Lesen. Checkfragen für die Erstellung dieser Leseliste sind:

- *Wie nahe ist der jeweils zur Prüfung stehende Text an Ihrem Forschungsthema?* Konzentrieren Sie sich darauf. Überschriften, Schlüsselwörter und Abstracts geben Auskunft. Die thematisch am nächsten an Ihrem Problem stehenden Texte haben Vorrang.
- *Wie aktuell ist der Text?* Je frischer aus dem Druck, desto besser. Sie werden zwar später auch ältere Texte lesen müssen, versorgen sich aber für den Anfang mit einem aktuellen Filter, der die Rezeptionsgeschichte der betreffenden Debatte abbildet.
- *Woher stammt der betreffende Text?* Aufgrund ihrer Kürze und Aktualität haben Zeitschriftenaufsätze tendenziell Vorrang vor Büchern. Dissertationen und Habilitationsschriften sind meist sehr nützlich, weil sie den *State of the Art* gründlich und umfassend aufarbeiten; das ist abzuwägen gegen den Nachteil, dass sie oft erst mit großem zeitlichem Abstand zu ihrer Fertigstellung erscheinen.
- *Wie leicht ist der Text zugänglich?* Wenn sich ein Aufsatz aus der Zeitschriftendatenbank Ihrer Bibliothek direkt auf den PC herunterladen lässt, treffen Sie auf den – gar nicht so seltenen – Ide-

alfall (> Kap. 11.1). Da Autoren oft die Quintessenz größerer Forschungsprojekte in Aufsätzen zusammenfassen, lohnt es sich auch, danach zu suchen, ob es Bücher und Aufsätze vom selben Autor zum selben Thema gibt. Zumindest für den Anfang reicht dann meistens das analytische Lesen des Aufsatzes (statt des Buches) aus.

- *Wie präzise und umfassend ordnet sich der Text in einen bestimmten Diskurs ein?* Sie erkennen dies in Büchern oft an Theoriekapiteln (am Anfang des Buches, manchmal in der Einleitung) und an Einleitungen sowie an den ersten Abschnitten von Aufsätzen. Falls Sie Aufsätze finden, die sich bereits in der Überschrift als Literatur- oder Diskussionsüberblick zu erkennen geben, gehören diese unbedingt auf die Kurzliste – sie sind es wahrscheinlich wert, vergleichend gelesen zu werden.

---

**Viele Texte in einem: Review Articles**

Einen Glücksfall für jeden, der sich erstmals mit einem Forschungsproblem befasst, stellen Texte von erfahrenen Teilnehmern des betreffenden Diskurses dar, die den *State of the Art* strukturiert zusammenfassen und kritisch würdigen, um dann offene Forschungsfragen zu thematisieren. Sie werden vergleichsweise lange für das Lesen eines solchen Textes benötigen, aber Sie werden daraus auch mehr als üblich lernen. Stellen Sie einem solchen Text (zusätzlich zu allen anderen für das analytische und vergleichende Lesen sinnvollen Fragen) folgende Fragen, um das Maximum aus ihm herauszuholen:

- Was sind die Kriterien, nach denen der betreffende Autor die Argumentationen seiner Kollegen bestimmten Diskussionssträngen zuordnet?
- Wären auch andere Kriterien denkbar und was käme dabei für eine Ordnung der Argumentationen, Autoren und Erklärungsansätze heraus?

Das ist der schwierigste Abschnitt Ihrer Arbeit mit dem Text, aber er ist auch der weitreichendste: Sie werden verstehen, worin genau sich die Standpunkte der einzelnen Autoren unterscheiden, inwiefern sie Alternativen darstellen oder synthetisch weiterentwickelt werden können. Und Sie werden verstehen, welche Debatten den jeweiligen Diskurs prägen und wie sie in allgemeine theoretisch-konzeptionelle Kontroversen der Politikwissenschaft eingebettet sind.

- *Auf welche Autoren bzw. Titel wird häufig verwiesen?* Lesen Sie die Literaturverzeichnisse der gefundenen Literatur quer, dann finden Sie es relativ schnell heraus.
- Falls Sie sich für einen empirischen Fall interessieren: *Präsentiert ein Text, den Sie über diesen Fall gefunden haben, eine theoriegeleitete Analyse?* Sie erkennen dies oft an Überschriften, die signalisieren, das Sie interessierende Ereignis werde als Spezialfall eines allgemeinen Problems interpretiert. Auch Texte, die den Vergleich mehrerer Fälle zum Inhalt haben, lassen eine besonders systematische Darstellung vermuten, die theoriegeleitet ist oder sogar zur Theoriebildung beitragen soll. Falls Sie keine theoriegeleiteten Analysen „Ihres" Falls finden, recherchieren Sie, ob dies für andere, aber vergleichbare Fälle zutrifft.

Aufgrund dieser schnellen Prüfung sind Sie nun in der Lage, die zu einem bestimmten (Teil-)Aspekt Ihrer Arbeit wichtigsten Texte sicher zu identifizieren. Sie haben einen Überblick darüber bekommen, in welchen Dimensionen oder Perspektiven Ihr Forschungsthema diskutiert wird und welche Fragen dabei gestellt werden. Dadurch wissen Sie jetzt bereits viel mehr als zuvor über Ihr Thema. Gehen Sie die Titel Ihrer Kurzliste nun nach dem „kompletten Programm" des prüfenden Lesens (> Kap. 2.3.2) durch.

| Tipp |
| --- |

Viele politikwissenschaftliche Diskurse werden heute vorrangig in englischer Sprache geführt. Wenn Sie sich auf den *State of the Art* zubewegen wollen, müssen Sie dies schon bei der Erarbeitung Ihrer ersten Leseliste berücksichtigen: Um zu entscheiden, ob Sie den betreffenden Titel dorthin aufnehmen, ist „Englischsprachigkeit" kein Rückstellungsgrund.

Durch dieses Verfahren verfügen Sie über die Möglichkeit, mit vergleichsweise geringem Zeitaufwand sowohl einen diffusen Überblick über eine (vielleicht sehr üppige) Forschungsliteratur insgesamt zu erhalten als auch treffsicher und präzise jene Texte herauszufinden, die eine gründliche Auswertung lohnen. Sie müssen dabei hoch konzentriert vorgehen, denn Sie treffen weitreichende Entscheidungen, wie Ihre Arbeit einmal aussehen wird, welche Gedanken Sie aufnehmen und selbst produzieren werden – und das, noch ohne besonders viel über den Gegenstand Ihrer Arbeit zu wissen.

Lesen Sie anschließend die wichtigsten grundlegenden Texte Ihrer Kurzliste analytisch (> Kap. 2.3.3), um sich detailliertes Wissen über Ihren Forschungsgegenstand anzueignen, das im betreffenden Diskurs kommuniziert wird. Wenn Sie sicher sind, dass Sie die Debatte samt ihrer wichtigsten Begriffe, Autoren, Fragen und Antworten zumindest grob überblicken, wechseln Sie die Perspektive: Von nun ab interessiert Sie nicht mehr der betreffende Text an sich. Vielmehr wollen Sie nun alles aus ihm herausholen, was Sie für *Ihr eigenes Forschungsprojekt* brauchen. Mit diesem Schritt gehen Sie dazu über, selbständig wissenschaftlich zu produzieren. Dafür brauchen Sie Fertigkeiten des analytischen, noch mehr aber des vergleichenden Lesens.

**Wann haben Sie genügend Literatur gefunden, um Ihr Thema angemessen bearbeiten zu können?**
Einen absolut vollständigen Literaturüberblick werden Sie beim besten Willen nicht erarbeiten können. Sie müssen jedoch sicher gehen, dass Sie kein wirklich relevantes Werk übersehen haben. Dies wird um so wahrscheinlicher, je besser Sie Techniken der Literaturrecherche (> Kap. 9-13) beherrschen. Setzen Sie sich eine Frist für die erste Suche nach Literatur und die Erstellung der Prioritätenliste für die Lektüre. Achten Sie darauf, dass sie Schlüsselwerke des betreffenden Diskurses und aktuelle Texte enthält, welche die vorhandene Literatur auswerten. (Texte, die von keinem der von Ihnen gelesenen Autoren verwendet worden sind, Texte, die nur als Manuskripte, zum Beispiel im Internet, kursieren oder in schwer zugänglichen Forschungsreihen u.ä. erschienen sind, werden nur selten weit oben auf Ihrer Leseliste stehen.)
Da Sie durch das Lesen sowohl Ihre Forschungsfrage modifizieren werden als auch Hinweise auf weitere Texte erhalten, schließen sich wahrscheinlich weitere Recherche- und Lesezyklen an.
Wir tun uns schwer damit, den Umfang einer angemessenen Leseliste zu beziffern; Thomas Plümper erklärt „die 30-40 wichtigen Artikel und die 3-8 relevanten Bücher zu Ihrer Problemstellung" als ausreichend für einen Überblick über ein Forschungsproblem.[1] Weitere gezielte Recherchen werden später nötig, wenn Sie wissen, welche Lücken Sie noch schließen müssen. Da Sie systematisch vorgegangen sind, dürften Sie die wichtigste Literatur damit gefunden haben.

[1] *Plümper, Thomas*, 2008: Effizient schreiben. München: Oldenbourg, S. 33.

## 6.4.2 Literatur vergleichend lesen – Fragen neu formulieren

Beim vergleichenden Lesen geht es darum, mit mehreren Texten zum selben Problem gleichzeitig umzugehen, um sie gezielt für die eigene Forschungsfrage nutzen zu können. Eine Übersicht über das Vorgehen haben wir bereits in Kapitel 2.3.4 gegeben. Weil sie ohne weitere Erklärungen nicht sehr instruktiv ist, wollen wir an einem Beispiel demonstrieren, wie vergleichendes Lesen konkret gemeint ist und was das für Ihr eigenes Projekt für Folgen haben kann. Unser Beispiel beginnt in einer Arbeitsphase, in der Sie „ungefähr" wissen, worüber Sie eine wissenschaftliche Arbeit anfertigen wollen, aber noch nicht über ausreichende Literaturkenntnisse verfügen, um eine interessante und realistischerweise beantwortbare Forschungsfrage zu formulieren.

Wir unterstellen, Sie hätten sich das politische System Russlands als *Forschungsthema* ausgesucht und Ihr erster Versuch, eine wissenschaftliche *Frage* zu formulieren, lautete: „Ist Russland am Ende der Putin-Ära eine Demokratie?". Der Betreuer Ihrer wissenschaftlichen Arbeit rät Ihnen nun, diese Frage noch ein wenig zu ventilieren, weil er meint, diese Formulierung trüge nicht besonders weit.

Sie unternehmen daher eine *Literaturrecherche* mit den Suchbegriffen (> Kap. 9.3) „political system + Russia" sowie „democracy + autocracy + Russia" in einer elektronischen Fachdatenbank wie *Worldwide Political Science Abstracts* (> Kap. 11.1), denn Sie brauchen möglichst prononciert argumentierende, möglichst aktuelle Texte, also am besten Zeitschriftenaufsätze. Im Ergebnis der Recherche stoßen Sie mit Sicherheit auf mehrere hundert englisch-, deutschsowie russischsprachige Publikationen, die seit dem Jahr 2000 erschienen sind. Anhand einer schnellen Durchsicht reduzieren Sie diese Sammlung auf eine *Kurzliste* von 15-20 Texten (> Kap. 6.4.1), die sich unterschiedlichen Aspekten der russischen Innenpolitik widmen. Dann lesen Sie die Texte *vergleichend*:

(1)    Finden Sie die *für Ihr Forschungsvorhaben wesentlichen Passagen* in jedem Text (durch prüfendes Lesen, > Kap. 2.3.2).

(2)    Klären Sie, welche *Begriffe* (> Kap. 1.4) Sie verwenden wollen. Die Autoren unterschiedlicher Texte benutzen wahrscheinlich nicht oder nicht durchgängig dieselben Begriffe. Sie müssen sich also mit sich selbst einigen, ob Sie eines der vorgefundenen Begriffssysteme übernehmen und die Aussagen der anderen Autoren gewissermaßen in dieses übersetzen oder Sie müssen ein eigenes Begriffssystem entwickeln. In jedem Falle ist zu

klären, wie sich das, was in den Texten gemeint ist, zu den
Begriffen verhält, die Sie selbst verwenden wollen.

---

**Beispiel: „Das politische System Russlands" I**

In Texten über das politische System Russlands, die in den letzten
sechs bis acht Jahren erschienen sind, findet sich eine ganze
Reihe von Begriffen, mit denen es charakterisiert wird, darunter
„defekte Demokratie", „semiautoritäres System", „autoritäres
System", „kompetitive Autokratie", „gelenkte Demokratie",
„Wahlmonarchie", „hybrides System" und „patronaler Präsiden-
tialismus". Für eine eigene Arbeit über das politische System Russlands müssen Sie einen Begriff auswählen und auch klären, wie
die anderen Begriffe dazu in Beziehung zu setzen sind.

Beachten Sie, dass es dabei nicht darum geht, den „richtigen"
Begriff zu finden (den gibt es nicht), sondern denjenigen, der für
Ihre Forschungsfrage „passt", weil er sinnvoll und fruchtbar ver-
wendet werden kann. Zu empfehlen ist in der Regel, keinen neuen
Begriff zu erfinden, sondern sich nach einer gründlichen Analyse
der verwendeten Begriffe für einen von ihnen zu entscheiden.

---

(3)    Stellen Sie *klare Fragen* an die Texte, damit Sie von ihnen
       Antworten erhalten, die Ihnen weiterhelfen. Diese Fragen müs-
       sen Sie aus Ihrem bisherigen Verständnis des Forschungs-
       problems heraus formulieren und gleichzeitig so, dass die meis-
       ten oder alle Texte Antworten darauf enthalten. Dafür müssen
       Sie *interpretieren*, was Sie lesen – denn viele Ihrer Fragen wer-
       den in den Texten nicht explizit gestellt.

---

**Beispiel: „Das politische System Russlands" II**

Aktuellen Texten über das politische System Russlands können Sie
beispielsweise folgende Fragen stellen, die in den meisten von
ihnen beantwortet werden: Ist Russland eine Demokratie? Was
spricht dafür (dagegen)? Hat sich das politische System im Vergleich zu den 1990er Jahren qualitativ verändert? Wenn ja, woran
wird das deutlich? Welche Ursachen für die Veränderungen werden
identifiziert? Welche Zukunftsszenarien entwickeln die Autoren?
Auf die erste Frage finden Sie die Antworten „Nein", „Nicht mehr"
und „Ja, aber…". Bezüglich der zweiten Frage behauptet bei-

spielsweise A, in Russland würden keine freien und demokratischen Wahlen durchgeführt; B erklärt, die Gesellschaft sei „ver-
staatlicht"; C findet Hinweise auf die Unterdrückung der
Meinungs- und Pressefreiheit, D auf die der parteipolitischen Op-
position; E bemängelt die fehlende Gewaltenteilung, F die politische Abhängigkeit der Justiz; G meint, der russischen Bevölkerung mangele es an demokratischen Werten; H argumentiert, dass
Wahlen zwar regelmäßig stattfinden, aber faktisch nicht darüber
entscheiden, wer regieren soll; I ist der Auffassung, dass Verlauf
und Ergebnisse von Wahlen manipuliert würden, das Wahlergebnis aber dennoch nicht substantiell beeinflussten usw.

(4)  Stellen Sie anhand der Antworten der Autoren fest, wie sich das
     *Erkenntnisinteresse definieren* lässt, das alle Standpunkte sub-
     sumiert. Versuchen Sie also, Ihre konkreten Funde abstrakt,
     aber präzise zusammenzufassen.

**Beispiel: „Das politische System Russlands" III**
Im hier diskutierten Beispiel der Antworten auf die erste und zweite Frage könnte man das Interesse, das alle Autoren umtreibt, als
„Charakteristik des politischen Systems Russlands" oder „normative Bewertung des russischen politischen Systems" bestimmen.

(5)  Nachdem Sie durch diese Fragen Ihre Aufmerksamkeit ge-
     schärft haben, können Sie nun die Diskussion *rekonstruieren
     und analysieren*: Arbeiten Sie Kernfragen und grundsätzliche
     Standpunkte heraus. Versuchen Sie nicht, konkurrierende The-
     sen miteinander zu versöhnen, sondern achten Sie bewusst auf
     Unterschiede und Gegensätze. Bleiben Sie dabei unbedingt
     sachlich und emotional unbeteiligt.
     Oft ist es sinnvoll, die Aussage eines Autors mit einem Zitat (>
     Kap. 4.2.3) zu belegen – achten Sie aber darauf, dass *Ihre* In-
     terpretation dabei nicht unter den Tisch fällt. Das ganze Unter-
     fangen ist nämlich nur dann sinnvoll, wenn Sie Ihr Material (in
     diesem Fall: die wissenschaftliche Debatte zu einem Thema)
     souverän beherrschen. Es gilt auch hier der Verständnistest, den
     wir bereits beim analytischen Lesen (> Kap. 2.3.3) notiert hat-

ten: Sie haben nur verstanden, was Sie gelesen haben, wenn Sie
es auch in eigenen Worten ausdrücken können.

---

**Beispiel: „Das politische System Russlands" IV**

Sie finden durch das vergleichende Lesen der Texte mindestens
viele Details zu folgenden Thesen heraus:

- Es gibt eine kontroverse Diskussion über den Charakter des
  politischen Systems Russlands.
- Fast alle Autoren scheinen (zumindest implizit) anzunehmen,
  dass die Situation in den 1990er Jahren sehr viel günstiger für
  die Demokratie war, halten sich aber nicht weiter mit Begründungen dafür auf.
- Alle Autoren diagnostizieren autoritäre Entwicklungstendenzen
  seit Beginn des 21. Jahrhunderts. Es werden dafür sowohl ein-
  ander ergänzende, als auch konkurrierende Ursachen benannt,
  so etwa „Putin", „fortwirkendes Erbe des Staatssozialismus",
  „spezifischer Verlauf der russischen Geschichte", „mangelnde
  rechtsstaatliche Traditionen".
- Das Ausmaß der Re-Autoritarisierung Russlands wird unterschiedlich beurteilt.
- Die Demokratisierungsaussichten Russland werden unterschiedlich, meist aber pessimistisch für die nähere Zukunft,
  bewertet.
- Die Autoren nennen Bedingungen oder Strategien, welche die
  Demokratisierung voranbringen könnten.

---

Aufgrund dieses Vorgehens haben Sie nun einen systematischen
Überblick über die Literatur gewonnen; er lässt sich übrigens hervor-
ragend mit Hilfe von Literaturverwaltungsprogrammen wie *Citavi* (>
Kap. 14) archivieren. Dies versetzt Sie in die Lage, einen gehaltvollen
Literaturüberblick zu schreiben, also etwa (ein Kapitel) Ihre(r) Abschlussarbeit oder eine ganze Hausarbeit. Leitfragen dafür können
sein: Worüber besteht Konsens und was wird kontrovers diskutiert?
Wie werden die unterschiedlichen Standpunkte begründet? Wenn Sie
die Argumente aus der Literatur zusammentragen und klug strukturieren (> Kap. 8), leisten Sie übrigens bereits einen eigenständigen
Beitrag zur Debatte.

Falls Sie ein selbständiges Forschungsprojekt planen, ist es nun
auch möglich, auf der Grundlage souveräner Literaturkenntnis die

eigene Forschungsfrage zu präzisieren. Sie können sie beispielsweise aus den Lücken entwickeln, die Sie in der Literatur gefunden haben oder aus offensichtlichen Widersprüchen in der Debatte. Sie können aber auch versuchen, einen neuen Problemzugang zu finden, indem Sie die bisherige Frage „auf den Kopf" stellen.

---

**Beispiel: „Das politische System Russlands" V**

Mögliche Forschungsfragen, die sich aus dem skizzierten Leseertrag zum politischen System Russlands formulieren lassen, sind:

- In welchen gesellschaftlichen Bereichen ist eine Re-Autoritarisierung zu beobachten (und in welchen eventuell nicht)? Wo liegen die Ursachen dafür?
- Warum erscheinen die 1990er Jahre heute in einem so günstigen Licht, und entspricht dies der politischen Realität der Jelzin-Ära?
- Wenn die autoritäre Entwicklung der Putin-Ära wirklich mit dem „Erbe des Staatssozialismus" und davor zu erklären ist, warum haben diese Faktoren dann die relative Demokratisierung der frühen 1990er Jahre nicht verhindert?

Vielleicht kommen Sie auch zu dem Schluss, die Diskussion über den Charakter des politischen Systems Russlands sei in eine haarspalterische Sackgasse geraten. Dann wenden Sie die Frage. Beispielsweise könnten Sie aufgrund Ihres Grundlagenwissens über demokratische politische Systeme beschließen, Ihr Forschungsprojekt auf Wahlen zu fokussieren. Während die naheliegende Frage „(Wie) werden Wahlen in Russland manipuliert?" mangels empirischer Daten nicht befriedigend bearbeitet werden kann, lässt sich durchaus nach den Funktionen von Wahlen in Russland fragen, die dann anhand demokratietheoretischer Überlegungen diskutiert werden:

- Was bedeuten „Wahlen" in Russland? Erfüllen sie Funktionen der Elitenselektion, der Legitimation des politischen Systems oder der Regierung, der Partizipation der Bevölkerung – oder (welche) nicht?

Wenn Sie diese Fragen mit der eingangs formulierten Frage vergleichen, ob Russland eine Demokratie ist, erkennen Sie erhebliche Veränderungen. Sie sind dem Umstand geschuldet, dass Sie nun wesentlich mehr über Ihr Thema wissen, weil Sie eine Reihe von Texten vergleichend gelesen haben. Aus der Ausgangsfrage lassen sich unterschiedliche Forschungsprojekte entwickeln, die jeweils unterschiedliche Designentscheidungen (> Kap. 7-8) nahelegen.

Wie Sie bestimmt erkennen: Wenn Sie neue Fragen formuliert haben, am besten unter Zuhilfenahme von Kreativitätstechniken (> Kap. 3.2), steht meist ein neuer Zyklus der Literaturrecherche und des vergleichenden Lesens an. Auf diese Art und Weise dringen Sie immer tiefer in den Diskurs ein, gelangen dabei auf immer solidere und differenziertere Ebenen eigenen Wissens und des Problemverständnisses und finden Forschungsfragen, die an den vorhandenen Diskurs anschlussfähig sind, ohne dass Sie eine bereits eingebrachte Position „nachplappern" müssten.

Die Kreativität, die aus dieser Art Lesen erwächst, müssen Sie nicht als eine Art Erleuchtung herbeisehnen, sondern sie entsteht aus der Beschäftigung mit den Texten. Das rekursive Vorgehen, das wir eben geschildert haben, ermöglicht es, vom konsumierenden, lernenden Lesen zum produzierenden Lesen und Schreiben überzugehen (> Kap. 4.1). Durch die mehrfache und vielfältige Beschäftigung mit den Texten verbessert sich Ihr Problemverständnis. Es wird durch zunehmend systematisches Wissen abgesichert und qualifiziert. Die Voraussetzung dafür ist präzises, diszipliniertes Denken, das gegenüber „genialen Einfällen" so lange skeptisch ist, bis diese sich anhand der Literaturlage unterfüttern lassen.

Das hier beschriebene Vorgehen ist anspruchsvoll, aber dennoch zeitsparend, denn es erlaubt Ihnen, begründet selektiv vorzugehen. Das ist auch deshalb günstig, weil es Ihnen zwar allerhöchste Konzentration abverlangt, dies aber nur in einem begrenzten Zeitraum. Nehmen Sie sich daher gezielt vor, eine Zeitlang ohne Unterbrechungen zu arbeiten – in einem ersten Schritt, um von der langen Liste aus der Literaturrecherche zur Kurzliste für das systematisch-vergleichende Lesen zu gelangen, und in einem zweiten Schritt für das systematisch-vergleichende Lesen mehrerer Texte.

# 7 Das Forschungsdesign erarbeiten

Das Forschungsdesign ist der Kern jeder wissenschaftlichen Untersuchung. Es beschreibt, wie die analytische Fragestellung bearbeitet werden soll. Konkret geht es um die Konzeptualisierung der Forschungsfrage (> Kap. 7.1), den Theoriebezug (> Kap. 7.2) und die Methodenwahl (> Kap. 7.3). Das Forschungsdesign wird üblicherweise in Form eines Exposés vor Beginn der eigentlichen Arbeit aufgeschrieben (> Kap. 3.3) und dient während des Forschungsprozesses als Referenzrahmen. Wir beschränken uns auf einige Bemerkungen, um verständlich zu machen, wie anspruchsvoll es ist, ein eigenes Forschungsdesign zu entwickeln. Sie werden nicht umhin kommen, sich mit diesen Aspekten weitaus intensiver zu befassen, als wir dies hier tun können. Einige Literaturhinweise dazu finden Sie in Kapitel 15.3.

## 7.1 Die Konzeptualisierung wissenschaftlicher Begriffe

Ein Großteil wissenschaftlicher Arbeit besteht in der Klärung und Präzisierung von Begriffen (> Kap. 1.4). Denn nur klare und deutliche Begriffe erlauben eine genaue Beschreibung von Sachverhalten; und nur genaue Beschreibungen erlauben die Analyse von Ursachen und Konsequenzen dieser Sachverhalte und damit die Entwicklung aussagekräftiger Theorien. Zu Recht wird deshalb die Konzeptualisierung als integraler Bestandteil theorieorientierter Forschung angesehen: „Begriffsbildung und Theoriebildung in der Wissenschaft", so heißt es bei Carl Hempel, sind „so eng miteinander verflochten (...), dass sie im Grunde genommen zwei unterschiedliche Aspekte der gleichen Vorgehensweise ausmachen" (Hempel 1974: 13).[11] Zwar muss eine Theorie im strengeren Sinne logisch deduzierte Behauptungen enthalten, die sich an der Realität verifizieren lassen. Im weiteren Sinne kann eine Theorie aber auch darin bestehen, dass ein

---

[11]  Im vorliegenden Unterkapitel demonstrieren wir die sogenannte „amerikanische Zitierweise" für Literatur (> Kap. 4.2.3); die vollständigen Literaturangaben finden Sie am Ende dieses Unterkapitels. Die Literaturangaben von Kapitel 7.2 sind im Kontrast dazu nach der „deutschen Zitierweise" gestaltet.

begriffliches Schema erarbeitet wird, in dessen Rahmen eine Theorie im strengen Sinne eines Tages erst entwickelt wird.

## Der Sinn von Begriffsanalyse

Es ist sicher nicht übertrieben zu behaupten, dass viele Probleme unserer Disziplin auf linguistische, oder genauer: begriffliche Konfusion zurückzuführen sind. Doch darf man andererseits nicht erwarten, dass alle Probleme gelöst wären, wenn Politikwissenschaftler nur endlich lernen würden, sich klar und deutlich auszudrücken. Es ist sehr zweifelhaft zu glauben, man könnte zu letztgültigen wissenschaftlichen Begriffen kommen und die Arbeit der Begriffsanalyse einstellen, um fortan reine empirische Forschung zu betreiben.

Für diesen Skeptizismus gibt es vor allem drei Gründe. Erstens bleibt jede Wissenschaftssprache an eine natürliche Sprache, das heißt: eine Alltagssprache, gekoppelt. Selbst dort, wo durch Nominaldefinitionen und Formalisierungen eine weitgehende Entfernung von der Alltagssprache angestrebt wird, müssen die Forschungsergebnisse in diese zurückübersetzt werden können. Die „Verbesserung" der Alltagssprache zur Wissenschaftssprache, die „Heilung" mehrdeutiger Worte zu eindeutigen Begriffen, bleibt deshalb eine relative Angelegenheit und prinzipiell unabgeschlossen.

Diese Feststellung trifft auf die Politikwissenschaft in besonderer Weise zu. Denn die Begriffe des politischen Diskurses sind nicht nur Träger von Bedeutung, sondern auch von Werten und Ideologien und darüber hinaus Instrumente im politischen Machtkampf. Zwar können Wissenschaftler darauf achten, mit den Begriffen der Politiker nicht auch ihre Werte zu übernehmen. Sie sind aber gezwungen, mit inhärent normativen, politisierten Begriffen zu hantieren. Auch die Forderung nach unemotionalen, distanzierten Begriffen wird deshalb nur annäherungsweise erfüllt werden können.

Drittens schließlich hat sich gezeigt, dass sich Begriffssysteme am ehesten in akademischen Disziplinen oder schneller noch in kleinen Forschungsgemeinschaften etablieren. In dem Maße jedoch, in dem die Grenzen der Disziplinen durchlässiger werden und Begriffe von der einen in die andere Disziplin überführt werden, steigt die Gefahr der begrifflichen Inkonsistenz. Die Hoffnung, dass sich eines Tages die gesamte Wissenschaft, oder auch nur die Sozialwissenschaften einer gemeinsamen Begrifflichkeit bedienen, ist deshalb vergeblich. Schon die begriffliche Kohärenz eines einzelnen theoretischen Ansatzes zu wahren, geschweige denn die einer Disziplin, ist angesichts immer weniger disziplinärer Wissenschaftler schwierig genug.

Die dreifach begründete Skepsis gegenüber einer reinen Wissenschaftssprache der Politik bedeutet jedoch nicht, dass Begriffsanalyse in der Politikwissenschaft ein vergebliches und deshalb überflüssiges Unterfangen wäre. Erst recht sollte sie nicht als ein Freibrief für unreflektierte und leichtfertige Begriffsbildung und Begriffsverwendung verstanden werden. Denn was den wissenschaftlichen Diskurs vom Alltagsdiskurs über Politik unterscheidet – salopp gesagt, was den Seminarraum vom Stammtisch trennt – ist vor allem eines: die Reduzierung semantischer und syntaktischer Varianz durch Standardisierung und Formalisierung des Sprachgebrauchs. Nur ist diese Standardisierung und Formalisierung kein einmaliger und abgeschlossener Vorgang, sondern eine kreative, schaffende Tätigkeit, die den gesamten Forschungsprozess begleitet.

*Positionen zum Verhältnis von Sprache und Wirklichkeit*

Es gibt unterschiedliche Grundverständnisse über das Verhältnis von Sprache und Wirklichkeit, die jeweils bestimmte Positionen zur Begriffsbildung und -verwendung in der Politikwissenschaft nahe legen.

## Sprachphilosophischer Empirismus

Empiristen gehen von einem kategorialen Unterschied zwischen Wirklichkeit und Sprache aus. Empirismus ist im weitesten Sinne die Überzeugung, dass objektives Wissen auf Erkenntnissen beruhen muss, die intersubjektiv durch Sinneswahrnehmungen belegt werden können. Demnach hat ein Begriff nur dann eine Bedeutung und ein Satz nur dann einen Sinn, wenn sie durch empirische Evidenz getestet werden können. Sprache wird hier also als Instrument verstanden, mit dem die Wirklichkeit erfasst werden kann. Dieser Idee entspricht die Unterscheidung von empirischen und theoretischen Begriffen. Wissenschaftliche Aussagen sollten nach Ansicht von Empiristen soweit wie möglich nur anhand empirischer Begriffe gemacht werden. Wo auf theoretische Begriffe nicht verzichtet werden kann, müssen diese streng operationalisiert werden. Unter *Operationalisierung* versteht man die empirische Nachprüfbarkeit von Begriffen.

**Theoretischer vs. empirischer Begriff: „Krieg"**

Um die Vorzüge eines empirischen Begriffes gegenüber einem theoretischen aus der Sicht des Empirismus zu verdeutlichen, bietet sich der Begriff des Krieges an. Eine der berühmtesten traditionellen theoretischen Definitionen stammt von Carl von Clausewitz und lautet: „Krieg ist die Fortsetzung der Politik mit anderen Mitteln" (Clausewitz 1980). Dabei bleibt offen, was „Politik" ist und welchen Charakter die „anderen Mittel" haben. Die Folge ist, dass von tatsächlichen Kampfhandlungen nicht immer zweifelsfrei gesagt werden kann, ob sie Kriege im Sinne dieser Definition sind, oder nicht. Die strenger empirische Definition des *Correlates of War-Project* operationalisiert Krieg als „militärische Auseinandersetzung zwischen zwei regulären Armeen mit mindestens 1000 Toten pro Jahr" (Small/Singer 1982: 55). Mit dieser Definition wird nicht auf weitere theoretische Begriffe (wie „Politik") verwiesen, sondern auf beobachtbare Sachverhalte: militärische Auseinandersetzungen, Armeen und Kriegstote. Damit kann vergleichsweise exakt bestimmt werden, ob ein bestimmtes Ereignis ein Krieg ist oder nicht. Mit der Definition von Clausewitz wäre dies nicht möglich.

Die empiristische Auffassung der Sprache postuliert also eine sprachunabhängige Wirklichkeit, die durch Sprache objektiv repräsentiert und gespiegelt werden kann. Weil die Alltagssprache zur Erfassung dieser Realität unzureichend ist, muss sie durch eine möglichst exakte Wissenschaftssprache ersetzt werden. Die Begriffe dieser Sprache müssen jederzeit durch beobachtbare Operationen getestet werden können. Nur Begriffe, die empirische Bedeutung haben, sind als Instrumente zur wissenschaftlichen Erfassung der Daten und Fakten der Wirklichkeit geeignet.

## Sprachphilosophischer Konventionalismus

Eine diametral entgegengesetzte Position wird von den sprachtheoretischen Konventionalisten vertreten, die Sprache nicht als Spiegel der Wirklichkeit, sondern als Lebensform ansehen. Damit verschiebt sich das wissenschaftliche Interesse von der Frage der Repräsentation zur Frage der Disposition, also der Verfügbarkeit von Sprache und ihrer sozialen Funktion, Wirklichkeit zu erzeugen.

Wichtiger als die Konstruktion oder Rekonstruktion von wissenschaftlichen Begriffen ist Konventionalisten daher die Dekonstrukti-
on, das heißt die Analyse vielfältiger und widersprüchlicher Bedeutungen und die politische Macht, die sich im sozialen Gebrauch der
Sprache eröffnet. Eine dekonstruktivistische Analyse des Begriffs des
Krieges würde also nicht darauf zielen, eine neue Bedeutung zu etablieren oder verloren gegangene begriffliche Unterscheidungen zu
rekonstruieren, sondern zum Beispiel der metaphorischen Verwendung dieses Begriffs nachgehen und die damit einhergehende Strategie politischer Machtausübung und Exklusion thematisieren.

Konventionalisten lehnen folglich die starre Entgegensetzung von
Sprache und Wirklichkeit ab. Vielmehr verstehen sie Sprache als
konstitutives Element der Wirklichkeit und damit zugleich als Gegenstand und Instrument der Wissenschaft. Politikwissenschaftliche
Analyse ist für sie gleichbedeutend mit der Analyse politischer (und
politikwissenschaftlicher) Sprache.

## Sprachphilosophischer Realismus

Eine dritte, vermittelnde Position vertreten die sprachtheoretischen
Realisten. Sie gehen wie die Empiristen zwar von der Existenz einer
sprachunabhängigen Wirklichkeit aus, postulieren aber gleichzeitig,
dass auch nicht-beobachtbaren Gegenständen Realität zukommt. Die
Wirklichkeit ist dem Menschen nur durch das Medium der Sprache
zugänglich, also nie direkt beobachtbar. Sprachtheoretische Realisten
lehnen deshalb die Unterscheidung von empirischen und theoretischen Begriffen ab, halten aber an der Möglichkeit einer näherungs-
weise wahren Erkenntnis durch wissenschaftliche Begriffs- und Theoriebildung fest.

Zu diesem Zweck favorisieren sie die Rekonstruktion wissen-
schaftlicher Begriffe durch logische Begriffsanalyse oder politische
Begriffsgeschichte. Ziel ist es einerseits, zu klaren Begriffen zu ge-
langen, die durch ein gemäßigtes Kriterium der Operationalisierung
ein gewisses Maß an Beobachtbarkeit besitzen, um für empirische
Untersuchungen brauchbar zu sein. Andererseits kann mit diesem
Verfahren die enge Beziehung zwischen Sprache und politischer
Wirklichkeit untersucht und zum Beispiel der politische Wandel als
Sprachwandel analysiert werden.

Angesichts dieser sprachtheoretischen Positionen hat man also die
Wahl: Benötigt man Begriffe, um politische Wirklichkeit zu analy-

sieren? Will man die politischen Begriffe selber zum Gegenstand der Analyse machen? Oder soll der Einfluss der Begriffe auf die politische Wirklichkeit untersucht werden? Je nach dem, wie Sie sich hier entscheiden, werden Sie anders mit der Sprache umgehen. Auch auf die Wahl der Forschungsmethode (> Kap. 7.3) haben diese Positionen Einfluss: Wer ein eher empiristisches Verständnis von Realität und Sprache hat, wird Begriffe als nominalistische Definitionen konstruieren und danach streben, sie strikt zu operationalisieren. Wer einen sprachphilosophisch Konventionalismus vertritt, wird demgegenüber die Begriffsdekonstruktion vorziehen und insbesondere die Diskursanalyse favorisieren. Wer schließlich den Mittelweg eines sprachphilosophischen Realismus wählt, wird vermutlich die Begriffsrekonstruktion befürworten und Interesse am Einfluss der Sprache auf die politische Wirklichkeit zeigen.

**Literatur**

*Clausewitz, Carl von*, 1980 [1832]: Vom Kriege. Hrsg. von Werner Hahlweg. Bonn: Dümmler.

*Hempel, Carl G.*, 1974: Grundzüge der Begriffsbildung in der empirischen Wissenschaft. Düsseldorf: Bertelsmann Universitätsverlag.

*Small, Melvin/Singer, J. David*, 1982: Resort to Arms. International and Civil Wars, 1816-1980. Beverly Hills: Sage.

## 7.2  Einen theoretischen Zugang wählen

### 7.2.1  Deduktion und Induktion

Politikwissenschaft ist nicht nur eine problemfokussierte Wissenschaft (> Kap. 6.1.1), sondern auch eine theoretische Wissenschaft. Was heißt das? Es heißt jedenfalls nicht, dass jede Arbeit ein eigenes Theoriekapitel haben muss, das möglichst wenig mit dem eigentlichen Thema der Arbeit zu tun hat. Und es heißt auch nicht, dass jeder Fragestellung irgendeine Großtheorie übergestülpt werden muss. Die Theorieorientierung einer Arbeit soll sich aus der Frage selbst ergeben. Das kann idealtypisch auf zweierlei Weise geschehen: deduktiv oder induktiv.

## Deduktion

Das erste Verfahren basiert darauf, von theoretischen Annahmen auszugehen und diese – explizit oder implizit – zum Gegenstand der
empirischen Prüfung zu machen. Dabei werden durch logische Ab-
leitung (also *Deduktion*) aus theoretischen Annahmen Erwartungen
formuliert (*Hypothesen*), die an der Wirklichkeit getestet werden.

---

**Beispiel: Deduktives Forschungsprojekt**
Stimmt es, dass Staaten immer ein Machtgleichgewicht in der
internationalen Politik anstreben, wie der Realismus behauptet?
Wenn die Gleichgewichtstheorie zutrifft, dann müsste es nach
dem Ende der Bipolarität des Kalten Krieges Anzeichen neuer
Blockbildung geben. Wenn man die Gleichgewichtstheorie des
Realismus spezifiziert, den Untersuchungszeitraum festlegt und
den Begriff der Blockbildung operationalisiert, lassen sich Hypothesen entwickeln, die an der Wirklichkeit getestet werden können. Je nach dem, ob sich die Erwartungen bestätigen lassen oder
nicht, wird die Theorie (bzw. werden die Hypothesen) im Rahmen
eines solchen Forschungsprojekts verifiziert oder falsifiziert, bestätigt oder verworfen.

---

Streng genommen kann eine Theorie nie vollkommen verifiziert,
sondern immer nur für die Zahl der untersuchten Fälle oder ihre
Mehrheit bestätigt werden. Darauf hat Karl Popper hingewiesen und
deshalb gefordert, der Falsifikation im Forschungsprozess eine größere Rolle zuzumessen.[12] Aber auch die Bestätigung theoretischer
Annahmen insbesondere durch eine größere Zahl von Fällen hat eine
wichtige Funktion: Sie bekräftigt eine Theorie, von der wir vorher
vielleicht nicht ganz überzeugt waren oder deren Aussagekraft von
anderen in Frage gestellt worden war. Wie auch immer das Ergebnis
unserer Untersuchung ausfällt, das Ziel dieser theoriegeleiteten Forschung ist es, von einer Theorie oder von theoretischen Behauptungen
auszugehen und diese an der Wirklichkeit zu überprüfen.

## Induktion

Das zweite hier zu nennende Verfahren ist weniger theorie*geleitet*,
als theorie*orientiert*. Wissenschaftliche Arbeiten können bewusst

---

[12]  *Popper, Karl*, 1994 [1935]: Logik der Forschung. Tübingen: Mohr.

darauf verzichten, von Theorien auszugehen und stattdessen versuchen, sich möglichst vorurteilslos einem Thema zu nähern. Ziel ist dann, Daten zu sammeln und aus Beobachtungen heraus ein Verständnis für die analysierten Phänomene zu entwickeln bzw. gewisse Regelmäßigkeiten zu entdecken. Dieses Verfahren nennt man *Induktion*, und es ist in dem Maße theorieorientiert, in dem es auf die Bildung von Hypothesen und die Entwicklung von Theorien gerichtet ist.

---

**Beispiel: Induktives Forschungsprojekt**

Eines der berühmtesten induktiven Forschungsprojekte ist das an der *University of Michigan* beheimatete *Correlates of War-Project*, das gigantische Mengen von Daten über Kriege von 1816 bis heute gesammelt und ausgewertet hat. Durch statistische Verfahren konnten Faktoren isoliert und Beziehungen zwischen ihnen (sogenannte Korrelationen) identifiziert werden, die die Wahrscheinlichkeit eines Krieges deutlich erhöhen. Zum Beispiel hat sich gezeigt, dass die Wahrscheinlichkeit eines Krieges mit der geographischen Nähe zweier Staaten steigt. Das mag nicht besonders originell sein, kann aber in Kombination mit anderen Indikatoren zur Bestimmung von Konfliktwahrscheinlichkeiten genutzt werden. Wie auch immer man die Ergebnisse der quantitativen Kriegsursachenforschung im Einzelnen einschätzt – und die Meinungen gehen hier weit auseinander –, ihr Hauptproblem besteht in der Verallgemeinerbarkeit ihrer Erkenntnisse und im Übergang von Aussagen über Korrelationen zu Aussagen über *Kausalitäten*, also im klassischen Induktionsproblem.[13] Wir kommen auf dieses Problem weiter unten zurück (> Kap.7.2.3).

---

Wichtig ist es, an dieser Stelle darauf hinzuweisen, dass entgegen einer weit verbreiteten Meinung deduktive und induktive Theorieorientierungen nicht zwangsläufig mit qualitativen oder quantitativen Methodenorientierungen (> Kap. 7.3) einhergehen müssen. Es gibt nicht nur induktive Analysen, die quantitativ (d.h. statistisch mit großen Datenmengen) arbeiten, sondern auch solche, die qualitativ ihre Konzepte und Hypothesen aus der Erforschung weniger Fälle (im Sinne der sogenannten *Grounded Theory*[14]) entwickeln. Das glei-

---

[13]  *Dessler, David*, 1991: Beyond Correlations: Toward a Causal Theory of War, in: International Studies Quarterly 35 (3), S. 337-355.

[14]  *Corbin, Juliet/Strauss, Anselm*, 1990: Grounded Theory Research: Procedures, Canons and Evaluative Criteria, in: Zeitschrift für Soziologie 19 (6), S. 418-427.

che gilt auch für die deduktive Forschung, die sowohl quantitativ mit vielen Fällen als auch qualitativ mit wenigen vergleichenden Fällen oder einem einzigen Fall Theorien überprüfen kann.

Deduktive und induktive Theorieorientierung sind also wissenschaftstheoretisch streng unterschieden. In der Forschungspraxis gehen sie allerdings häufig ineinander über. Denn auch die deduktive Theoriebildung besteht nicht nur aus einem mechanischen Subsummieren von Phänomenen unter ein soziales Gesetz, sondern auch aus der Modifikation dieser Gesetzesaussagen durch die Identifikation möglicherweise abweichender Fälle. Und die induktive Theoriebildung kann sich nie ganz voraussetzungslos der Wirklichkeit nähern, weil ihre Begriffe und Kategorien immer schon theoriegeladen sind. Tatsächlich bestehen die meisten Forschungsprojekte aus einer Mischung theoriegeleiteter (deduktiver) und theorieorientierter (induktiver) Analyse (*Abduktion*) Dennoch ist es sinnvoll, die Unterscheidung aufrechtzuerhalten und sich über die Art des Theoriebezugs einer Arbeit klar zu werden.

**Tipp**

Fragen Sie sich, ob ihr Forschungsvorhaben in erster Linie deduktiv oder induktiv orientiert ist, also von einer Theorie ausgeht und Hypothesen prüft, oder empirische Beobachtungen verallgemeinert und Hypothesen bildet.

### 7.2.2 Deskriptive, normative und kausale Theorien

In Kapitel 1.4 haben wir von *Theorien* als kausal-analytischen Zusammenhangsbehauptungen gesprochen. Dies ist jedoch nur eines der möglichen Verständnisse von „Theorie". Wir haben bereits mehrmals darauf hingewiesen, dass bereits Begriffsbildungen theoretische Unterfangen sind, und das betrifft auch den Theoriebegriff selbst. Denn die Beschäftigung mit den Konzepten eines Forschungsfeldes, die begriffliche Abgrenzung und Typologisierung des Gegenstands, die Entwicklung eines konzeptionellen Rahmens für eine empirische Untersuchung – all das sind im weitesten Sinne theoretische Tätigkeiten, die auf ein allgemeines Wissen von sozialen Phänomenen gerichtet sind. Die Frage, zum Beispiel, was eine Demokratie ist und welche definitorischen Bestandteile vorhanden sein müssen, um von

Demokratie sprechen zu können, ist in diesem Sinne eine Frage *deskriptiver Theorie*, der es um die „richtige" oder zweckmäßige allgemeine Beschreibung von Demokratie geht.

Insofern dabei ethische Fragen berührt werden, die nach einer Begründung verlangen, was Demokratie sein sollte und warum sie erstrebenswert ist, werden Fragen *normativer Theorie* aufgeworfen. Normativen Theorien geht es nicht in erster Linie darum, etwas genau zu beschreiben oder zu erklären, warum es so ist und nicht anders. Normative Theorien wollen begründen, warum etwas ethisch richtig oder falsch, gut oder schlecht ist. Letztlich geht es darum zu zeigen, wie eine bessere Welt aussehen könnte. Die Diskurstheorie von Jürgen Habermas entwirft zum Beispiel einen begrifflichen Rahmen, um politische Prozesse anhand der Herrschaftsfreiheit bewerten und demokratiefähige Prozesse politischer Deliberation entwickeln zu können.[15]

Im engeren Sinne wird unter Theorie in den Sozialwissenschaften aber die Identifikation von Ursache-Wirkungs-Verhältnissen verstanden, also ein *kausal-analytisches Theorieverständnis* zugrunde gelegt:

> „Die kausal-analytische Beschäftigung mit der Wirklichkeit unterscheidet sich (ebenso wie die deskriptive) von der normativen durch ihr Interesse an der Erkenntnis dessen, was ist. Von der deskriptiven Theorie unterscheidet sich die kausalanalytische Theorie dahingehend, dass sie nicht beschreibt, was ein bestimmtes Phänomen ist und wie es beschaffen ist, sondern analysiert, warum es ist und wie es geworden ist".[16]

Eine kausal-analytische Untersuchung von Demokratie würde also zum Beispiel nach den Ursachen dieser Regierungsform fragen oder – spezieller – nach den Erfolgsbedingungen von Demokratisierung in Transitionsländern.

Auch hier muss man betonen, dass mit einem kausal-analytischen Theorieverständnis noch nicht unbedingt vorentschieden ist, welche Art von Ursachen für relevant gehalten und in die Untersuchung einbezogen werden. Neben beobachtbaren materiellen Faktoren (wie z.B. Wohlstand und die Existenz demokratischer Nachbarstaaten) kommen nämlich auch nicht-beobachtbare ideelle Faktoren (wie z.B. eine liberale Kultur oder die Existenz bestimmter Ideen) als Erklä-

---

[15]  *Habermas, Jürgen*, 1981: Theorie des kommunikativen Handelns. Zur Kritik der Vernunft. 2 Bde. Frankfurt a.M.: Suhrkamp.

[16]  *Schimmelfennig, Frank*, 2003: Theorie. Unveröffentlichtes Ms.

rung für erfolgreiche Demokratisierung in Frage. Allerdings stellt sich bei ihnen das Problem der Operationalisierung, also die Frage, wie sie sich identifizieren lassen. Auch bei Motiven und Intentionen ist es schwierig, sie als Erklärungen für empirische Sachverhalte zu nutzen, weil sie sich nicht direkt beobachten, sondern nur mittelbar erschließen lassen. Trotzdem halten viele Wissenschaftler daran fest, dass Gründe (*reasons*) auch Ursachen (*causes*) sind und in sozialwissenschaftliche Erklärungen von Ursache-Wirkungs-Verhältnissen einbezogen werden müssen. Inwiefern dann eher von Verstehen als von Erklären eines Zusammenhanges die Rede sein sollte, erörtern wir bei der Methodenwahl (> Kap. 7.3).

Die Trennung in deskriptive, normative und kausale Theorie ist allerdings nicht so eindeutig, wie sie zunächst erscheint. Normative Theorien sind auf deskriptive Theorien angewiesen und stellen darüber hinaus häufig kausale Behauptungen auf. Deskriptiven Theorien liegen häufig normative Entscheidungen zugrunde, welche dann, wenn deskriptive Theorien zur Grundlage kausaler Theoriebildung werden, auch dort Eingang finden. Postmoderne Theoretiker haben deshalb die Unterscheidung generell in Frage gestellt und für ein Theorieverständnis geworben, das sich vom Wahrheitsanspruch traditioneller Theoriebildung verabschiedet. Allerdings gingen damit jegliche Kriterien verloren, um die unterschiedlichen Erklärungen und Interpretationen der Welt zu bewerten. Es erscheint uns deshalb sinnvoll, an der prinzipiellen Unterscheidbarkeit verschiedener Theoriebegriffe festzuhalten und von Abschlussarbeiten zu fordern, dass in ihnen die eigene Theorieabsicht – deskriptive Präzisierung, normative Bewertung oder kausale Erklärung – deutlich gemacht wird.

### 7.2.3 Korrelationen, Kausalität und kausale Mechanismen

Wenn im Folgenden vor allem von der Erklärung von Ursache-Wirkungs-Verhältnissen die Rede ist, dann deshalb, weil sie im Zentrum theorieorientierter politikwissenschaftlicher Forschung steht. Allerdings ist umstritten, ob es der Nachweis von statistischen Korrelationen, von kontrafaktischen Kausalitäten oder von kausalen Mechanismen ist, der am ehesten Aufschluss über Ursache-Wirkungs-Verhältnisse geben kann.

In allen drei Fällen geht es um das Verhältnis von *abhängigen und unabhängigen Variablen* (> Kap. 1.4), wobei die abhängige Variable Y das Phänomen bezeichnet, das erklärt werden soll (lat. *explanandum*), z.B. „Krieg". Die unabhängige Variable X wiederum bezeich-

net das Phänomen, das die Erklärung für Y bietet (lat. *explanans*),
z.B. menschliche Aggressivität, eine bestimmte Staatsform oder das
Fehlen einer Weltregierung (d.h. Anarchie).

$$X \longrightarrow Y$$

## Statistische Korrelationen

Strenge Induktivisten wie David Singer, einer der Begründer des
schon erwähnten *Correlates of War*-Projekts, bezweifeln, dass man
Kausalität als zwingendes Ursache-Wirkungs-Verhältnis sozialwis-
senschaftlich nachweisen kann. Allenfalls könne man *statistische Korrelationen* feststellen, das heißt das gleichzeitige Auftreten von abhängigen und unabhängigen Variablen, die eine bestimmte Verursachung
nahe legen würden. Das Problem von Korrelationsaussagen ist allerdings, dass sie über die Feststellung statistischer Regelmäßigkeit nicht
hinauskommen und keine Erklärung für diese Regelmäßigkeit bieten
können. Zudem besteht die Gefahr statistischer Fehlschlüsse, bei der
Scheinkausalitäten oder umgekehrte Ursache-Wirkungs-Verhältnisse
angenommen werden.

## Kontrafaktische Kausalanalysen

Dieser Gefahr versuchen Wissenschaftler zu entgehen, die mittels
*kontrafaktischer Kausalitätsanalysen* Ursache-Wirkungs-Verhältnisse aufspüren wollen. Dabei geht es um ein Gedankenexperiment,
durch das X als Ursache von Y dann bestätigt wird, wenn man sich
Y ohne X nicht vorstellen kann – sofern alle anderen Bedingungen
gleich bleiben.
    Dabei ist die Unterscheidung von notwendigen und hinreichenden
Bedingungen wichtig, da am Zustandekommen eines Phänomens
mehrere Faktoren beteiligt sein können und es darauf ankommt, das
kausale „Gewicht" unterschiedlicher unabhängiger Variablen einzuschätzen. Eine Variable kann notwendig für das Zustandekommen
eines zu erklärenden Phänomens sein, ohne alleine hinreichend für
dessen Existenz zu sein. Dies bedeutet: Ein Sachverhalt A ist nur dann
eine *notwendige Bedingung* für die Existenz von B, wenn A vorliegen
*muss*, damit B auftreten *kann* – wenn B also zu beobachten ist, kann
gefolgert werden, dass A vorhanden ist. Die Wirkung von A tritt jedoch nicht zwangsläufig ein. Bei A als *hinreichender Bedingung*
hingegen kann geschlossen werden, dass B als Wirkung notwendig
eintritt, wenn A nachgewiesen werden kann. Das Problem besteht

darin, dass es mehrere hinreichende Bedingungen eines Phänomens geben kann, d.h. dass mehrere Faktoren dieselben Effekte hervorrufen können. Nur wenn eine Variable sowohl notwendig als auch hinreichend ist, kann sie als die alleinige Ursache eines Phänomens identifiziert werden. In der Regel sind es tatsächlich mehrere Bedingungen, die für sich genommen weder notwendig noch hinreichend sind, ein bestimmtes Phänomen zu verursachen. Zusammengenommen ergeben sie ein komplexes Feld kausaler Bedingungen, das einen bestimmten Ursache-Wirkungs-Zusammenhang erklärt.

Wenn dieses Feld nicht genauer spezifiziert wird, unterliegen Kausalanalysen den gleichen Einwänden wie Korrelationsanalysen: Auch sie können das spezifische Zusammenspiel unterschiedlicher Variablen nicht nachvollziehen. Genau das versucht die

## Mechanismusanalyse

Ihr geht es um das Herausarbeiten von *kausalen Mechanismen*, d.h. um das regelmäßige Ineinandergreifen unterschiedlicher Variablen, das zur Entstehung eines bestimmten Phänomens führt.[17] Dabei können Variablen auf unterschiedlichen Analyseebenen verbunden und Akteurs- und Strukturvariablen kombiniert werden. In der Kriegsursachenforschung sind auf diese Weise Eskalationsmechanismen identifiziert worden, die zeigen, dass eine bestimmte Kombination von Faktoren die Wahrscheinlichkeit kriegerischer Auseinandersetzungen dramatisch erhöht.[18]

Insbesondere bei komplexen Ursache-Wirkungs-Verhältnissen scheint die Analyse kausaler Mechanismen vielversprechend zu sein. Sie erlaubt es, den vielfältigen Kausalbeziehungen, die keineswegs immer monokausal und direkt, sondern multikausal und manchmal indirekt wirken, nachzuspüren. Der Preis ist allerdings, dass sich Kausalmechanismen nur zu einem vergleichsweise geringen Grad verallgemeinern lassen und nicht die gleiche theoretische Eleganz und Schlankheit (*parsimony*) aufweisen wie Korrelations- oder Kausalaussagen. Sie werden also eine Abwägung treffen müssen, um für

---

[17]  *Hedström, Peter/Swedberg, Richard* (Hrsg.), 1998: Social Mechanisms: An Analytical Approach to Social Theory. Cambridge: Cambridge University Press; *Dessler,* Beyond Correlations (Anm. 13).

[18]  *Vasquez, John A.,* 2000: Reexamining the Steps to War: New Evidence and Theoretical Insights, in: *Midlarsky, Manus* (Hrsg.): Handbook of War Studies. 2. Aufl. Ann Arbor, MI: University of Michigan Press, S. 371-406.

Ihre eigene Arbeit die angemessene Form kausal-analytischer Forschung zu bestimmen.

### 7.2.4 Akteure, Strukturen und Prozesse

Bei der kausal-analytischen Erklärung politischer Phänomene kann
man entweder von den Handlungen der Akteure oder von der Wirkung sozialer Strukturen ausgehen. Im ersten Fall wird ein Phänomen
wie z.b. Armut auf die individuellen Entscheidungen und Fehlent-
scheidungen von Einzelpersonen zurückgeführt, im zweiten Fall auf
Strukturen sozialer Ungleichheit. Hinter dieser Alternative steht die
sozialtheoretische Frage, ob unsere Welt eher von den Handlungen
der Individuen oder von den sozialen Strukturen bestimmt ist: Sind
es die Menschen, die mit ihren Handlungen und Entscheidungen die
Politik bestimmen, oder sind es die sozialen Strukturen, die das
menschliche Handeln und politische Entscheidungen determinieren?
Je nachdem, welcher Alternative man eher zuneigt, oder welchen
Aspekt der Wirklichkeit man in einer wissenschaftlichen Arbeit untersuchen will, wird man eine handlungstheoretische oder eine struk-
turtheoretische Orientierung wählen. Auch bei diesem Thema beschränken wir uns auf einige grundsätzliche Bemerkungen.

### Handlungstheorien

Handlungstheorien sehen im Individuum und seinem Verhalten das
primäre Element des Sozialen. Strenge Individualisten behaupten,
dass es im eigentlichen Sinne Gesellschaften und andere Kollektive
wie z.B. Staaten gar nicht gibt, sondern nur Einzelpersonen, die in
ihrer Summe Kollektive konstituieren. Folglich können (und müssen)
alle sozialen Phänomene auf individuelle Entscheidungen von Einzelpersonen zurückgeführt werden. Es gibt allerdings auch Handlungstheorien, die einen schwächeren Individualismus vertreten, indem sie zum Beispiel von kollektiven Akteuren ausgehen. Wenn etwa
vom rationalen Handeln des Staates die Rede ist, dann wird zwar ein
individualistisches Handlungskonzept zugrunde gelegt, aber das Ak-
teurskonzept ist kollektivistisch: Der Staat besteht zwar aus vielen
Individuen, aber er handelt, als wäre er ein einheitlicher Akteur (*uni-
tary actor*). Dasselbe gilt für andere Organisationsformen wie Parteien, soziale Bewegungen usw. Daraus folgt übrigens, dass es auch
relevant sein kann, die Herstellung von kollektiver Handlungsfähig-
keit zu untersuchen, also der Frage nachzugehen, wie es gelingt, das

Handeln von Individualakteuren so zu koordinieren, dass Organisationen tatsächlich „wie Individuen" handeln.

Eine handlungstheoretische Orientierung muss im Übrigen nicht unbedingt mit einem rationalistischen Verständnis von menschlichem Verhalten einhergehen. Zwar sind *Rational Choice* und Spieltheorie häufig verwandte Konzepte in der Politikwissenschaft. Aber es hat sich gezeigt, dass Akteure unterschiedlichen Handlungslogiken folgen können: nicht nur einer „Logik der Konsequenz", d.h. individueller Nutzenmaximierung, sondern auch einer „Logik der Angemessenheit", d.h. kollektiver Regelbefolgung.[19] Je nachdem, was für eine Handlungslogik man zugrunde legt – und es mag mehr als diese beiden geben –, können Handlungen nicht nur *rationalistisch*, d.h. anhand ihrer Nutzenfunktion, sondern zum Beispiel auch *funktionalistisch*, d.h. aus den intendierten Folgen, *sozialpsychologisch*, d.h. anhand von Perzeption und Misperzeption oder *hermeneutisch*, d.h. aus der Rekonstruktion von Sinnzusammenhängen erklärt werden. Insofern ergeben sich vielfältige methodische Möglichkeiten, politische Phänomene handlungstheoretisch zu erklären.

## Strukturtheorien

Die Alternative zu akteursorientierten Handlungstheorien sind Strukturtheorien. Sie gehen davon aus, dass soziale Strukturen individuellem Handeln gleichsam vorgeschaltet – und in diesem Sinne ontologisch primär – sind. Nach Ansicht strenger Strukturalisten wird soziales Verhalten von strukturellen Bedingungen determiniert und es bleibt kein Platz für freie Entscheidungen oder politische Alternativen. Allerdings gibt es auch schwächere Versionen strukturalistischen Denkens, nach denen die Handlungsoptionen politischer Akteure durch strukturelle Bedingungen nur mehr oder weniger eingeschränkt werden. Marxistische Theorien beispielsweise gehen üblicherweise von einem starken Strukturalismus aus und führen zum Beispiel politische Revolutionen auf die wachsenden Widersprüche der Klassenstruktur einer Gesellschaft zurück. Aber auch der Neorealismus in den Internationalen Beziehungen vertritt einen starken Strukturalismus und erklärt zum Beispiel die Existenz von Kriegen aus der Anarchie, also der Abwesenheit einer zentralen Erzwingungsmacht, im internationalen System.

---

[19]  *March, James G./Olsen, Johan P.,* 1998: The Institutional Dynamics of International Political Orders, in: International Organization 52 (4), S. 943-969.

Strukturtheorien sind keineswegs festgelegt auf ein bestimmtes, z.B. materialistisches, Verständnis von Strukturen. Zwar spielt die Rolle von materiellen Strukturen, wie z.b. die Verteilung von Macht, Wohlstand und Zwangsmitteln, in vielen politikwissenschaftlichen Theorien eine große Rolle. Aber es gibt auch Strukturtheorien, die die Relevanz normativer Strukturen, wie die Verbreitung von Ideen, Werten und Überzeugungen betonen. Und es gibt Theorien, die ideelle und materielle Faktoren verbinden. Dies gilt zum Beispiel für Immanuel Wallerstein, der von einer „Geokultur" spricht, welche die materielle Struktur der Zentrum-Peripherie-Beziehungen im modernen kapitalistischen Weltsystem stabilisiert. Insofern gibt es auch strukturtheoretisch eine große Bandbreite, soziale Phänomene zu erklären.

## Syntheseangebote

Neben Handlungstheorien und Strukturtheorien gibt es aber auch solche, die ausdrücklich die gegenseitige Beeinflussung von Akteuren und Strukturen in den Blick nehmen. Denn es ist offensichtlich, dass das menschliche Verhalten von sozialen Strukturen zwar beeinflusst ist, andererseits aber das menschliche Verhalten auch soziale Strukturen schafft. Insofern sind Akteure und Strukturen *kodeterminiert*. Anthony Giddens hat deshalb gefordert, dass man Akteur und Struktur nicht als Dualismus, sondern als Dualität auffassen und „Theorien der Strukturation" entwickeln sollte, die in der Lage sind, die sozialen Prozesse besser zu erklären als die einseitigen Handlungs- oder Strukturtheorien.[20]

In den Internationalen Beziehungen hat sich der Sozialkonstruktivismus diese Forderung zu Eigen gemacht. Allerdings ist er in der Umsetzung nur teilweise erfolgreich gewesen. Es ist nämlich schwierig, die wechselseitige Beeinflussung von Akteur und Struktur gleichzeitig analytisch in den Griff zu bekommen. Als Lösung bietet sich eine sequenzielle Analyse zuerst von Prozessen der Strukturbildung und dann Prozessen der Akteursbeeinflussung (oder umgekehrt) an. Der ursprüngliche Anspruch wird damit aber nur zum Teil eingelöst. Denn auch bei strukturationstheoretischen Prozessanalysen scheint man sich entscheiden zu müssen, wo mit der Analyse begonnen werden soll: bei den Akteuren oder den Strukturen.

---

[20] *Giddens, Anthony*, 1986: The Constitution of Society. Outline of the Theory of Structuration. Cambridge: Polity Press.

## 7.3  Die Forschungsmethode wählen

Ganz gleich, was Sie für ein Forschungsproblem gewählt, wie Sie es konzeptionalisiert und für welche Theorieorientierung Sie sich entschieden haben: Sie benötigen nun eine Methode, um das von Ihnen entworfene Forschungsprojekt durchzuführen. *Methoden* sind mehr oder weniger klare Regelsysteme, die Ihnen dabei helfen, Ihre Forschungsziele zu erreichen. Sie stellen darüber hinaus sicher, dass Andere ihre Forschungsergebnisse nachvollziehen und beurteilen können, indem sie den Verlauf Ihrer wissenschaftlichen Argumentation rekonstruieren. Im Folgenden können wir – ebenso wie im vorangegangenen Abschnitt über die Wahl des theoretischen Zugangs zu Ihrem Projekt – nur auf methodologische Grundunterscheidungen eingehen, nicht aber in die vielfältigen konkreten Methoden und Techniken der Forschung einführen. Dies ist Gegenstand spezieller Lehrveranstaltungen zu den Methoden der empirischen Sozialforschung. In Kapitel 15.3 verweisen wir auf einige Schlüsselwerke und Lehrbücher.

Die Bedeutung, die in der Politikwissenschaft den Methoden zugemessen wird, variiert beträchtlich. Auf der einen Seite stehen die Verfechter strenger Methodendisziplin, die nicht selten einen Methodenmonismus vertreten, also nur eine einzige (nämlich ihre eigene) Methode für angemessen und wissenschaftlich halten. Derartige Positionen findet man übrigens bei quantitativen Forschern ebenso wie bei qualitativen. Auf der anderen Seite stehen die radikalen Methodenverachter, die behaupten, dass methodisches Vorgehen den Erkenntnisprozess eher behindere als befördere weil es die wissenschaftliche Kreativität einschränke. Folglich sollte auf Methoden im Forschungsprozess ganz verzichtet werden. Zwischen diesen Fronten stehen die mehr oder weniger moderaten Methodenskeptiker, die zwar davon überzeugt sind, das es gewisse Regeln des Forschens geben muss, gleichzeitig aber davor warnen, die Bedeutung von Methoden überzubetonen. Dies könne dazu führen, wichtige empirische und normative Fragen aus dem Blick zu verlieren, weil es für ihre Erforschung (noch) keine geeigneten Methoden gibt. Die Vertreter dieser Richtung (zu der auch wir uns rechnen) plädieren in der Regel für einen Methodenpluralismus, das heißt für die Verwendung unterschiedlicher methodischer Verfahren je nach Art der Fragestellung und der verfügbaren Daten.

### 7.3.1 Erklären und Verstehen

Umstritten ist, welche Methoden für die Sozialwissenschaften im Allgemeinen und für die Politikwissenschaft im Besonderen angemessen sind. Dahinter verbirgt sich eine grundsätzliche Kontroverse darüber, ob es nur eine einzige Logik der Forschung oder mehrere gibt und ob die Sozialwissenschaften den Naturwissenschaften nachgebildet werden sollten oder nicht.

Diejenigen, die die Vorstellung der Einheitswissenschaft vertreten, gehen davon aus, dass die soziale Welt im Prinzip genauso aufgebaut ist wie die natürliche Welt und folglich auch mit den gleichen Methoden erforscht werden kann. Weil die Naturwissenschaften in der Entdeckung von Gesetzmäßigkeiten ungleich erfolgreicher sind, sollten die Sozialwissenschaften ihnen nacheifern und nach theoretisch begründeten und empirisch abgesicherten Gesetzen suchen, mit denen Ereignisse und Prozesse nicht nur kausal erklärt, sondern auch vorhergesagt werden könnten. Das erfordere die Verwendung *naturalistischer Methoden*, das heißt solcher, die sich an die experimentelle Logik der Naturwissenschaften anlehnen und durch Quasi-Experimente, statistische Verfahren, vergleichende Analysen und Fallstudien zu wahren Aussagen über die Wirklichkeit kommen.

Das impliziert eine weitgehende Konzentration auf materielle Faktoren und beobachtbares Verhalten, also auf objektivierbare Größen, weil der subjektive Teil des Verhaltens wie Intentionen und Werte sich nicht mit gleicher Präzision erfassen lassen. Dort, wo subjektive Gründe (*reasons*) wie z.B. Ideen überhaupt berücksichtigt werden, werden sie als Ursachen (*causes*) gleichsam naturalisiert und – sofern sie sich operationalisieren lassen – als ideelle Variablen in sozialwissenschaftliche Kausalerklärungen integriert.

Der Idee der Einheitswissenschaft und dem naturalistischen Verständnis der Sozialwissenschaften wird von denjenigen widersprochen, die einen grundsätzlichen Unterschied zwischen der natürlichen und der sozialen Welt sehen. Soziales Handeln, so argumentieren sie, könne nicht anhand des beobachtbaren Verhaltens von Individuen und durch materielle Faktoren erklärt werden, sondern müsse im Rahmen der Sinnzusammenhänge der jeweiligen Akteure verstanden werden. Verstehen bedeutet also, nicht von einer objektivierenden Außenperspektive auszugehen, sondern eine Innenperspektive einzunehmen und die subjektiven Bedeutungen zum Ausgangspunkt zu nehmen, die individuelle und kollektive Akteure ihren Handlungen beimessen. Ziel ist es, soziale Phänomene interpretierend – nicht kausal als Wirkungen von Ursachen, sondern konstitutiv als Verkörperung von Sinnzusammenhängen – zu verstehen.

Um die Handlungsgründe von Akteuren zu erfassen, kann auf unterschiedliche Interpretationsverfahren zurückgegriffen werden, die politisches Verhalten und soziale Phänomene aus der Sicht der Beteiligten rekonstruieren. Sei es durch die Analyse symbolischer Interaktion, sozialer Praxis, politischer Sprache oder Diskurse: Ziel dieser im weitesten Sinne *hermeneutischen Methoden* ist es, Politik als soziale Wirklichkeit verständlich zu machen, die nach spezifischen Regeln sinnhaften Handelns und nicht nach Naturgesetzen funktioniert.

Der Unterschied zwischen Erklären und Verstehen sollte jedoch nicht überbewertet werden. Erklärungen kommen oft nicht ohne Rückgriff auf Motive und Intentionen aus; und Verstehensoperationen müssen manchmal auf kausale Zuschreibungen zurückgreifen. Jenseits der radikalen Positionen gibt es deshalb solche, die Erklären und Verstehen zu verbinden suchen, sei es z.B. indem politische Überzeugungen als ursächlich für bestimmte Entscheidungen oder indem politische Ereignisse als konstitutiv für diskursiven Wandel angesehen werden.

### 7.3.2 Quantitative und qualitative Forschung

In der Forschung werden traditionell *statistische (quantitativ-vergleichende, makro-quantitative)* und *qualitative (systematisch-vergleichende) Forschungsmethoden* unterschieden. Die quantitativ-vergleichende Methode deckt Beziehungen zwischen Variablen auf, die in einem Ursache-Wirkungs-Zusammenhang stehen können. Ein Beispiel dafür stellen Untersuchungen über die Korrelation zwischen dem sozioökonomischen Entwicklungsstand eines Landes und der Wahrscheinlichkeit dar, dass es ein demokratisches politisches System aufweist. Qualitative Methoden hingegen widmen sich wenigen oder einem einzigen Untersuchungsfall, also beispielsweise der Deskription und Erklärung von Besonderheiten eines einzelnen politischen Systems oder den Gemeinsamkeiten bzw. Unterschieden zwischen wenigen, sorgfältig ausgewählten, politischen Systemen. Die quantitative Sozialforschung folgt der Abfolge „Hypothesenbildung – Datenerhebung – Datenauswertung (Hypothesentest)", sofern Theorien geprüft werden sollen bzw. der Abfolge „Datenerhebung – Datenauswertung – Theoriebildung", wenn Daten exploriert und Theorien formuliert werden sollen. Beim qualitativen Vorgehen ist der Forschungsprozess stärker zirkulär angelegt, so dass sich die Phasen überlagern und wiederholen können.

Zunächst mag es so aussehen, als wäre die Unterscheidung zwischen quantitativer und qualitativer Forschung die gleiche wie die zwischen erklärender und verstehender Forschung. Tatsächlich sind verstehende Ansätze ausgesprochen skeptisch gegenüber Verallgemeinerungen und damit gegenüber Aussagen über eine größere Zahl von Fällen. Und es trifft auch zu, dass erklärende Ansätze häufig in dem Maße Plausibilität für die von ihnen identifizierten Kausalbeziehungen beanspruchen, in dem die Zahl der Beobachtungen wächst. Aber es lassen sich auch quantitative Untersuchungen denken, deren Ziel das Verstehen individueller Entscheidungen ist und qualitative Analysen, deren Absicht in der Etablierung einer kausalen Hypothese besteht. Insofern sind beide Unterscheidungen nicht identisch.

Quantitative Methoden sind häufig auf doppelte Weise quantitativ. Zum einen erfassen sie ihre Gegenstände über numerische Parameter (z.B. die Anzahl von Kriegen in einer bestimmten Zeitspanne) und operationalisieren ihre Variablen entsprechend (z.B. Kriege als militärische Konflikte mit einer bestimmten Anzahl an Kriegstoten). Zum anderen wenden sie mathematisch-statistische Verfahren an, um die Beziehungen zwischen den Variablen zu erforschen. Dabei legt es die statistische Methodologie nahe, dass die Forschungsergebnisse umso überzeugender werden, je höher die Zahl der erfassten Fälle ist. Je mehr Fälle allerdings erfasst werden, umso oberflächlicher und selektiver können sie nur beschrieben werden. Im Einzelnen werden dabei höchst unterschiedliche Verfahren und Techniken (wie z.B. die Regressionsanalyse) angewendet.

Qualitative Methoden verzichten demgegenüber bei der Konzeptualisierung auf numerische Operationalisierung der Variablen und bei der Analyse auf statistische Verfahren. Stattdessen widmen sie ihre Aufmerksamkeit einer kleinen Menge von Fällen (oder gar einem Einzelfall), die entsprechend intensiv untersucht und umfassend erklärt oder verstanden werden sollen. Der Vorteil qualitativer Forschung besteht dementsprechend in der Gründlichkeit beschreibender Analyse, der Möglichkeit historischer und geographischer Kontextualisierung und dem Aufspüren unterschiedlicher Kausalpfade. Ihr Nachteil ist allerdings die geringe Verallgemeinerbarkeit der Erkenntnisse.

Auch für die qualitative Forschung gilt, dass sie vielfältige Techniken der Datenerhebung (z.B. qualitative Interviews, teilnehmende Beobachtung usw.) und konkrete Analysemethoden (z.B. Inhaltsanalyse, Hermeneutik oder Diskursanalyse) entwickelt hat.

### 7.3.3 Fallstudien

Fallstudien sind die am weitesten verbreitete Methode politikwissenschaftlicher Forschung, weil sie eine Abwägung zwischen Vor- und
Nachteilen qualitativer Forschung zulassen. Einerseits ermöglichen
sie deskriptive Präzision durch die genaue Bearbeitung einer kleinen
Zahl von empirischen Fällen und überwinden damit die häufig kriti-
sierte Oberflächlichkeit statistischer Verfahren. Andererseits gehen sie
über rein beschreibende Verfahren hinaus, indem durch Vergleich ähnliche Prozessverläufe oder sogar Kausalbeziehungen identifiziert werden können. Dabei ist es möglich, durch eine Erhöhung der Fallzahlen
die *Reliabilität* (d.h. die Zuverlässigkeit) und mit der Präzisierung der
Variablen die *Validität* (d.h. die Gültigkeit) der behaupteten Ursache-
Wirkungs-Zusammenhänge zu stärken. Fallstudien können also sowohl im Sinne des hermeneutischen Verstehens als auch im Sinne des
kausalen Erklärens eingesetzt werden und bilden damit den methodischen *Middle Ground* politikwissenschaftlicher Arbeitsweisen.

Daraus ergeben sich insbesondere zwei Funktionen von Fallstudien: Theorieentwicklung und Theorietest. Fallstudien mit wenigen
Fällen (oder nur einem Fall) sind meist an einer genauen Beschreibung und Interpretation von sozialen und politischen Phänomenen
interessiert. Sie suchen nach Regelmäßigkeiten, nach Ähnlichem und
Unterschiedlichem, um durch induktiv-qualitatives Vorgehen (etwa
im Sinne der *Grounded Theory*) Kategoriensysteme, Typologien und
letztlich Theorien zu entwickeln.

Qualitativ-deskriptive Studien müssen dem Ziel einer kausal-analytischen Untersuchung nicht widersprechen. Häufig werden qualitativ-deskriptive Analysen als Grundlage für kausal-analytische Untersuchungen verwendet. Ziel ist es dann, über die Identifizierung
regelmäßiger sozialer und politischer Prozesse auf kausale Mechanismen zu schließen, die politischen Phänomenen zugrunde liegen.
Zu diesem Zweck wird häufig die spezielle Methode der *Verlaufsanalyse* (*process tracing*) verwendet, der es darum geht, durch eine
genaue Beschreibung (*thick description, detailed narrative, analytical narrative*) die Verbindung zwischen abhängiger und unabhängiger Variable, also Wirkung und Ursache eines Phänomens, zu rekonstruieren. Der Vorteil einer Prozessanalyse liegt darin, komplexe
Kausalprozesse, Wechselwirkungen und sogenannte Pfadabhängig-
keiten identifizieren zu können; ihr Nachteil ist, dass dabei oft ver-
schlungene Wirkungsverhältnisse entdeckt werden, die sie sich kaum
verallgemeinern und zu Mechanismen abstrahieren lassen.

Selbst Einzelfallstudien können aber dennoch dem Ziel der Theorieentwicklung dienen. Dabei ist wichtig, dass von Anfang an klar ist, zu welcher Familie von Fällen („Ereignisklasse") der untersuchte Fall gehört. Nur dann können die Ergebnisse mit anderen Ereignissen in Beziehung gesetzt und Erkenntnisse erzielt werden, die über den Einzelfall hinausweisen.

---

**Einzelfall und Theorieentwicklung**

Die Untersuchung z.b. eines bestimmten *Peacekeeping*-Einsatzes, sagen wir: in Kambodscha, ist politikwissenschaftlich vor allem dann interessant, wenn über den Einzelfall hinaus wichtige Erkenntnisse über *Peacekeeping*-Einsätze allgemein (oder eine relevante Untergruppe von *Peacekeeping*-Einsätzen) erzielt werden. Am *Peacekeeping*-Einsatz in Kambodscha kann man zum Beispiel studieren, welche Probleme für die Unparteilichkeit solcher Einsätze entstehen, wenn sie in innerstaatlichen Konflikten stattfinden; wie sich *Peacekeeper* in fremden Kulturen zurechtfinden; wie sich „neue" von „alten" *Peacekeeping*-Operationen unterscheiden; worin die Erfolgsbedingungen komplexer *Peacekeeping*-Operationen bestehen; und vieles andere mehr. Theoretisch relevant ist dabei das, was wir aus der Untersuchung des Einzelfalls (*Peacekeeping* in Kambodscha) über die Fallfamilie (*Peacekeeping*-Einsätze generell) erfahren.

---

Neben der Theorieentwicklung können Fallstudien aber auch dem Theorietest dienen. Dabei wird eine deduktiv gewonnene Hypothese (oder zwei konkurrierende Hypothesen) anhand mehrerer Fälle auf ihre Stichhaltigkeit untersucht. Wichtig ist, sich dabei auf die Variablen zu konzentrieren, die in der Hypothese relevant sind und andere Variablen zu *kontrollieren*, also möglichst konstant zu halten. Wichtig ist in diesem Zusammenhang auch die Auswahl der Fälle und – sofern man die Differenzmethode verwendet – die Varianz der abhängigen Variable (> Kap. 7.3.4). Denn wenn eine Theorie z.B. behauptet, dass Nicht-Demokratien eher zu Krieg neigen als Demokratien, dann kann man diese Theorie nicht dadurch testen, dass man z.B. nur drei Fälle untersucht, in denen Diktatoren Kriege vom Zaun gebrochen haben. (Wohl ließe sich aber mit diesen Fällen eine Theorie entwickeln, wie und warum Diktaturen eher geneigt sind, Kriege zu führen.) Vielmehr müsste man ähnliche Situationen finden (d.h. alternative unabhängige Variablen kontrollieren), in denen Diktaturen eher zu militärischen Mittel gegriffen haben als Demokratien, also auch Demokratien untersuchen, die Krieg geführt haben. Die Fragen, die sich daraus ergäben, wären dann eher: „Unter welchen Bedingungen sind Staaten kriegsgeneigt?" und „Ist Demokratie wirklich ausschlaggebend für die Bereitschaft, Krieg zu führen?" Man müsste also Fälle finden, bei denen möglichst die unabhängige Variable „Demokratie" (bzw. „Nicht-Demokratie") der einzige Unterschied ist und ansonsten die Fälle weitgehend ähnlich sind, um eine Aussage über die Kriegsanfälligkeit von Nicht-Demokratien zu machen.

Eine Alternative zur Differenzmethode ist die sogenannte Konkordanzmethode, bei der die unabhängige Variable nicht variiert. Die untersuchten Fälle sollten hier gerade nicht ähnlich sein, sondern sich in möglichst vielen Faktoren unterscheiden bis auf die eine unabhängige Variable (z.B. Nicht-Demokratie), von der man annimmt, dass sie die abhängige Variable (Kriegführung) verursacht. Der konstante Faktor Nicht-Demokratie könnte dann als Ursache für Kriegführung gelten und die Ausgangstheorie stützen (ausführlicher > Kap. 7.3.4).

Auch Einzelfallstudien können zu Theorietestzwecken herangezogen werden. Das ist z.B. der Fall, wenn Behauptungen aus einer existierenden Theorie deduziert und mit einer Einzelfallanalyse widerlegt werden. Das gelingt allerdings nur, wenn die deduzierte Aussage eine klare Gesetzesaussage ist, was, wie oben gesagt, in der Politikwissenschaft höchst selten vorkommt. Mit Einzelfallstudien lässt sich aber auch die Plausibilität von Theorien schwächen (oder stärken), insbesondere dann, wenn man sogenannte entscheidende Fälle (*crucial cases*) analysiert. *Crucial cases* sind solche Fälle, mit denen als sicher oder als sehr wahrscheinlich angenommene theoretische Zusammenhänge mit tatsächlichen Ereignissen kontrastiert und entsprechende Konsequenzen für die Theorie gezogen werden. Wenn eine Theorie z.B. vorhersagt, dass die externe Demokratisierung bei Staaten dann erfolgreich ist, wenn möglichst viele der Faktoren a, b, c, d, e und f vorhanden sind und Sie einen Fall finden, der alle Faktoren aufweist, Demokratisierung aber dennoch scheiterte, dann haben Sie durch die Widerlegung dieses theoretisch sicheren Falles (*most likely case*) die Theorie erschüttert. Umgekehrt kann man mit einem theoretisch unsicheren Fall (*least likely case*) eine Theorie stützen, indem z.B. der eben erwähnte externe Demokratisierungseffekt selbst in einem Fall nachgewiesen wird, wo er als eher unwahrscheinlich angesehen wird.

Zusammenfassend lässt sich sagen, dass Fallstudien sehr unterschiedliche Funktionen erfüllen können. Sie können (eher induktiv) für die Theorieentwicklung oder (eher deduktiv) für das Theorietesten eingesetzt werden. Aber auch hier gilt, dass sich beides miteinander verbinden lässt. Je nachdem wo das Hauptgewicht der Studie liegt, ergeben sich jedoch andere Forderungen an das Forschungsdesign. Fallstudien sind insbesondere dort sinnvoll, wo es nur wenige Fälle eines Phänomens gibt. Die geringe Zahl von Weltkriegen sollte die Politikwissenschaftler jedenfalls nicht davon abhalten, Weltkriege zu erforschen, auch wenn man mit den geringen Fallzahlen keine statistisch signifikanten Ergebnisse erzielen kann. Darüber hinaus sind Fallstudien insbesondere dort sinnvoll, wo entweder die Theorieentwicklung noch nicht weit fortgeschritten ist oder so komplexe Kausalverhältnisse existieren, dass zunächst durch genaue Detailanalysen theoriefähige Regelmäßigkeiten festgestellt werden müssen. Der Kritik aber, qualitative Fallstudien wären nur ein schlechter Ersatz für quantitative Analysen, kann nur dann begegnet werden, wenn die Fallstudiendesigns gut begründet und methodisch reflektiert sind.

### 7.3.4 Vergleichsdesigns

Einzelfallstudien liefern detaillierte, umfassende und kontextsensitive Untersuchungen eines einzelnen Gegenstandes. Vergleiche von Fällen bzw. Erklärungsfaktoren ermöglichen es, anhand der verfügbaren Evidenz weiterreichende Schlüsse zu ziehen, weil sie die Logik eines Experiments nachbilden. Wir können an dieser Stelle weder quantitativ- noch qualitativ-vergleichende Designs diskutieren, weil dies der Gegenstand Ihrer Ausbildung in politikwissenschaftlichen Methoden ist. Wir wollen das vorliegende Kapitel jedoch mit einigen grundsätzlichen Überlegungen über die Logik von (qualitativen) Vergleichsdesigns anhand des Problems der reflektierten Fallauswahl abschließen.

Die Grundannahme dafür, die auf John Stuart Mill (1806-1873) zurückgeht, ist simpel: Unterschiedliche Wirkungen haben unterschiedliche Ursachen, ähnliche Wirkungen ähnliche Ursachen. Wenn in zwei Fällen, die große Ähnlichkeit aufweisen, dennoch zwei unterschiedliche Ereignisse oder Entwicklungen auftreten, dann sollte die Ursache dieser Ereignisse und Entwicklungen selbstverständlich nicht in ihren Ähnlichkeiten, sondern in den unterschiedlichen Eigenschaften der Fälle zu finden sein. Bei der Fallauswahl für Vergleiche, die nach Erklärungen unterschiedlicher Outcomes suchen, müssen also unter allen bekannten Fällen die möglichst ähnlichen ausgewählt werden (*Differenzmethode*). Weil jeder theoretisch relevante Unterschied zu einer Kausalerklärung beitragen kann, ist es wichtig, die Zahl der Variablen gering zu halten, die als Ursache in Frage kommen. Hat man also die Wahl zwischen mehreren Fällen, in denen ein bestimmtes Phänomen auftritt, entscheidet man sich – falls man sich auf einen paarweisen Vergleich beschränken muss – für die beiden Fälle, die den empirischen Erkenntnissen zufolge die größten Übereinstimmungen hinsichtlich der zu kontrollierenden Drittvariablen zeigen. Gleichzeitig sollen sie sich möglichst unähnlich in Bezug auf die kritischen unabhängigen Variablen, also die „Kandidaten" für die Ursache des zu erklärenden Phänomens, sein. Über dieses, d.h. die abhängige Variable, sollen die Fälle jedoch möglichst breit streuen.

Tabelle 5 verdeutlicht ein solches *Design der möglichst ähnlichen Fälle (Most similar cases design [MSCD])*: Die beiden Fälle A und B sind sich insofern sehr ähnlich, als dass sie nur in zwei typologischen Kriterien, nämlich $X_2$ und $X_3$, unterschiedliche Merkmalsausprägungen aufweisen. („1" bedeutet dabei, das Merkmal liegt vor; „0" soll heißen, dass es fehlt.) Nur die Merkmale $X_2$ und $X_3$ kommen hier als Ursachen für das zu erklärende Phänomen Y in Frage, das breit streut, weil es in einem Fall eingetreten ist, im anderen aber nicht. Ausgeschlossen werden kann bei diesem Design, dass die Merkmale $X_1$ und $X_4$ bis $X_7$ hinreichend wären, um das Phänomen Y zu erklären.

**Tabelle 5: Most similar cases design**

| Variablen | Fall A | Fall B |
|---|---|---|
| $X_1$ | 0 | 1 |
| $X_2$ | 1 | 0 |
| $X_3$ | 1 | 0 |
| $X_4$ | 1 | 0 |
| $X_5$ | 0 | 1 |
| $X_6$ | **1** | **1** |
| $X_7$ | 1 | 0 |
| **Y** | **1** | **1** |

**Tabelle 6: Most different cases design**

| Variablen | Fall A | Fall B |
|---|---|---|
| $X_1$ | 1 | 1 |
| $X_2$ | **1** | **0** |
| $X_3$ | **1** | **0** |
| $X_4$ | 1 | 1 |
| $X_5$ | 0 | 0 |
| $X_6$ | 0 | 0 |
| $X_7$ | 1 | 1 |
| **Y** | **1** | **0** |

Beim *Design der möglichst unterschiedlichen Fälle (Most different cases design [MDCD])* gilt entsprechend (Tab. 2): Es werden möglichst heterogene Fälle ausgewählt, in denen aber ähnliche erklärungsbedürftige Ereignisse aufgetreten sind. Die paarweise Betrachtung der Merkmale $X_1$ bis $X_5$ sowie $X_7$ zeigt, dass sie keine notwendigen Bedingungen für das Auftreten von Y darstellen. Dieser Ausleseprozess lässt jedoch Variable $X_6$ „überleben", die daher weiterhin als Ursache im Sinne einer notwendigen Bedingung für das Outcome Y angesehen werden kann (*Konkordanzmethode*).

---

**Wovon hängt die Lebensdauer von Regierungen (Y) ab?**

Als mutmaßliche Erklärungsfaktoren kommen z.B. der Rückhalt in der Bevölkerung $X_1$ (gemessen durch den Anteil der Wähler der Regierungspartei), der Typ des Regierungssystems $X_2$ und das Wahlsystem $X_3$ in Betracht. In einem *Most similar cases design* könnte man nun $X_2$ und $X_3$ konstant halten, in dem man nur Fälle mit parlamentarischem System und mit Verhältniswahlrecht betrachtet. Die untersuchten Fälle sollen jedoch hinsichtlich sowohl von Y als auch von $X_1$ breit streuen. Bestätigt sich, dass die Regierungsdauer und das Wahlergebnis der Regierungspartei korrelieren, dann kann $X_1$ als Erklärung interpretiert werden. Allerdings lässt sich nicht ausschließen, dass der Zusammenhang zwischen Wahlergebnis und Regierungsdauer nur in parlamentarischen Regierungssystemen auftritt, auch wenn diese Eigenschaft offensichtlich keine hinreichende Bedingung darstellen kann. Deshalb wäre eine zusätzliche Fallauswahl nach dem Most *different cases design* möglicherweise weiterführend. Wenn nachgewiesen würde, dass mehrere Fälle mit einer hohen Regierungsdauer sich hinsichtlich $X_2$ unterscheiden, dann ließe sich schließen, dass der Typ des Regierungssystems keine notwendige Bedingung (Ursache) für eine lange Regierungsdauer sein kann; $X_1$, der Rückhalt in der Bevölkerung, würde gleichzeitig bestätigt.

---

Diese grundsätzlichen Designideen lassen sich miteinander kombinieren und weiter verfeinern, was es unter anderem erlaubt, auch Merkmalsbündel – statt der seltener vorkommenden Einzelursachen – zu identifizieren. Wichtig ist aber, immer im Blick zu behalten, dass die Ähnlichkeit oder Unterschiedlichkeit der Fälle keineswegs „naturgegeben" ist. Sie liegt vielmehr im Auge des Betrachters und hängt davon ab, über welche Daten er verfügt, wie er sie ordnet und interpretiert. Bei der Bestimmung sowohl der Variablen zur Fallbeschreibung im Allgemeinen als auch der möglichen Ursachenvariablen im Besonderen gehen Politikwissenschaftler theoriegeleitet vor. Es handelt sich also um wissenschaftliche Konstruktionen. Deshalb ist die Auswahl von Vergleichsfällen und die Erarbeitung von Vergleichsdesigns selbst eine wissenschaftliche, methodisch reflektierte Aktivität. Welche Fallvergleiche sinnvoll und zweckmäßig sind, hängt zum einen von der Forschungsfrage ab und zum anderen, ob es möglich ist, neben den unbestreitbaren Unterschieden zwischen den Fällen auch Gemeinsamkeiten zu konzeptualisieren, die für einen theoriegeleiteten Vergleich relevant sind.

# 8 Argumente ordnen

## 8.1 Der rote Faden

### 8.1.1 Den Gedankengang sichern

Jedes Produkt wissenschaftlichen Denkens muss eine konsistente wissenschaftliche Argumentation darstellen, die einem roten Faden folgt. Eine schriftliche Arbeit, die zwar alle Fakten und Interpretationen enthält, diese aber nicht systematisch organisiert, ist misslungen. Anfänger glauben oft, man könne einem Text die Gliederung gewissermaßen nebenbei oder sogar erst nach dem Schreiben aufpfropfen, um seine Struktur auch äußerlich kenntlich zu machen. Tatsächlich können Sie im Nachhinein den roten Faden in fertigen Texten durchaus entdecken. Wenn Sie beim aktiven Lesen auf die Struktur eines Textes achten (> Kap. 2.3), können Sie das Argumentationsgerüst offenlegen; ein Leseertragsprotokoll in Form eines *Outline Papers* (> Kap. 3.3) lässt es auch auf den ersten Blick erkennen. Das funktioniert jedoch nur, wenn der rote Faden tatsächlich vorhanden ist. Es stellt sich also die Frage, wie er in einen Text hineinkommt.

Die anscheinend recht verbreitete Vorstellung, man müsse den roten Faden nicht vor dem Schreiben auslegen, er werde im Nachhinein schon zutage treten, speist sich aus einer Kombination aus Naivität und Selbstüberschätzung: Man vertraut darauf, dass man intuitiv und ohne Hilfsmittel konsequent und diszipliniert denken kann und die Forschungsfrage allein dadurch systematisch und erschöpfend beantwortet. Um auch hier wieder einen hinkenden Vergleich zu bemühen: Wenn Sie so vorgehen, gleichen Sie einem Bergsteiger, der einen unbekannten wolkenverhangenen Gipfel erstmals besteigen will – jedoch eher dem sprichwörtlichen Flachlandtiroler als etwa Reinhold Messner, der sich darauf nie einlassen würde, ohne alle Schritte vorab zu bedenken und abzusichern, die sich vorab bedenken und absichern lassen.

Den roten Faden auszulegen, bedeutet – um im Bild zu bleiben – einen gedanklichen Vorstieg auf den unbekannten Gipfel zu unternehmen, die Zwischensicherungen für das Seil anzubringen, die zum Ziel führen und es oben einzuhängen. Anschließend können Sie getrost nachsteigen, also schreiben. Selbst wenn Sie relativ ungeübt sind:

Das ist viel weniger riskant als ungesichert vorzusteigen. Sie werden sich weder verirren noch besonders tief abstürzen, wenn Sie sich an Ihren roten Faden halten. Im Unterschied zum Bergsteigen werden Sie das Seil allerdings wahrscheinlich mehrfach umhängen oder sogar auf einen anderen Gipfel führen, d.h. Ihre Gliederung, die den roten Faden der Argumentation abbildet, ändern oder sogar völlig neu entwerfen. Dies ist eine Folge des Lernens beim Schreiben: Sie wissen zunehmend mehr über Ihr Thema und können oder müssen daher den Gang Ihrer Argumentation anpassen.

Der erste Entwurf für einen roten Faden ist häufig noch rein äußerlich; Sie können ihn entwickeln, ohne viel von Ihrem Gegenstand zu verstehen. Meist folgt er dem Muster: „Ich begründe (1) mein Thema, formuliere die Forschungsfrage, beschreibe mein Vorgehen (Einleitung). Dann referiere ich (2) die wichtigste themenrelevante Literatur (‚Theoriekapitel') und wende sie (3) auf meinen Untersuchungsgegenstand an (‚Empiriekapitel'). Schließlich fasse ich (4) die Ergebnisse zusammen und stelle meine eigene Meinung dar (Schluss)."

Sie können diesem Muster zunächst folgen, sollten sich aber bewusst sein, dass es sich dabei in den seltensten Fällen bereits um eine brauchbare Gliederung Ihrer wissenschaftlichen Arbeit handelt: Es beschreibt Ihre Arbeitsschritte, nicht aber die Struktur Ihrer Argumentation. Außerdem ist es noch auf die wissenschaftliche Literatur zum Thema fokussiert. Sie aber werden eine problemfokussierte (> Kap. 6.1) Arbeit schreiben, vielleicht schon bei Seminar-, mindestens aber bei Examensarbeiten. Dabei vollziehen Sie den Übergang vom konsumtiven Erschließen wissenschaftlicher Erkenntnisse zum Produzieren solcher Erkenntnisse. Dementsprechend wird die spätere Gliederung Ihrer Argumentation von Ihrem Forschungsproblem bestimmt, oder besser: davon, wie Sie dieses konzipieren. Ein roter Faden, der sich an der vorhandenen Literatur entlang hangelt, taugt also möglicherweise für einen Literaturbericht, letztlich aber nicht für eine eigenständige Forschungsarbeit.

### 8.1.2 Techniken der Ordnungsbildung

Wie kommen Sie zu Ihrem roten Faden? Substantiell: indem Sie lesen, lesen, lesen, um Ihr Problem auf einem hohen wissenschaftlichen Niveau zu verstehen, und indem Sie Ihre Ideen, Geistesblitze, Fragen und Strukturierungsvorschläge immer notieren, wenn sie auftauchen. Später werten Sie sie konzentriert aus. Es gibt mehrere Möglichkeiten, seine Gedanken folgerichtig zu ordnen:

Falls Sie mit *Mindmaps* arbeiten (> Kap. 3.2), sehen Sie diese Ordnung unmittelbar entstehen. Der Vorteil besteht darin, dass Sie buchstäblich auf einen Blick erkennen können, ob der rote Faden Ihrer Argumentation auch tatsächlich um Ihr Thema herum aufgebaut ist. Alle Kapitel bzw. Abschnitte finden ihre Entsprechung in den Ästen der *Mindmap*, Unterkapitel bzw. -abschnitte in den Zweigen usw. Sie können die Äste und Zweige nummerieren und haben damit gewissermaßen einen Fahrplan für das Schreiben Ihrer Arbeit gefunden.

Sehr sinnvoll erscheint uns auch die Prozedur des *Outlining*, deren Logik wir beim *Outline Paper* (> Kap. 3.3) bereits vorgestellt haben: Sie notieren Ihre These, Forschungsfrage oder Zusammenfassung in einem Satz und skizzieren dann Ihre einzelnen Schritte. Achten Sie ebenso wie bei der *Mindmap* darauf, dass Sie die Hierarchie Ihrer Argumentationsschritte einhalten: Gedanken, denen dasselbe Gewicht zukommt, gehören auf dieselbe Gliederungsebene – Hauptgedanken werden also auf der ersten Gliederungsebene verortet, Untergedanken auf der zweiten, Begründungen, Belege oder Illustrationen dafür auf der dritten, Details auf der vierten usw.

Der formale Unterschied zwischen dem roten Faden, der infolge von *Mindmapping* oder *Outlining* entsteht, und der endgültigen Gliederung einer wissenschaftlichen Arbeit besteht darin, dass Letztere in Gestalt pointierter Überschriften (von Kapiteln, Unterkapiteln oder Abschnitten[21]) vorliegt, Erstere aber als mehr oder weniger detaillierte Sammlung von Inhalten. Gemeinsam ist ihnen aber, dass sie bestimmten Gliederungsmustern folgen (s. nächster Abschnitt).

Wenn Sie ein erstes Gerüst für Ihre Argumentation entwickelt haben, können Sie losschreiben (> Kap. 4.1.2), auch wenn es sich im Verlaufe der Arbeit noch mehrfach ändern wird. Das Schreiben selbst wird Ihnen viel leichter fallen, wenn Sie Ihren roten Faden verstanden haben und formulieren können. Es schafft auch mehr Freude und Zufriedenheit, weil Sie es leichter haben werden, Erfolge für sich selbst zu registrieren – etwa, weil Sie einen Gedanken abgearbeitet haben, der eine systematische Bedeutung für Ihre gesamte Arbeit hat. Nicht zuletzt ermöglicht es eine gute Gliederung auch, zuweilen an unterschiedlichen „Baustellen" zu arbeiten: Wenn Sie Lust verspüren

---

[21]  Lange Texte, etwa Bücher, sind in *Kapitel* und *Unterkapitel* gegliedert; bei kürzeren Texten (z.B. Zeitschriftenaufsätzen) spricht man hingegen von *Abschnitten*. Weil es sich logisch um dasselbe Phänomen handelt, bezeichnen wir diese Texteinheiten im Folgenden der Einfachheit halber als *Kapitel*.

sollten, an einem Unterkapitel mitten im Text zu schreiben statt Ihren roten Faden der Reihe nach abzuarbeiten, können Sie dies tun.

Weil schreiben denken ist, werden Sie – ganz gleich, wie viel Sie vorab gelesen haben und über Ihr Forschungsproblem wissen – während des Schreibens Ihre Gliederung mehrfach ändern. Sie werden beispielsweise feststellen, dass ein Argument aufgewertet werden muss – also doch nicht auf der *Mindmap*-Ebene eines Zweiges anzusiedeln ist, wie Sie ursprünglich gedacht haben, sondern die Qualität eines Hauptastes hat. Andere Argumente wiederum erscheinen später vielleicht als gleichartige und gleichrangige Gedanken, die man unter einer gemeinsamen Kapitelüberschrift bündeln kann. Mitunter ergibt es sich auch aus rein dramaturgischen Gründen, die man erst während des Schreibens bemerkt, dass Kapitel umgestellt werden sollten, um den Gedankenfluss nicht zu unterbrechen. Da Sie sicherlich am Computer arbeiten, können Sie das auch ohne großen Aufwand tun.

## 8.2 Gliederungsmuster

Gliederungen bilden Ihre Argumentation ab. Sie legen den Gedankengang fest und führen ihn beim Schreiben. Die Gliederungsüberschriften errichten Mauern zwischen Textabschnitten und verbinden diese gleichzeitig. Das bedeutet, dass ein geübter Leser mit Vorwissen zum betreffenden Thema bereits durch Querlesen (> Kap. 2.3.2) der Gliederung erkennen kann, wie Sie Ihr Problem bearbeiten, ob es Ihnen gelungen ist und ob sich vertieftes Lesen lohnt. Unserer Erfahrung nach gibt es sehr wohl wissenschaftliche Publikationen und studentische Qualifizierungsarbeiten, deren Gliederung besser ist als der Text selbst – das Gegenteil kommt aber nicht vor. Wenn bereits die Gliederung inkonsistent ist, wird die Argumentation selbst nicht schlüssig sein können.

Wie alle (nicht nur wissenschaftlichen) Texte bestehen auch Seminar- und Abschlussarbeiten aus einer Einleitung, die in das bearbeitete Problem und in die Vorgehensweise einführt, einem (oft aus mehreren Kapiteln bestehenden) Hauptteil, in dem es bearbeitet wird und einem Schlussteil, der das Ergebnis der Bearbeitung zusammenfasst. Im Folgenden widmen wir uns zunächst den Gliederungsmustern, nach denen Sie die Argumentation im Hauptteil strukturieren können, danach speziell der Einleitung und dem Schluss (> Kap. 8.3).

Wenn Sie über die folgenden Gliederungsmuster oder -prinzipien nachdenken, werden Sie erkennen, dass es immer darum geht, einen logischen oder sachlichen Zusammenhang zu konstruieren, der es erlaubt, Gedanken oder empirische Daten strukturiert zu präsentieren, um auf ein Argumentationsziel hinzuarbeiten. Daraus folgt auch, dass ein und dasselbe Thema oder wissenschaftliche Problem durch unterschiedliche Gliederungsmuster organisiert werden kann, wenn es auf unterschiedliche Art und Weise bearbeitet wird. Jedes dieser Muster bildet dabei eine andere Perspektive, Darstellungslogik und meist sogar Forschungsfrage ab.

*Prinzip „Vom Abstrakten zum Konkreten"*

Hierbei geht es darum, das empirische Material bzw. das zu erforschende Phänomen so darzustellen, dass es als „das Besondere" gegenüber „dem Allgemeinen" erscheint oder als Illustration einer These anzusehen ist. Typischerweise spiegelt sich dies in Gliederungen wider, die in irgendeiner Form aus einem Theorie- und einen Analyseteil bestehen. Die zugrunde liegende Forschungsfrage ist dabei so formuliert, dass ihre Beantwortung die Anwendung oder Überprüfung einer Theorie auf einen Fall (oder mehrere Fälle) verlangt. Man versucht dabei meist, die Erklärungskraft einer Theorie für ein noch nicht erklärtes empirisches Phänomen nachzuweisen oder ein konkretes Problem als Spezialfall eines allgemeineren Problems darzustellen, um es zu verstehen.

---

**Beispiel: Theoriegeleitete Fallanalyse „Der Bürgerkrieg in Kolumbien" (Hausarbeit)**

(1    Einleitung)

2    Ursachen von Bürgerkriegen: Der *greed-and-grievances*-Ansatz

3    Der Bürgerkrieg in Kolumbien (seit 1978): Eine Fallanalyse

(4    Fazit)

---

Solche Gliederungen funktionieren gut, wenn Sie im Theorieteil nicht nur eine oder mehrere Theorien referieren, sondern diese dazu nutzen, um ein Analyseraster für Ihren empirischen Fall zu erarbeiten. Dieser wird dann anhand der theoretisch gewonnenen Kriterien, Merkmale oder Hypothesen systematisch analysiert und vorgestellt. Voraussetzung für eine gelingende Argumentation ist, dass Sie die verwendete(n) Theorie(n) so gut verstanden haben, dass Sie wirklich damit arbeiten können. Als Standardfehler erweist sich nämlich oft, dass genau diese Verknüpfung der Teile nicht gelingt – man schreibt anhand der Literatur einen Literaturüberblick und macht es sich dann bei der empirischen Analyse mit einer rein deskriptiven Skizze der Fallgeschichte bequem (> Kap. 7.2.1). Daraus erwachsen keinerlei wissenschaftliche Erkenntnisse, weil die Analyse nicht theoriegeleitet durchgeführt wurde, Fakten aber „für sich" nichts oder nichts Gescheites sagen können.

*Prinzip „Ganzes – Teile"*

Das systematische Grundprinzip einer Gliederung kann auch darin bestehen, ein Gesamtphänomen in seine Bestandteile zu zerlegen, die dann jeder für sich analysiert werden. Dies geschieht beispielsweise, indem das Phänomen anhand einer Definition einer bestimmten Ereignisklasse zugeordnet wird. Der operationalisierte Begriff liefert dann die Kriterien, auf denen die Gliederung beruht. Eine Zusammenschau der Einzelergebnisse ermöglicht es in einem abschließenden Kapitel, neue Erkenntnisse über das Gesamtphänomen aus den Befunden über seine Teile herauszuarbeiten.

---

**Beispiel: „Globale Probleme" (Thesenpapier)**

(1      Einleitung)
2       Systematik globaler Probleme
2.1     Wirtschaft
2.2     Umwelt und Klima
2.3     Infrastruktur und Kommunikation
2.4     Kultur und Gesellschaft
2.5     Politik
3       These: Interdependenz globaler Probleme und ihre Folgen
(4      Fazit)

---

*Chronologisches Prinzip*

Das empirische Material wird nach der Reihenfolge seines historischen Ablaufs präsentiert.

**Beispiel: „Bürgerkriege in Kolumbien" (Bachelorarbeit)**
(1    Einleitung)
2    Vorgeschichte der Bürgerkriege
3    Bürgerkriege in Kolumbien
3.1  „La violencia" (1948-1966)
3.2  Der Bürgerkrieg seit 1978
(4    Fazit)

Dieses Ordnungsprinzip wird sehr gern von Anfängern gewählt, ist aber oft ein Fehlgriff: Da Fakten nicht für sich sprechen, bleibt die Darstellung deskriptiv (> Kap. 6.3). Das chronologische *storytelling* behindert den analytischen Zugriff sogar mitunter, da es die Aufmerksamkeit beim Lesen und Schreiben auf zeitlich aufeinanderfolgende Details richtet, deren Zusammenhang konzeptionell nicht geklärt ist. Jeder, der jemals ein Kapitel zur Vorgeschichte seines zu analysierenden Problems geschrieben hat, weiß um die Tücken eines solchen Herangehens: Wenn das Gravitationszentrum der Analyse, also eine scharf fokussierte Forschungsfrage, fehlt, ist kaum zu entscheiden, welche Daten in ein solches Kapitel hineingehören und welche weggelassen werden können. In einer Arbeit, die sich beispielsweise das Ziel gesetzt hat, die Staatsbildung im Kosovo als Folge der Jugoslawien-Politik der Europäischen Union zu diskutieren, beginnt das Kapitel „Vorgeschichte" dann womöglich mit der Besiedelung des Balkans durch die Illyrer. Das ist Zeit- und Ressourcenverschwendung, da diese Information nicht hilft, das wissenschaftliche Problem zu lösen – und es folgt unmittelbar aus einer Fehlentscheidung für das einzusetzende Gliederungsprinzip.

Chronologische Gliederungen sind aber unter Umständen dann gut geeignet, das Material zu sortieren, wenn man bei seiner Analyse festgestellt hat, dass es eine erhebliche zeitliche Dynamik in der Entwicklung des zu analysierenden Phänomens gibt: Im Ergebnis „kritischer Situationen" und ihrer Auflösung können sich Akteurskonstellationen, Strategien (oder was auch immer Sie analysieren) qualitativ ändern. Wenn dem so ist, können Sie die betreffenden Forschungsergebnisse anhand von Entwicklungsphasen charakterisieren.

---

**Beispiel: „Bürgerkriege in Kolumbien" (Bachelorarbeit)**

(1      Einleitung)

(2      Bürgerkriege als besondere Form politischer Auseinander-
        setzungen)

3       Bürgerkriege in Kolumbien

3.1     „La violencia" (1948-1966): Politische Parteien im Kampf um
        den Staat

3.2     Der Bürgerkrieg seit 1978: Der Staat gegen die Guerilla

(4      Fazit)

---

Innerhalb der nach Phasen geordneten Kapitel werden Sie wahrscheinlich ein anderes Ordnungsprinzip ihrer Argumente einsetzen.
Die chronologische Gliederung dient hier letztlich dazu, den empirischen Fall in einzelne konkrete Fälle zu zerlegen; logisch entspricht
dies also dem Prinzip „Ganzes – Teile". Die so konstruierten Fälle
können nun jeweils separat analysiert werden, um zu klären, warum
eine Phase durch die nächste abgelöst wurde, warum also das betrach-
tete Phänomen sich zu einem bestimmten Zeitpunkt qualitativ verän-
derte. Außerdem können sie z.b. hinsichtlich der beteiligten Akteure,
Ursachen, Folgen und anderer Dimensionen verglichen werden (>
„Prinzip des Vergleichs").

*Kausalprinzip*

Die Argumentation wird so gegliedert, dass einzelne Phänomene als
Ursache(n) charakterisiert werden, aus denen bestimmte Wirkungen
erwachsen – oder umgekehrt: Eine Ereignisfolge wird analytisch so
zerlegt, dass ihre einzelnen Ursachenfaktoren dargestellt werden
können. Voraussetzung oder Folge dieses Vorgehens ist die Theoriebildung über den Ursache-Wirkungs-Zusammenhang (> Kap.
7.2).

Das folgende Beispiel enthält eine Gliederung nach dem Kausalprinzip, indem eine „Folge" zunächst diagnostiziert und dann ursächlich erklärt wird: Anhand der vorliegenden Forschungsliteratur zum
Thema wurde zunächst ein empirischer Befund zu einem Einzelfall
zusammengetragen. Weiterhin wurde der Diskurs – mittels vergli-
chenden Lesens (> Kap. 6.4.2) – daraufhin ausgewertet, welche Erklärungsmuster die jeweiligen Autoren für die betreffende Ereignisklasse (also auch über den speziellen Einzelfall hinaus) anbieten, um

ein Bündel konkurrierender Hypothesen für die Erklärung des ausgewählten Falls zu formulieren. Danach erfolgte die Prüfung der
Erklärungskraft dieser Hypothesen anhand des Einzelfalls (> Kap.
7.2.3). Das bedeutet, dass mittels einer Fallanalyse ein Theorietest
durchgeführt wurde (> Kap. 7.3.3).

---

**Beispiel: „Lustration in Polen" (Hausarbeit)**

(1     Einleitung)
(2     Die Aufarbeitung von Verbrechen des Vorgängerregimes:
       Erklärungsansätze)
3      Politische Konjunkturen der Lustration in Polen
4      Bestimmungsfaktoren der polnischen Lustrationspolitik
4.1    Pfad des Systemwechsels
4.2    Umgang mit Unzufriedenheit im Vorgängerregime
4.3    Legitimität des Vorgängerregimes
4.4    Logik des aktuellen Parteienwettbewerbs
5      Fazit: Konjunkturen der Lustrationspolitik als Funktion des
       politischen Wettbewerbs

---

*Prinzip des Vergleichs*

Vergleichbare empirische Phänomene bzw. ihre Ursachen werden auf
der Suche nach Gemeinsamkeiten und Unterschieden analysiert. Die
wichtigsten Voraussetzungen dafür sind die reflektierte Fallauswahl
(> Kap. 7.3.4) und die systematische Erarbeitung eines Katalogs von
Vergleichsdimensionen nach einem der bisher dargestellten Prinzipien. Eine mögliche Gliederungsvariante besteht darin, die empirischen Fälle zunächst einzeln – aber unter derselben Perspektive oder
mit demselben analytischen Raster – zu analysieren und die Einzel-
befunde dann in einem weiteren Textabschnitt systematisch zu vergleichen (Gliederungspunkt 3 im unten stehenden Beispiel). Nicht
selten empfiehlt sich aber auch eine andere Variante, bei der die Vergleichsdimensionen das Strukturgerüst bilden und die Vergleichsfäl-
le in entsprechende Teilaspekte zerlegt werden (Gliederungspunkt 4
im unten stehenden Beispiel). Danach muss der Gesamtbefund ebenfalls zusammengeführt werden (Gliederungsabschnitt 5, hier gleichzeitig Schlusskapitel, > Kap. 8.3).

**Beispiel: „Lustration in postkommunistischen Staaten: Tsche-
chien, Polen und Russland im Vergleich" (Bachelorarbeit)**

(1      Einleitung)
(2      Die Aufarbeitung von Verbrechen des Vorgängerregimes:
        Strafen, Verzeihen, Vergessen?)
3       Lustrationspolitik im Vergleich
3.1     Postkommunistische Lustrationspolitik: Ein Analyseraster
3.2     Tschechien: Schnelle Öffnung der Archive und Dekommuni-
        sierung
3.3     Polen: Von der „Politik des dicken Strichs" zum Dauerbren-
        ner des politischen Wettbewerbs
3.4     Russland: „Politik der Amnesie"
3.5     Zwischenfazit: Die Vielfalt des Umgangs mit der Vergangen-
        heit
4       Bestimmungsfaktoren der Lustrationspolitik im Vergleich
4.1     Pfad des Systemwechsels
4.2     Umgang mit Unzufriedenheit im Vorgängerregime
4.3     Legitimität des Vorgängerregimes
4.4     Logik des aktuellen Parteienwettbewerbs
4.5     Legitimitätsbegründung des neuen Regimes: Nationalismus
        statt Kommunismus?
5       Synthese: Ein multikausales Modell postkommunistischer
        Lustrationspolitik

*Dialektisches Prinzip*

Dieses Prinzip verlangt, *These* und *Antithese* oder *Pro* und *Contra* zu
kontrastieren. Daran schließt sich ein Strukturelement an, bei dem
eine *Synthese* oder *Integration* der Standpunkte geleistet wird. Der
Autor des Textes stellt seinen eigenen Lösungsvorschlag für das betreffende Problem vor, nachdem er die vorgebrachten Argumente
korrekt und genau referiert und strukturiert hat, oder er entwickelt
eine eigene Theorie, nachdem er konkurrierende Theorieperspektiven
systematisch miteinander verglichen (> Kap. 6.2) sowie deren Stärken und Blindstellen herausgearbeitet hat.

---

**Beispiel: „Lustration in postkommunistischen Staaten: Tschechien, Polen und Russland im Vergleich" (Bachelorarbeit)**
Das Organisationsprinzip der Gliederungsabschnitte 4 und 5 im Beispiel des vorangegangenen Abschnitts kann auch in diesem Sinne interpretiert werden: Die fünf konkurrierenden Hypothesen in Abschnitt 4 stehen jeweils antithetisch zueinander und werden dann, nach der separaten Prüfung ihrer Erklärungskraft anhand aller untersuchten Fälle, zu einem komplexen Erklärungsmuster synthetisiert.

---

*Kombination der Gliederungsprinzipien*

Die vorgestellten Gliederungsprinzipien können, da sie den Verlauf eines roten Fadens für eine wissenschaftliche Argumentation organisieren (also quasi die Zwischensicherungen für den gedanklichen Aufstieg zu einem Gipfel darstellen), universell eingesetzt werden. Man kann damit sowohl Thesenpapiere als auch mündliche Referate, sowohl Abstracts als auch ganze Dissertationen strukturieren. Die Argumentationsketten größerer schriftlicher Arbeiten sind freilich nicht nur länger, sondern auch komplexer. Sie weisen deshalb mehrere Argumentationsebenen auf. Auf jeder Ebene können Sie ein anderes Gliederungsprinzip einsetzen. Sie sollten aber die Prinzipien nicht auf derselben Gliederungsebene vermischen. Beispielsweise könnte (und sollte) eine Arbeit, die nach dem chronologischen Prinzip aufgebaut ist, also ihr empirisches Material in den Hauptkapiteln nach Zeitphasen ordnet, auf der nachfolgenden Ebene aus Unterkapiteln bestehen, die nach einem anderen Prinzip vorgehen.

---

**Beispiel: Kombinierte Gliederungsmuster (wissenschaftlicher Aufsatz)**
*Wasmuht, Ulrike C.*, 1997: Rechtsextremismus: Bilanz und Kritik sozialwissenschaftlicher Erklärungen, in: Leviathan 25 (1), S. 107-131.

1      Einleitung und definitorische Festlegungen
1.1    Zur Definition von „rechtsextrem"
1.2    Charakteristische Merkmale „rechtsextremen Denkens"

1.3   Zum Problem „rechtsextremer Gewalt"
2     Theorieansätze
2.1   „Täteransätze"
2.1.1 Der „lebensbiographische Täteransatz" oder: „Die Welt als Zitze"
2.1.2 Der „Jugendansatz" oder: Das Problem der „Heitmeyerei"
2.1.3 Der „Ossi-Ansatz" oder: Das Problem der „Diktaturschäden"
2.2   „Strukturansätze"
2.2.1 Der „Kontinuitätsansatz" oder: Der Wiederaufbau der NSDAP
2.2.2 Der „Deprivationsansatz" oder: Sind die „sozial Schwachen"
      das Problem?
2.2.3 Der „Politikfeldansatz" oder: Die „Außenleitung" sozialen und
      politischen Handelns
3     Schlußfolgerungen oder: Auf dem Weg zum „Interdepen-
      denzansatz"
3.1   Der Zusammenhang zwischen Rechtsextremismus und kol-
      lektiven Erziehungsidealen aus der „Schwarzen Pädagogik"
3.2   Die Verbindung des Rechtsextremismus mit der gesamtge-
      sellschaftlichen Dominanzkultur
3.2.1 Rassismus, Sexismus und Bellismus
3.2.2 Fremdenfeindlichkeit und Funktionalisierung des Menschen
3.2.3 Rechtsextremismus, Dualismus und kollektive Feindbilder
3.3   Fazit

Dieser wissenschaftliche Aufsatz enthält – wie in der Überschrift unmissverständlich formuliert – einen Theorieüberblick zum Phänomen des Rechtsextremismus. Die vorhandene Forschungsliteratur erfüllt die Funktion des empirischen Materials.
Insgesamt ist der Aufsatz nach dem *dialektischen Prinzip* aufgebaut: Nach einer Einleitung, in der der Untersuchungsgegenstand, die Begriffsbestimmung und die Forschungsfrage präsentiert werden, folgen in Abschnitt 2 zwei konkurrierende Theorieperspektiven (in unterschiedlichen Varianten), und Abschnitt 3 entwickelt mit dem „Interdependenzansatz" eine Synthese. Außerdem beziehen sich Abschnitt 1 und jeder Bestandteil von Kapitel 2 nach dem *Kausalprinzip* aufeinander: Das Phänomen des Rechtsextremismus wird ursächlich erklärt.
Auf den nachfolgenden Gliederungsebenen können Sie wechselnde Gliederungsmuster erkennen:
• „*Ganzes – Teile*": In Abschnitt 1 wird das Phänomen des Rechtsextremismus in einzelnen Dimensionen diskutiert,

auch Abschnitt 3 insgesamt und Unterabschnitt 3.2 folgen diesem Prinzip.

* *Vergleichsprinzip:* In Abschnitt 2 werden zwei Theorieansätze verglichen, innerhalb jedes Abschnitts je drei Theorien (2.1.1-2.1.3 und 2.2.1-2.2.3).

Übrigens: Die *Einleitung* (im engeren Sinne) und der Schluss bilden hier keine eigenständigen Abschnitte auf der ersten Gliederungsebene, selbstverständlich aber Anfang und Ende des Textes (1.1 und 3.3). Beachten Sie auch die sehr aussagefähigen Formulierungen der Gliederungsüberschriften.

Wenn Sie das Gliedern von Argumentationen zu Ende denken, werden Sie verstehen, dass es sogar auf der Ebene einzelner Absätze stattfinden muss. Das verdeutlicht auch, wie sehr Inhalt und Aussage eines Textstücks an seine Struktur gebunden sind: Wie Sie Ihre Argumente anordnen, hängt davon ab, was Sie damit erreichen wollen, worauf Sie hin schreiben und worin die Frage oder das Anliegen besteht, die oder das Sie verfolgen.

**Beispiel: Interne Gliederung des Unterkapitels „Gliederungsprinzipien" in diesem Buch**

Das Unterkapitel, das Sie gerade gelesen haben, besteht aus (a) einer *Einleitung* (zwei Absätze und ein dritter Absatz als Überleitung zum Hauptteil), (b) sechs etwas ungleichgewichtigen Abschnitten, die das *Ganze* in seine *Teile* zerlegen, nämlich in die einzelnen Gliederungsprinzipien. Deren Elemente (mehrere Absätze) folgen nach dem Prinzip *Aussage – Illustration* aufeinander, die eine Variante des Prinzips Abstraktes – Konkretes darstellt. Es folgt (c) der Schluss, der seiner Funktion nach mehr ein Ausblick als ein Fazit ist. Er präsentiert die *Synthese* der zuvor als Alternativen vorgestellten Gliederungsmuster und ist ebenfalls nach dem Prinzip *Aussage* – Illustration aufgebaut.

Warum wir diese Anordnung des Materials gewählt haben, folgt aus dem Ziel unseres Schreibens: Sie sollen einen anschaulichen Überblick über das Thema erhalten, damit Sie schnell und sicher wissen, wozu man Gliederungen braucht, wie man sie konstruiert und wie man sie verwendet. Ohne Beispiele wäre der Text kaum instruktiv. Ohne den Text würden Ihnen aber die Beispiele nichts über Gliederungsprinzipien von Argumentationen sagen, sondern bestenfalls etwas über Bürgerkriege in Kolumbien und die post-kommunistische Lustration.

## 8.3 Einleitung und Schluss einer wissenschaftlichen Arbeit

Die Einleitung bildet zusammen mit dem Schluss den Rahmen Ihrer Arbeit. Diese beiden Textstücke bedürfen größter Sorgfalt. Das wird offensichtlich, wenn Sie verstanden haben, was systematisches Quer-lesen (> Kap. 2.3.2) ist: Auch Dozenten oder Gutachter gehen so an Ihre Arbeit heran, es handelt sich ja um einen politikwissenschaft-lichen Text.

Am besten schreiben Sie Einleitung und Schluss mehrmals: Einmal zu Beginn der Beschäftigung mit einem Thema, immer wieder mit-tendrin, wenn Sie feststellen, dass sich an Ihrem Projekt etwas geän-dert hat und das letzte Mal, bevor Sie die Arbeit abgeben. Auch Einleitungs-, Überleitungs- und Schlussabsätze in einzelnen Kapiteln sind meist sinnvoll und verdienen es, präzise durchdacht und formu-liert zu werden. Spätestens bei der letzten Überarbeitung (> Kap. 4.1.2) brauchen Sie hohe Konzentration, um Ihre Gedanken in diesen Textstücken auf den Punkt zu bringen. Achten Sie darauf, dass Sie die in der Einleitung geweckten Erwartungen im Verlaufe des Ge-samttextes erfüllen und dass Sie im Schlusskapitel zusammenfassend jene Fragen beantworten, die Sie eingangs aufgeworfen und in der Arbeit Schritt für Schritt bearbeitet haben. Wenn Sie feststellen soll-ten, dass es Diskrepanzen zwischen der Rahmung der Arbeit und ihrem Inhalt gibt, müssen Sie entweder die Arbeit umschreiben oder aber Einleitung und Schluss.

### Tipp

Sie müssen die gesamte Einleitung bzw. den gesamten Schluss nicht unbedingt jedes Mal komplett neu schreiben, wenn Sie dar-an etwas ändern. Notieren Sie es aber, wenn Ihnen bei der Arbeit etwas auf- oder einfällt, das möglicherweise später nützlich sein könnte.

Einleitungen können als separate Kapitel konzipiert sein oder als erstes Unterkapitel des ersten Kapitels einer politikwissenschaftlichen Arbeit (> Kap. 8.2, Beispiel „kombinierte Gliederungsmuster"). Sie enthalten systematische Informationen, die es dem Leser erlauben, sich ein schnelles und präzises Bild von Ihrem Projekt zu machen. Daher finden sich hier in aller Regel Auskünfte zu folgenden Themen:

- *Thema der Arbeit*: Einbettung des eigenen Projekts in einen größeren Zusammenhang (wissenschaftlichen Diskurs), Relevanz des Themas; zeitliche, sachliche, räumliche Eingrenzung des Themas;
- *Forschungsfrage*: zentrales Erkenntnisinteresse, eventuell Teilfragen, Hypothesen oder Thesen;
- *Einordnung* in einen bestimmten theoretischen Ansatz bzw. Verortung innerhalb einer Theorieperspektive;
- *Zusammenfassung der Ergebnisse*: zentraler Befund oder Thesen;
- *Aufbau der Arbeit*: Struktur der Argumentation, Kurzcharakteristik der einzelnen Kapitel einer Abschlussarbeit;
- *Methodisches Vorgehen*: Forschungsdesign, Methode, Begründung, Fallauswahl, evtl. Quellenlage und -kritik;
- *Forschungsstand*: Überblick, Würdigung, einschließlich Forschungslücken und Kritik;
- *Begriffsklärung*.

Diese Liste muss nicht in der angegebenen Reihenfolge und auch nicht immer erschöpfend abgearbeitet werden. Beispielsweise kann es sinnvoll sein, ein ganzes Kapitel (oder sogar die Arbeit insgesamt) über konkurrierenden Ansätze zur Erklärung des Sie interessierenden Phänomens zu schreiben (Strategien der Problemfindung > Kap. 6.2). Dann vermerken Sie in der Einleitung, wenn Sie den Aufbau der Arbeit skizzieren, wann Sie sich dem Forschungsstand widmen werden. Ebenso könnte es sein, dass Sie ein separates Kapitel für sinnvoll erachten, um Ihr Forschungsdesign und Ihr methodisches Vorgehen zu entwickeln, oder dass Sie Ihre zentralen Begriffe erst am Anfang des Hauptteils erarbeiten wollen und nicht in der Einleitung. Einleitungen sind meist angemessen ausführlich, wenn sie etwa fünf bis zehn Prozent des gesamten Umfangs einer Seminar- oder Bachelorarbeit ausmachen.

Schlusskapitel sind weniger inhaltlich standardisiert als Einleitungen. Sie erfüllen folgende Funktionen:

- *Fazit* (Zusammenfassung): Sie müssen den roten Faden der Argumentation resümieren und die eingangs aufgeworfene(n) Forschungsfrage(n) präzise beantworten. Wichtiger als die Zusammenfassung des Vorgehens ist die Zusammenfassung der Forschungsergebnisse.
- *Einbettung* in den diskursiven Kontext: Sie sollten noch einmal betonen, welchen Beitrag Sie zur Diskussion über Ihr Thema geleistet haben und können Anschlussfragen für die weitere Forschung aufwerfen.
- *Schlussfolgerungen*: Sie können (theoretische, normative, empirische, praktische) Folgen aus Ihren Forschungsergebnissen und Befunden ableiten und begründen.
- *Ausblick*: Sie können erörtern, welche Entwicklungsszenarien sich für Ihren untersuchten Fall abzeichnen.

Im Ergebnis Ihrer Arbeit kommen Sie nicht immer zu einem klaren „Ja" oder „Nein" in Bezug auf die Forschungsfrage. Wenn die Antwort „einerseits – andererseits" lauten sollte oder anderweitig differenziert ist, dann sollten Sie auch im Fazit nicht hinter das Niveau Ihrer Argumentation im Text zurückfallen. Sie können zusammenfassen, dass Sie herausgearbeitet haben, unter welchen Bedingungen „einerseits" oder „andererseits" eintritt.

## 8.4 Tipps

- Weil Gliederungsänderungen schwerwiegend sind, gehen Sie umsichtig vor: Beobachten Sie sich beim Schreiben. Wenn Sie das Gefühl bekommen, dass Ihre Gliederung nicht mehr stimmt, registrieren Sie das zunächst nur. Wenn das Gefühl stärker wird, experimentieren Sie mit neuen Gliederungsentwürfen. Meist tritt bei irgendeiner Variante die spontane Empfindung auf, sie passe genau; oft geschieht dies allerdings erst nach einer eher unangenehmen Phase, in der Sie fürchten werden, dem Problem nicht gewachsen zu sein. Lassen Sie die neue Gliederung noch eine Weile liegen, bevor Sie sich endgültig entscheiden, die alte aufzugeben. Sie sparen Zeit, wenn Sie nicht voreilig handeln. Beachten Sie, dass Sie die Gliederung bei jeder Veränderung auf ihre Konsistenz prüfen müssen.
- Wenn die Gliederung der fertigen Arbeit stimmt, erkennt man dies daran, dass die Gliederungsabschnitte der jeweiligen Ebenen

mehr oder weniger gleich lang sind. Ausgewogene Argumentationen bestehen aus ausgewogenen Argumentationsschritten: Wenn einer von ihnen zu kurz ausfällt, ist er überflüssig oder wurde nicht seiner Bedeutung gemäß behandelt; wenn er zu lang ist, haben Sie vielleicht mehrere Argumente miteinander vermischt, Textstücke im falschen Kapitel platziert oder sich einfach verplaudert.

- Eine wissenschaftliche Arbeit von 30 Seiten Umfang wird eher drei als fünf Hauptabschnitte – mit jeweils zwei bis fünf Gliederungsabschnitten auf der nachgeordneten Ebene – aufweisen. Wenn es mehr werden, wirkt der Text meist allzu fragmentiert. Prüfen Sie daher stets die Hierarchie Ihrer Argumente: Lassen sie sich zu einem größeren Argument zusammenfassen?

- Verzichten Sie auf Zwischenüberschriften, wenn danach lediglich ein einziger Textabsatz folgt, denn jeder Absatz enthält definitionsgemäß nur einen (mehr oder weniger komplexen) Gedanken. Wenn ein neuer Gedanke folgt (und nur dann), beginnen Sie einen neuen Absatz. Erst mehrere Absätze zusammen erreichen eine Gliederungsebene, die mit einer Abschnittsüberschrift bezeichnet wird (Formalia > Kap. 4.2.2).

- Wenn sicher ist, dass Sie die Gliederung nicht mehr substanziell verändern werden und die Arbeit kurz vor ihrem Abschluss steht, sollten Sie die Überschriften einem sprachlichen Feinschliff unterziehen. Sie müssen den Inhalt des betreffenden Textabschnitts präzise bezeichnen, sollten aber nicht zu technisch vorgehen. Überschriften einer nachgeordneten Ebene sollen keine wortgetreuen Wiederholungen einer abstrakteren Gliederungsebene sein; der Titel der gesamten Arbeit passt nicht als Überschrift eines Textabschnitts. Ganze Sätze sind für Überschriften ungeeignet, wählen Sie präzise Substantive oder Wortgruppen, eventuell auch knappe Fragen. Schlusskapitel sollten nicht „Schlussgedanken" oder „Einige Schlussbetrachtungen" und müssen auch nicht „Schluss" oder „Fazit" heißen, wenn Ihnen eine treffendere Überschrift einfällt. Überschreiben Sie den Hauptteil Ihrer Arbeit nicht mit „Hauptteil", das ist unnötig.

- Vorworte sind im Unterschied zu Einleitungen eher private Texte, in denen Helfern gedankt wird oder Umstände der Entstehung eines Werks geschildert werden. Mindestens für Examensarbeiten sind sie in aller Regel entbehrlich; danken Sie Ihren Freunden auf andere Art für die Unterstützung.

**Techniken der Recherche und Verwaltung
wissenschaftlicher Literatur**

# 9 Die Recherche politikwissenschaftlicher Literatur: Grundlagen

## 9.1 Arten wissenschaftlicher Literatur

Machen Sie sich klar, in welcher Eigenschaft Sie Literatur nutzen, wenn Sie sich auf Seminare vorbereiten oder an eigenen Forschungsprojekten arbeiten. Man unterscheidet folgende Funktionstypen:

(1) *(Primär-)Quellen*: Sie enthalten oder sind Datensammlungen über die empirische Realität. Es handelt sich um veröffentlichte oder nicht veröffentlichte Materialien, so etwa Statistiken, Archivdokumente, (selbst geführte) Interviews, journalistische Texte u.ä.

(2) *Forschungsliteratur* umfasst wissenschaftliche Arbeiten im engeren Sinne. Es handelt sich um politikwissenschaftliche Texte *über* untersuchte Phänomene, d.h. politische Probleme oder andere politikwissenschaftlich relevante Sachverhalte, deren Argumentation wissenschaftlichen Standards (> Kap. 1.2) genügt. Sie interpretieren und erklären also die Daten, die sich in Primärquellen finden. Zur Forschungsliteratur gehören wissenschaftliche Aufsätze und Bücher, Forschungs- und Literaturberichte, d.h. Vorbilder für Ihre eigene Bachelor- bzw. Masterarbeit oder Dissertation. Oft nutzt man solche Texte auch als *Sekundärquellen* – indem man in der eigenen Untersuchung jene Daten über die empirische Realität weiterverwendet, die durch deren Autoren erhoben oder ausgewertet worden sind. Forschungsliteratur kann sogar in der Eigenschaft einer Primärquelle verwendet werden, nämlich dann, wenn eine Debatte über ein politikwissenschaftliches Thema den Forschungsgegenstand bildet (z.B. Literaturbericht, Theoriekapitel einer Qualifizierungsarbeit).

(3) *Tertiärliteratur*: Dazu zählen Lexika, Handbücher, Nachschlagewerke, Lehrbücher u.ä. Sie können sie zu Ihrer Information benutzen, aber sie spielen keine eigenständige Rolle für Ihre Argumentation. Es handelt sich weder um Forschungsliteratur noch um Primärquellen – mit Ausnahme des unwahrscheinlichen Falls, dass Sie eine wissenschaftliche Arbeit beispielsweise über „Politikwissenschaftliche Fachlexika im Vergleich: Der Begriff X" schreiben wollen. Daher wird Tertiärliteratur

auch *nicht* zitiert, paraphrasiert (oder plagiiert) und nicht im Literaturverzeichnis einer wissenschaftlichen Arbeit aufgeführt.

Abgesehen von dieser Typologie von Textsorten, bei der ihre Funktion für wissenschaftliche Forschungsprojekte als Klassifizierungsmerkmal gilt, können auch Textarten im Sinne wissenschaftlicher Genres unterschieden werden. Diese Genres unterscheiden sich auch danach, zu welchem Zweck Sie sie nutzen können. Wir kommentieren sie deshalb knapp unter dem Gesichtspunkt ihrer Verwendbarkeit für wissenschaftliche Forschungsarbeiten und des angemessenen Lesemodus (> Kap. 2).

## Wissenschaftliche Aufsätze in Fachzeitschriften

Politikwissenschaftler veröffentlichen ihre aktuellen Forschungsergebnisse in periodisch erscheinenden Fachzeitschriften. Nur Zeitschriften, die ihre Beiträge bereits vor der Veröffentlichung einer strengen Kontrolle durch Fachexperten unterziehen (*Peer-Review*), gelten im strengen Sinne als wissenschaftlich. Politikwissenschaftliche Fachzeitschriften weisen meist ein bestimmtes thematisches oder methodisches bzw. theoriezentriertes Profil auf. Nicht alle genießen das gleiche Prestige. Die wichtigsten deutschsprachigen Fachzeitschriften sind folgende:

*   Die *Politische Vierteljahresschrift (PVS)* erscheint seit 1960 und wird von der Deutschen Vereinigung für Politische Wissenschaft (DVPW) herausgegeben. Sie publiziert aktuelle Forschungsergebnisse aus allen Teildisziplinen der Politikwissenschaft, also aus der Politischen Theorie und Ideengeschichte, aus dem Bereich Analyse und Vergleich politischer Systeme, aus der Policy-Analyse, aus dem Bereich der Internationalen Beziehungen und der Außenpolitik, aus der empirischen Sozialforschung und Methodenlehre sowie aus der Politischen Soziologie.
*   Die 1969 begründete *Zeitschrift für Parlamentsfragen (ZParl)* enthält insbesondere Beiträge zu Parlamentarismus, Verfassungsrecht, Wahlen und Parteien, hauptsächlich in Deutschland und anderen europäischen Ländern.
*   Die *Zeitschrift für Politikwissenschaft (ZPol)* steht seit 1991 allen Teilgebieten und „Schulen" des Faches offen. Ihre Ziele bestehen darin, „konsequente Praxisorientierung" mit „kritisch-systematischer Diskussion" zu verbinden sowie empirische und norma-

tive Grundpositionen in der Politikwissenschaft zu Wort kommen zu lassen.

- Die *Zeitschrift für Politik (ZfP)*, gegründet 1907, ist die älteste politikwissenschaftliche Fachzeitschrift im deutsprachigen Raum und versteht sich als Forum für die Analyse aus den Bereichen der politischen Theorie, der vergleichenden Regierungslehre und der Internationalen Beziehungen.
- Die *Zeitschrift für Internationale Beziehungen (ZIB)*, die seit 1994 erscheint und als erste politikwissenschaftliche Fachzeitschrift in Deutschland das sogenannte *Double-Blind Peer-Review*-Verfahren eingeführt hat, konzentriert sich auf die theorieorientierte Erforschung internationaler Politik.
- Die *Zeitschrift für Vergleichende Politikwissenschaft (ZfVP)* ist die erste deutschsprachige Zeitschrift speziell für Themen der Vergleichenden Politikwissenschaft. Sie wurde 2007 gegründet.
- Der *Leviathan* veröffentlicht seit 1973 Beiträge aus unterschiedlichen Disziplinen. Es werden Themen behandelt, die für alle Gebiete der Sozialwissenschaften relevant sind. Grenzziehungen und Spezialisierungen der verschiedenen mit „Politik und Gesellschaft" befassten Wissenschaftsdisziplinen sollen dabei bewusst überwunden werden.

Zu den renommiertesten politikwissenschaftlichen Fachzeitschriften weltweit gehören: *American Journal of Political Science (AJPS), American Political Science Review (APSR), Comparative Political Studies (CPS), European Journal of Political Research (EJPR), Political Studies* und andere.

Die einschlägigen Fachzeitschriften liegen in allen gut sortierten Universitäts-, Fakultäts- oder Institutsbibliotheken aus. Darüber hinaus sind ihre Aufsätze zunehmend auch über die Elektronischen Zeitschriftendatenbanken der Bibliotheken bzw. (kostenpflichtig) als digitale Kopien bei den jeweiligen Verlagen zugänglich.

Für den Leser verfügen Aufsätze in Fachzeitschriften über zwei Vorteile: Sie sind vergleichsweise aktuell und sie sind kurz gefasst. Dafür setzen sie oft relativ viel Vorwissen über ein Thema oder einen Diskurs voraus. Aufsätze in renommierten Fachzeitschriften bilden daher – neben Buchbeiträgen und in vielen Diskursen stärker als diese – die Literaturgrundlage für Ihre eigenen wissenschaftlichen Arbeiten; Sie werden sie deshalb oft nicht nur prüfend, sondern auch analytisch und vergleichend lesen. Selbst bei als „schwach" eingeschätzten Aufsätzen können Sie oft wichtige Informationen zu Ihrem

Thema finden, so dass sich dann immer noch elementares „Informationslesen" bestimmter Teile lohnt.

Achtung: *Der Spiegel* sowie andere Wochen- und Tageszeitungen sind keine Fachzeitschriften. Sie kommen niemals als *Forschungsliteratur* in Frage, manchmal jedoch als *Primärquellen.*

---

**Tipp**

Im Bibliothekskatalog (OPAC) finden Sie nur den Titel der Zeitschrift, nicht aber den Autor oder Titel der einzelnen darin enthaltenen Beiträge. Nutzen Sie die Fachdatenbanken, die von Ihrer Universitätsbibliothek angeboten werden, um Aufsätze zu einem bestimmten Thema oder von einem bestimmten Autor zu suchen (> Kap. 11).

---

*Fachbücher*

Zu den Fachbüchern gehören zum einen die *Monographien.* Es handelt sich um Einzelschriften zu einem ausführlich dargestellten spezifischen Thema. Wissenschaftliche Monographien haben den Anspruch, Wissens- und Forschungsstand zum Zeitpunkt der Veröffentlichung darzustellen. Sie stellen umfassende Basisliteratur dar, veralten aber oft sehr schnell. Zum anderen treten Fachbücher als *Sammelwerke* auf, die Aufsätze mehrerer Autoren zu einem übergreifenden Gegenstand, Thema oder Problemfokus enthalten.

Bei Monographien und Sammelbänden ist zunächst das prüfende Querlesen wichtig, da sie fast nie in ihrer Gänze für Sie relevant sind, aber das von Ihnen verfolgte Forschungsinteresse möglicherweise in einen bedeutsamen, Ihnen noch nicht präsenten Kontext einbetten. Konzentrieren Sie sich dann auf die Kapitel und Aufsätze, die Sie unmittelbar für Ihre wissenschaftliche Arbeit benötigen.

---

**Tipp**

Suchen Sie ein Sammelwerk immer unter dem Titel oder Herausgeber des ganzen Bandes, da Autoren und Titel der einzelnen Beiträge im Bibliothekskatalog nicht verzeichnet sind.

*Rezensionen*

Eine Rezension bzw. Besprechung ist die kritische Einschätzung eines wissenschaftlichen Werkes (> Kap. 3.3). Sie erscheinen z.B. gedruckt in Fachzeitschriften oder Tageszeitungen und in elektronischer Form in Online-Zeitschriften und Internetbeiträgen.

Verschiedene Rezensenten können das gleiche Werk völlig unterschiedlich einschätzen, weshalb das prüfende Querlesen mehrerer Rezensionen zum selben Buch einen interessanten Einstieg in einen Diskurs ermöglicht. Die Lektüre einer Rezension ersetzt niemals die Lektüre der für Ihre eigene Fragestellung relevanten Teile des besprochenen Werkes selbst, sondern dient lediglich als Orientierungs- und Bewertungshilfe.

*Hochschulschriften*

Hochschulschriften, insbesondere Dissertationen (Doktorarbeiten) und Habilitationen, sind Abschlussarbeiten, die als Nachweis der wissenschaftlichen Qualifikation ihres Verfassers dienen. Der behandelte Forschungsgegenstand oder die Fragestellung wird oft sehr eng gefasst, dafür aber sehr ausführlich beleuchtet. Von besonderem Wert sind der Literatur- und Diskussionsüberblick und die meist umfangreichen Literaturverzeichnisse, wenn die Schrift aktuell ist. Daher bieten sich Hochschulschriften, wenn sie von sehr guter Qualität sind, als Fundgrube für die Literaturrecherche und als Einstieg in die Beschäftigung mit einem Forschungsproblem an. Entsprechend werden sie sinnvollerweise zunächst prüfend, danach partiell auf der Suche nach relevanten Informationen zum betrachteten Problem und schließlich eventuell auch analytisch gelesen.

Hochschulschriften erscheinen zunehmend in elektronischer Form und werden auf den Dokumenten- oder Hochschulschriftenservern der Universitäten veröffentlicht. Obwohl auch Magister- und Diplomarbeiten technisch zu den Hochschulschriften gehören, unterliegen sie weniger strengen wissenschaftlichen Maßstäben als die erstgenannten Formen.

*Graue Literatur*

Die sogenannte Graue Literatur erscheint außerhalb des Buchhandels, z.B. in Publikationsreihen von wissenschaftlichen Einrichtungen (*Working Papers*) oder als Konferenzpapiere. Wenn sie von renommierten Institutionen herausgegeben wird, ist Graue Literatur von hohem Wert, gerade wegen ihrer Aktualität. Prüfen Sie jedoch stets, ob solche Papiere nicht in der Zwischenzeit auch in Zeitschriften oder Büchern erschienen sind. Wenn ja, dann sind diese Publikationsformen eindeutig vorzuziehen.

*Nachschlagewerke*

Enzyklopädien, Lexika, Fachwörterbücher, aber auch Bibliographien (Verzeichnisse von Büchern und Zeitschriftenaufsätzen zu einem bestimmten Thema oder Fachgebiet) enthalten Basisinformationen wie wissenschaftliche Begriffsdefinitionen, biographische und historische Daten und Fakten sowie fachliche Zusammenfassungen und Übersichten. Meist finden sich hier zudem Literaturhinweise auf weiterführende zitierfähige Texte zum jeweiligen Thema. Nachschlagewerke stellen jedoch keine wissenschaftliche Forschungsliteratur dar und werden deshalb auch nicht in Forschungsarbeiten zitiert. Ihre Einträge dienen dem Zweck, erste Informationen über ein Thema zu vermitteln; Sie werden sie also meist (nur) querlesen. (Politikwissenschaftliche Fachwörterbücher können eventuell eine Ausnahme sein, nämlich dann, wenn die einzelnen Einträge namentlich gekennzeichnet sind – dies bedeutet dann, dass Sie eine Begriffsdefinition nutzen, die autorisiert ist und sich von der eines anderen Autors wesentlich unterscheiden kann, > Kap. 1.4.)

*Lehrbücher*

Wenn Sie einen schnellen Einblick in eine politikwissenschaftliche Teildisziplin oder ein bestimmtes politikwissenschaftliches Thema gewinnen wollen, können Sie darauf zurückgreifen. Es handelt sich aber nicht um Forschungsliteratur, d.h. sie sollen nicht (!) in Ihrer wissenschaftlichen Arbeit zitiert werden. Sie sollten Lehrbücher zunächst querlesen und überfliegen, um zu verstehen, wie der jeweilige Autor sein Themengebiet eingrenzt bzw. ausdifferenziert. Lernen wird leichter, wenn Sie ahnen, wo die „Puzzleteile", die nun vor Ihnen liegen, in das Gesamtbild einzuordnen sind, das Sie von der Politikwissenschaft haben. Die Sie jeweils konkret interessierenden Abschnitte sollten Sie danach sowohl lesen, um Informationen über den einschlägigen Diskurs zu gewinnen – Schlüsselbegriffe, zentrale Fragen und Argumente, Autoren zum Thema – als auch, um zu verstehen: Warum werden die betreffenden Forschungsfragen überhaupt gestellt? Worum geht es in Kontroversen? Was ist der Unterschied zwischen den einzelnen Standpunkten? Wenn Sie sich näher mit dem betreffenden Thema befassen wollen, kommen Sie nicht umhin, die diskutierten Autoren im Original zu lesen und sich in Fachdiskurse zu vertiefen.

Ein vergleichender Blick in Lehrbücher zum gleichen Thema zeigt, dass sie nicht nur unterschiedlich lesbar und verständlich geschrieben sind – auch ihre Inhalte unterscheiden sich. Nehmen Sie das bewusst wahr. Der „Lehrbuch-Boom", der in den letzten Jahren in der deutschen Politikwissenschaft ausgebrochen ist, spiegelt einerseits die zunehmende Professionalisierung der Disziplin und Versuche der Kanonisierung politikwissenschaftlicher Wissensbestände wider. Andererseits ist er nicht unproblematisch: Erkundigen Sie sich gegebenenfalls bei Ihrem Dozenten, welche Lehrbücher er empfiehlt.

## 9.2 Die Evaluierung wissenschaftlicher Literatur

Im Anschluss an die Techniken wissenschaftlichen Lesens haben wir in Kapitel 2.5 einige Überlegungen zusammengetragen, wann und warum welcher Lesemodus zweckmäßig ist. Wenn Sie selbst für Referate und schriftliche Arbeiten recherchieren, muss der inhaltlichen Prüfung des Textes aber ein wichtiger Schritt vorausgehen – die kritische Überprüfung dessen, wie seriös die gefundene Literatur und ihr Fundort sind. Wir haben eine Übersicht zusammengestellt, welche Fragen Sie sich in diesem Zusammenhang stellen müssen und wo Sie die Antworten darauf finden (Tab. 7):

**Tabelle 7: Evaluierung von Literaturfunden**

| *Wer ist der Autor?* | |
| --- | --- |
| *Fragen* | *Informationsquellen* |
| Ist er auf diesem Gebiet kompetent? Hat er weitere Beiträge zu diesem Thema veröffentlicht? Wird er von anderen Wissenschaftlern zitiert? | Klappentext und Vorwort (Buch) Kurzangaben zum Autor (Zeitschriftenaufsatz/-heft, elektronische Datenbanken, persönliche Website) Hyperlinks und Menüpunkte auf Website (*About* oder *Über*) Literaturhinweise, Datenbanken und Bibliographien, Links von möglichst vielen anderen Websites Wissenschaftliche Suchmaschinen |
| *Wer hat das Dokument veröffentlicht?* | |
| *Fragen* | *Informationsquellen* |
| Bei welchem Verlag ist das Buch erschienen – ist er fachlich anerkannt?[22] Ist der Aufsatz in einer Fachzeitschrift erschienen? Welche Organisation ist für die Internetseite verantwortlich – ist sie wertneutral und vertrauenswürdig? | Literaturhinweise und Empfehlungen in Lehrbüchern, Kursunterlagen, bereits vorhandenen einschlägigen Werken Kategorie *peer-reviewed* in den Fachdatenbanken Menüpunkt oder Link Impressum auf der Website |
| *Ist das Dokument inhaltlich und formal nach wissenschaftlichen Kriterien strukturiert?* | |
| *Fragen* | *Informationsquellen* |
| Werden Quellen benannt und Argumente belegt? Ist die Information auf möglichst aktuellem Stand? Bei Onlineressourcen: wird die Website gepflegt und regelmäßig aktualisiert? | Bücher: neueste Auflage? Jahrbücher und Statistik: neueres Material online verfügbar? Datum der letzten Aktualisierung? Links überprüfen – funktionieren sie? Kontaktangaben kritisch prüfen: voller Name, glaubwürdige Institution, seriöse E-Mail-Adresse? |

Quelle: Eigene Darstellung

---

[22]  Politik- und sozialwissenschaftliche Fachverlage sowie die englischen und amerikanischen Universitätsverlage stehen für hohe wissenschaftliche Standards. Die Websites von Hochschulen, Forschungseinrichtungen oder Institutionen der öffentlichen Verwaltung sind vertrauenswürdiger als die einzelner Personen.

## 9.3 Grundlagen der Literaturrecherche

Jede Literaturrecherche besteht aus folgenden Schritten, an die sich dann die Auswertung der Funde, das prüfende Lesen zwecks Erstellens einer Prioritätenliste für die gründliche Beschäftigung mit der Literatur und das analytische bzw. vergleichende Lesen anschließen:

(1)   Explorieren Sie Ihr *Forschungsthema* (> Kap. 6), produzieren und ordnen Sie, was Ihnen dazu einfällt. Bestimmen Sie somit die ersten Suchwörter, nach denen Sie recherchieren wollen.

(2)   Definieren Sie, welche *Art von wissenschaftlicher Literatur* Sie zuerst suchen wollen, z.B. Zeitschriftenaufsätze oder Bücher.

(3)   Wählen Sie eine passende *Recherchestrategie*, finden Sie weitere geeignete Suchbegriffe und die entsprechenden Recherchequellen und suchen Sie nach den für Ihre Bedürfnisse einschlägigen Publikationen.

*Suchstrategien*

Eine elementare Suchstrategie ist das Brainstorming (> Kap. 3.2). Aus der Formulierung des Themas, den Ihnen dazu eingefallenen Gedanken und Ihrem Vorwissen gewinnen Sie die ersten Suchbegriffe.

---

**Beispiel: Systemtransformation in Albanien**
Mögliche Suchbegriffe und erste zu klärende Fragen
- Systemtransformation
- Albanien
- Wirtschaft
- Gesellschaft
- Politischer Wandel
- Demokratisierung
- Zeitraum (Wann begann der Prozess? Spezifische Ereignisse? Personen? Politische Institutionen?)

---

Nutzen Sie dann Fachlexika, Lehr- und Handbücher, Aufsätze, die Sie aus Lehrveranstaltungen kennen, recherchieren Sie online nach Stichwörtern u.ä., um diese Begriffe zu definieren und um verwandte Fachtermini zu finden. Dadurch kommen mit Sicherheit weitere Suchbegriffe hinzu, z.B. die folgenden:

- Legitimität
- Postkommunismus
- Regierungswechsel
- Regimewechsel
- Systemwandel
- Systemwechsel
- Transition

Diese Suchbegriffe verwenden Sie nun bei Ihrer Literaturrecherche. Eine echte Fachrecherche besteht aus der Kombination folgender drei Suchstrategien (Abb. 2):

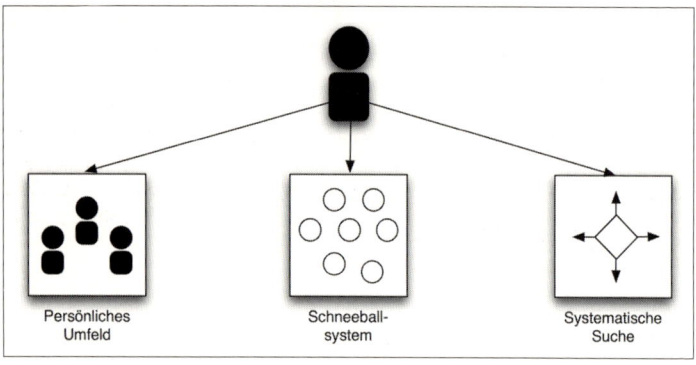

Abbildung 2: Recherchestrategien
Quelle: Eigene Grafik

## (1) Suche im eigenen wissenschaftlichen Umfeld

Legen Sie sich eine eigene kleine Handbibliothek an, um jederzeit auf grundlegende Literatur Zugriff zu haben, Wartezeiten in Bibliotheken zu vermeiden und die Bücher mit Anmerkungen und Notizen versehen zu können. Den Grundstock einer solchen Sammlung bilden Lehrbücher und Fachlexika, die Ihre Dozenten und Tutoren empfehlen. In diesen Werken kann zuerst gesucht werden; hinzu kommen Titel aus Literaturlisten des jeweiligen Seminars sowie andere Grundwerke aus Handapparat oder Intranet. Für die Bearbeitung aktueller

Themen ist es notwendig, auf Fachzeitschriften (eine Auswahl der wichtigsten Titel liegt in Ihrer Fachbibliothek aus) und Onlinequellen zurückzugreifen; mehr hierzu unter *Systematische Suche* weiter unten sowie unter Kapitel 11 und 12.

Zusätzliche Informationsquellen sind Studienkreise, Diskussionsrunden und Fachschaften; Hinweise auf solche Gruppen finden Sie an Schwarzen Brettern der Fachschaften oder Institute. Dozenten bieten Sprechzeiten an. Sie sollten sie allerdings erst dann in Anspruch nehmen, wenn Sie bereits eigene Überlegungen und Rechercheresultate mitbringen können, denn Dozenten sind keine Auskunftsbüros.

*(2) Suche nach dem Schneeballsystem*

Sie starten mit einem möglichst aktuellen wissenschaftlichen Text, der Ihr Thema behandelt. Das können Seminartexte oder Literaturempfehlungen Ihrer Dozenten sein, eigene Funde aus einer vorangegangenen systematischen Recherche, eventuell auch einschlägige Lehrbücher oder Lexikoneinträge, die Bibliographien aufweisen. Werten Sie die Fußnoten bzw. das Literaturverzeichnis dieses Werkes aus, recherchieren Sie nach Verweisen auf relevant erscheinende Literatur, werten Sie diese ebenfalls aus usw. (Abb. 3).

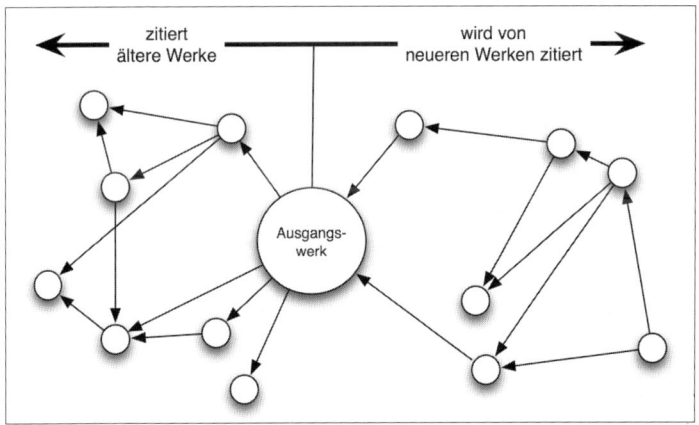

Abbildung 3: Schneeballsystem
Quelle: Eigene Grafik

Die Suche nach dem Schneeballsystem führt zuerst in die Vergangenheit, da nur Literatur zitiert werden kann, die bereits existiert und daher zwangsläufig älter ist als das zitierende Werk. Eine Suche nach neueren Publikationen ermöglicht der *Social Sciences Citation Index* (über Ihre Universitätsbibliothek zugänglich), ein elektronisches Verzeichnis von zitierten und zitierenden Werken, in dem nach Titeln gesucht werden kann, die das vorliegende Werk zitiert haben (und deshalb späteren Datums sind).

Das Schneeballsystem ermöglicht es Ihnen, rasch viele Titel zu finden, führt jedoch zu einer fragmentarischen und oft einseitigen und womöglich veralteten Literaturauswahl. Verknüpfen Sie das Schneeballsystem deshalb immer mit einer systematischen Recherche.

*(3) Systematische Suche*

Von einer systematischen Suche spricht man, wenn man alle verfügbaren Bibliotheks- und elektronischen Recherchemittel konsequent verwendet, um sämtliche Erscheinungsformen wissenschaftlicher Information abzudecken. Neben Nachschlagewerken handelt es sich dabei um Bibliothekskataloge, Bibliographien und Fachdatenbanken sowie Suchmaschinen, Webkataloge und Fachportale. Wir stellen sie ausführlich in den Kapiteln 10 bis 12 vor und beschränken uns daher hier auf eine Kurzcharakteristik:

- *Bibliothekskataloge (OPACs)*: Ein Bibliothekskatalog ist das Verzeichnis der Monographien, Sammelwerke und Zeitschriftentitel im Bestand einer bestimmten Bibliothek. Nicht verzeichnet werden in der Regel einzelne Zeitschriftenaufsätze sowie Einzelbeiträge in Sammelbänden.
- *Bibliographien und Fachdatenbanken*: Bibliographien sind ebenfalls Verzeichnisse von Literaturangaben. Sie beschränken sich jedoch nicht auf die Werke einer einzelnen Bibliothek, sondern listen auch Literaturarten auf, die in einem Bibliothekskatalog nicht zu finden sind, wie Zeitschriftenaufsätze, Zeitungsartikel und Beiträge in Sammelwerken. Bibliographien in elektronischer Form werden meist Fachdatenbanken genannt. Zugriff auf Bibliothekskatalog und Fachdatenbanken haben Sie über die Homepage Ihrer Universitätsbibliothek.
- *Suchmaschinen, Webkataloge und Fachportale*: Diese weiteren Ressourcen helfen beim Recherchieren nach wissenschaftlichen Informationen im Internet. Foren, Mailinglisten und Weblogs

lassen Sie an der aktuellen wissenschaftlichen Kommunikation teilhaben.

Alle Literaturquellen werden mit einer gewissen zeitlichen Verzögerung veröffentlicht, selbst häufig aktualisierte Bibliographien bzw. Kataloge. Verfolgen Sie deshalb bei Bedarf die aktuelle Fachdiskussion, neue Forschungsansätze und Fortschrittsberichte in den einschlägigen Fachzeitschriften und Online-Foren.

### Suchbegriffe und Recherchesyntax

Nicht nur die Auswahl, sondern auch die Art und der Einsatz der Suchbegriffe beeinflussen den Erfolg einer Recherche. Gibt man einzelne Suchbegriffe wie „Deutschland" oder „Regierung" nebeneinander in einen Katalog oder eine Suchmaschine ein, kann als Resultat entweder eine unüberschaubare Menge an weitgehend irrelevanten Treffern oder gar kein Ergebnis herauskommen. Verknüpft man hingegen mehrere Suchbegriffe gezielt anhand bestimmter Regeln miteinander, erhält man präzisere Ergebnisse.

Wir haben bisher von „wissenschaftlichen Begriffen" und „Schlüsselwörtern" gesprochen (> Kap. 1.4). Sie stellen die politikwissenschaftliche Basis dar, auf der viele *Suchbegriffe* – so der bibliothekswissenschaftliche Fachterminus – aufbauen. Zu solchen Suchbegriffen gehören *Stich-* und *Schlagwörter*. Es handelt sich dabei um unterschiedliche Begriffe, verwenden Sie diese Bezeichnungen also bitte nicht synonym. Auch Schlagwörter und *Tags* sind nicht dasselbe, ihre Funktion ist jedoch wesensgleich:

### Stichwort

Ein Stichwort ist ein sinntragender Begriff, der im Titel oder Text eines Dokuments vorkommt. Es kann, muss aber nicht zwingend, ein wissenschaftlicher Begriff sein. In der Praxis ist die Suchmaschinenrecherche eine Suche nach Stichwörtern; Suchmaschinen indexieren alle für sie zugänglichen Begriffe im Text von Websites oder anderen Onlinequellen automatisch und stellen diese für die Recherche zur Verfügung.

Stichwörter haben oft mit dem gesuchten Thema nur am Rande zu tun. Sie kommen deshalb auch in weniger einschlägigen Dokumenten vor. Das führt dann dazu, dass sehr große Treffermengen erzeugt werden.

*Schlagwort*

Ein Schlagwort ist ein Begriff, der – oft mit anderen Schlagwörtern kombiniert – den Inhalt eines Dokuments möglichst genau wiedergibt. Schlagwörter müssen nicht unbedingt im Text vorkommen, sondern werden von Bibliothekaren und Dozenten vergeben. Sie ermöglichen die gezielte Suche nach Themen und Konzepten, selbst wenn die entsprechenden Begriffe im Dokument nicht wortwörtlich erscheinen.

Eine Suche nach Schlagwörtern ist in den meisten Bibliothekskatalogen möglich. Auch in Datenbanken ist diese Rechercheart sinnvoll; hier werden Schlagwörter oft *Deskriptoren* genannt. Sie sind vereinheitlicht (normiert). Daher finden Sie einen bestimmten Sachverhalt immer unter demselben Schlagwort, z.B. wird für die Aktivität der politischen Beteiligung immer „Politische Partizipation" bzw. „political participation" verwendet, selbst wenn im Dokument andere Begriffe wie „Teilnahme" oder „Bürgerbeteiligung" benutzt werden.

*Tag*

Nach einem ähnlichen Prinzip funktionieren *Tags*, die in vielen interaktiven Internetanwendungen vorkommen. Es handelt sich um frei wählbare Begriffe, die von den Nutzern selbst vergeben werden können, um Websites, Weblog-Einträge, Bilder und andere Quellen zu beschreiben und dadurch leichter auffindbar zu machen. Sie unterliegen im Gegensatz zu bibliothekarischen Schlagwörtern keiner Normierung durch äußere Instanzen. Wer eine eigene umfangreiche Sammlung von Lesezeichen unter einem der *Social Bookmarking*-Dienste wie *de.licio.us* (> Kap. 12.2) angelegt hat, wird eventuell schon festgestellt haben, dass er für ein und denselben Gegenstand unterschiedliche *Tags* vergeben hat, z.B. Wörterbuch/Lexikon; Parteien/Politische Partei; EU/Europäische Union usw. Das erschwert die Suche nach diesen Themen, da man alle Variationen berücksichtigen muss.

Bei Schlagwörtern und *Tags* sind Sie als Suchender vom Gedankengang eines anderen Menschen abhängig. Eventuell hat dieser gänzlich andere Begriffe für die Beschreibung des Dokuments gewählt, als Sie es selbst getan hätten. Oder er hat bestimmte Aspekte übersehen bzw. eigenwillig bewertet und sie dann entsprechend

verschlagwortet. Sie finden aber nur das, was dieser Mensch ins
System eingegeben hat, egal ob dieses eine Suchmaschine, ein On-
linekatalog, eine Datenbank, eine *Social Bookmarking*-Website
oder die eigene Festplatte ist. Wenn Sie beispielsweise einen Über-
blicksartikel über den internationalen Terrorismus suchen und
„Überblick" und „Terrorismus" als Suchbegriffe benutzen, der Autor oder Bibliothekar jedoch den Begriff „Überblick" nicht verwendet hat, werden Sie mit diesen beiden Suchbegriffen keine Treffer
erzielen.

---

**Beispiel: Suchbegriffe zur Charakterisierung wissenschaft-
licher Publikationen**
Meng, Richard, 2002: Der Medienkanzler. Was bleibt vom System
Schröder? Frankfurt/M., Suhrkamp.

- *Stichwörter:* Medienkanzler; System; Schröder
- *Schlagwörter:* Deutschland; Rot-grüne Koalition; Bundeskanz-
  ler; *Schröder, Gerhard;* Regierungsstil; Massenmedien; Geschichte 1998-2002
- *Tags: Schröder;* Kanzler; Medien; Krise; Fernsehduell

---

*Recherchesyntax*

Haben Sie einmal die *Erweiterte Suche* (auch *Expertensuche* genannt) in einem Suchsystem wie *Google* benutzt, kennen Sie bereits die Grundregeln der logischen Verknüpfung von Begriffen.
Diese Regeln werden *Operatoren* oder auch *Boolesche Operatoren*
nach ihrem Erfinder genannt. Sie können fast überall verwendet
werden, wo nach Themen und Begriffen gesucht wird, also in
Bibliothekskatalogen, Fachdatenbanken und Suchmaschinen. In
der Übersicht *Recherchesyntax* (Tab. 8) sind die Grundregeln auf-
gelistet.

**Tabelle 8: Recherchesyntax**

| *Boolesche Operatoren*<br>Boolsche Operatoren werden genutzt, um einzelne Begriffe oder Phrasen miteinander logisch zu verknüpfen und somit präzisere Suchergebnisse zu erzielen. | |
|---|---|
| AND | sucht Dokumente, die beide Begriffe enthalten: Terrorismus AND Afghanistan. Der Operator AND schränkt somit die Suche ein. |
| OR | sucht Dokumente, die einen der Begriffe enthalten: Konfliktregelung OR Konfliktprävention. Der Operator OR erweitert somit die Suche. |
| NOT | Der Begriff, der nach NOT steht, darf nicht im Dokument vorkommen: China NOT Taiwan. Auch dieser Operator grenzt die Suche ein. |
| ( ) | Klammern werden verwendet, um komplexe Suchen logisch zu strukturieren, genau wie in bei mathematischen Formeln:<br>Demokratisierung UND (China NOT Taiwan) |
| Folgender Operator wird nicht von allen Suchsystemen angeboten: | |
| NEAR | Beide Begriffe müssen in einem bestimmten Abstand (z.B. von 3 Wörtern) voneinander im Dokument stehen: Rawls NEAR Gerechtigkeit. |
| Phrasensuche<br>Sucht nach einem zusammengesetzten Begriff bzw. zwei oder mehr Einzelbegriffen, die in einer vorgegebenen Reihenfolge stehen müssen. | |
| " " | "Bayerische Staatsbibliothek" |
| Platzhalter / Trunkierung<br>Diese nützliche, aber oft vernachlässigte Suchhilfe, die zwar von allen Bibliothekskatalogen und Datenbanken, nicht aber von den meisten Suchmaschinen angeboten wird, ermöglicht die Suche nach Schreib- und Orthographievariationen, ohne dass jede Abweichung separat gesucht werden muss. | |

| * | Ersetzt am Wortende oder gelegentlich auch am Wortanfang beliebig viele Zeichen: „regier*" sucht nach Regierung, Regierungssystem, regieren. „politi*" findet politisch, politisches, politischen aber auch political, politics. |
|---|---|
| ? oder $ | Ersetzt innerhalb eines Wortes genau ein Zeichen: „democrati?ation" findet democratization und democratisation. |
| Synonyme suchen in Google Setzt man die Tilde (~) vor dem Suchbegriff in einer Google-Suche, werden auch Synonyme gesucht. Leider funktioniert dieser Tipp zurzeit hauptsächlich bei englischen Begriffen. | |
| ~ | „weblogs ~academic" findet auch Treffer mit student oder university. |

Quelle: Eigene Darstellung

# 10 Online-Suche nach Büchern

## 10.1 Wie finden Sie ein Buch im Bibliothekskatalog (OPAC)?

*Der OPAC*

Wie finden Sie die wissenschaftlichen Bücher, die Sie für Ihr Studium benötigen? Durch die Buchregale zu streifen und sich darauf zu verlassen, dass der Zufall einem ein interessantes Buch in die Hände spielt, hat seinen eigenen Reiz und ist oft weniger aussichtslos, als man denkt. Es ist dennoch nicht der Königsweg zum Buch. In modernen Universitätsbibliotheken liegt dieser auch nicht mehr in den alphabetischen oder systematischen Zettelkatalogen, die noch in den 1990er Jahren gang und gäbe waren, sondern im OPAC *(Online Public Access Catalogue)*. Es handelt sich um einen im Internet von überallher frei zugänglichen elektronischen Katalog Ihrer Bibliothek. Allerdings benötigen Sie für alle Funktionen, die über die Literatursuche hinausgehen, einen *Bibliotheksausweis* bzw. ein *Benutzerkonto*. Sobald Sie sich angemeldet (eingeloggt) haben, können Sie Bestellungen und Vormerkungen tätigen.

Im OPAC können Sie
* Literatur suchen und bestellen,
* Merklisten erstellen sowie
* Ihr Ausleihkonto überprüfen und die Ausleihfristen verlängern,
* Ihre Benutzerdaten abrufen und ändern,
* Fernleihbestellungen vornehmen,
* sich über aktuelle Öffnungszeiten und die Standorte der Universitätsbibliothek (UB) informieren.

Die meisten Bibliotheken benachrichtigen Sie per E-Mail, wenn bestellte Medien für Sie zur Abholung bereitliegen oder das Leihfristende erreicht ist.

Jedes Buch in einer Bibliothek verfügt über eine eigene *Signatur*, d.h. eine Kombination aus Zahlen und Buchstaben, die den Standort des gesuchten Werks bezeichnet. Sie steht im OPAC sowie auf dem Werk selbst. Der erste Teil der Signatur gibt gewöhnlich an, in welcher Bibliothek innerhalb des Universitätssystems das Werk vorhanden ist, während der zweite Teil auf den genauen Standort innerhalb dieser Bibliothek hinweist.

---

**Beispiel: Rudzio, Wolfgang, 2006: Das politische System der Bundesrepublik Deutschland. Wiesbaden, VS Verl. für Sozialwissenschaften.**
Signatur: 1502/DE 2 RUDZ 6 (Bibliothek der LMU München)

Das bedeutet: Das Buch befindet sich in der Fachbibliothek der UB München (Bibliothek der Institute am Englischen Garten, Sigel-Nr. 1502) im Freihandbestand, d.h. offen im Regal und nicht im Magazin (woraus man es bestellen müsste).

---

Einige Bibliotheken erweitern ihre Kataloge durch Zusatzinformationen, wie z.B. Inhaltsverzeichnisse oder Textausschnitte. Auf diese greifen Sie über einen Link in der Vollanzeige zu. Über die Spezialsuchmaschine *Dandelon* (http://www.dandelon.com) lässt sich gezielt nach solchen Zusatzinformationen aus über 435.000 Büchern, 8.000 E-Books und 532.000 Aufsätzen suchen.

*Beispielsuche im OPAC*

Im Folgenden erläutern wir das Vorgehen bei einer OPAC-Suche am Beispiel der Universitätsbibliothek München (Abb. 4):

(1) Aufruf und Anmeldung

- OPAC aufrufen, sich mit Benutzernummer (auf Bibliotheksausweis) und Passwort anmelden.
- *Einfache* oder *Erweiterte Suche* wählen. In der einfachen Suche werden alle Begriffe nebeneinander in ein einzelnes Suchfeld eingegeben, wie bei einer Suchmaschine. Die Begriffe werden in allen Kategorien (Autor, Titel, Verlag usw.) gesucht. Bei der erweiterten Suche entscheiden Sie, welche Kategorien Sie durchsuchen wollen. Diese können Sie miteinander kombinieren, um präzisere Ergebnisse zu erzielen.

(2) Suche durchführen

- Autor, Titel oder andere Angaben in die entsprechenden Suchfelder eingeben. Lassen Sie bei der Titelstichwortsuche häufig vorkommende kurze Wörter wie Artikel oder Präpositionen weg und verwenden Sie ausschließlich aussagekräftige Stichwörter, z.B.: *Der Wandel der politischen Kultur in der ehemaligen DDR*. Es kann sinnvoll sein, Trunkierung (Platzhalter) zu nutzen (> Kap. 9.3): *politische\* kultur*.

- *Suchen*: Startet die Recherche. Bei einem einzigen Treffer erhalten Sie sofort die Vollanzeige mit allen bibliographischen Daten (Autor, Titel, Jahr, Verlag usw.) und allen Exemplaren im Bestand der Bibliothek. Bei mehreren Treffern erscheint eine Trefferliste mit Kurztiteln; klicken Sie auf einen Titel, um zur Vollanzeige zu gelangen.
- Relevante Titel aus der Trefferliste können Sie markieren, über *Merkliste* abspeichern und über *Merkliste anzeigen* ansehen, ausdrucken oder versenden.

### (3) Literatur bestellen, vormerken oder vor Ort einsehen

- Über *Bestellung/Verfügbarkeit* überprüfen, ob der gewünschte Titel online aus dem Magazin zu bestellen ist (*bestellbar*), sofort ausgeliehen werden kann (*ausleihbar*) oder vor Ort eingesehen werden muss.
- *Bestellbar > weiter > Ausleihe nach Hause* oder *Benutzung im Lesesaal*. Nach der Bestellung erhalten Sie eine Meldung, wann das Buch voraussichtlich verfügbar ist. Manche Bücher können Sie nur im Lesesaal einsehen, sie werden nicht nach Hause entliehen.
- *Entliehene Werke:* Beim Versuch, ein bereits entliehenes Werk zu bestellen, wird automatisch auf die Vormerkfunktion umgeleitet. Sie können bestimmen, bis wann Sie das Buch spätestens benötigen; danach erlischt automatisch die Vormerkung. Sie werden nach Eintreffen des Buches benachrichtigt. Für Vormerkungen wird an der UB München und in manchen anderen Bibliotheken eine Gebühr erhoben.
- Wenn das Werk im Bestand des Lesesaals oder einer Fachbibliothek steht, muss es vor Ort eingesehen werden. Hinweise zum genauen Standort geben Signatur und Standortverzeichnis (Liste der einzelnen Bibliotheken in der Universität; über den OPAC unter *Weitere Angebote* aufrufbar).

### (4) Weitere Funktionen

- *Mein Konto*: Übersicht Ihrer entliehenen, bestellten oder vorgemerkten Bücher sowie offener Gebühren. Die Verlängerung einzelner Titel oder des gesamten Kontos, die Aktualisierung Ihrer Benutzerdaten (Anschrift und E-Mailadresse) sowie die Änderung Ihres Passworts können Sie hier vornehmen.

- *Datenbankauswahl*: Dehnt die Recherche auf weitere Kataloge und Fachdatenbanken aus (> Kap. 11).
- *Auskunft/Fernleihe*: Unter *Eine Frage zur bisherigen Suche stellen* können Sie direkt aus dem OPAC heraus um Unterstützung bei der Recherche bitten.

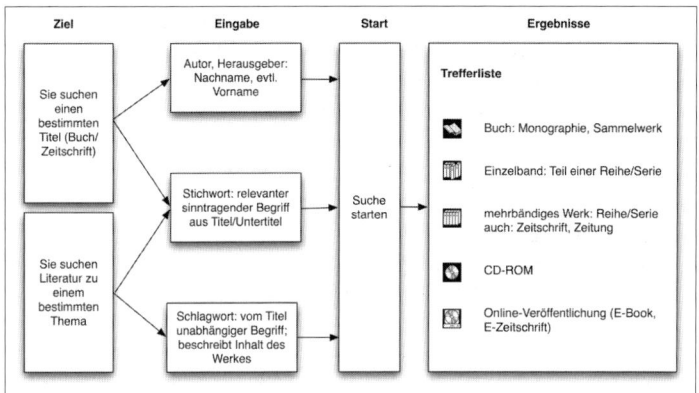

Abbildung 4: OPAC-Suche
Quelle: Eigene Grafik

*Fehlervermeidung*

Die drei häufigsten Probleme bei der OPAC-Recherche sind:
1. keine Treffer
2. zu wenige Treffer
3. zu viele Treffer

*Problem 1: Keine Treffer*

Sie erzielen null Treffer, obwohl Sie sich eigentlich sicher sind, dass sich zum gesuchten Thema bzw. Titel im Bestand der Bibliothek Bücher oder Zeitschriften befinden.
*Lösung*: Merzen Sie formale Fehler aus und erweitern Sie das Suchgebiet.
- *Rechtschreibung*: Haben Sie einen Schreibfehler gemacht? Je länger Ihr Suchbegriff, desto fehleranfälliger ist er. Oft macht es

Sinn, zu trunkieren und sich auf wenige relevante Suchbegriffe zu beschränken.

- *Suchfeldereinstellung*: Passen Ihre Angaben und die von Ihnen verwendeten Suchfelder zusammen? Suchen Sie einen Autorennamen richtigerweise im Feld *Autor* und ein Schlagwort im Feld *Schlagwort*?
- *Literaturart im OPAC nicht enthalten*: Haben Sie einen Zeitschriftenartikel gesucht? Im OPAC finden Sie aber nur den Titel der *Zeitschrift*, nicht der einzelnen darin enthaltenen Beiträge und Verfasser.
- Beispiel: Wenn Sie nach dem Aufsatz „The Future of South Africa's party system" von Tom Lodge in der Zeitschrift Journal of Democracy 17 (2006), S.152-166, suchen, so können Sie im OPAC nur nach „Journal of Democracy" recherchieren; die Suche nach Aufsatztitel oder Verfasser bleibt erfolglos.

Wenn die Trefferliste keine Ergebnisse enthält, obwohl Sie sicher sind, alles korrekt geschrieben und formuliert zu haben, können Sie entweder Ihre Suchanfrage verändern, also neue Suchbegriffe ausprobieren, oder über *Datenbankauswahl* die Suche auf weitere Kataloge – wie *Gateway Bayern* oder *Karlsruher Virtueller Katalog* – ausdehnen.

## Problem 2: Zu wenige Treffer

*Lösung*: Verwenden Sie andere Suchbegriffe und überprüfen Sie Ihre Recherchesyntax.

- *Index*: Wählen Sie aus der Indexliste aller verfügbaren Einträge alternative Suchwörter aus; hier wird auch auf engere oder weitere Begriffe hingewiesen, die ggf. Ihr Thema genauer beschreiben.
- *Trunkierung*: Ersetzen Sie beliebig viele Buchstaben Ihres Suchbegriffs durch * , um alle grammatikalischen Variationen eines Wortes zu suchen: „politi*" findet *politische, politischen, Politik, politics, political* usw.
- *Synonyme*: Falls Ihr Suchbegriff zu speziell oder ungebräuchlich ist, hilft es, wenn Sie Synonyme oder allgemeine Begriffe verwenden, beispielsweise „politisches System" statt „Staatsform".
- *Recherchesyntax*: Verbinden Sie die einzelnen Suchfelder mit ODER statt mit UND: „China" ODER „Japan" findet alle Treffer, die mindestens einen der beiden Begriffe enthalten, während „China" UND „Japan" nur Treffer findet, in denen zwingend beide Begriffe vorkommen.
- *Freie Suche*: Jedes Suchfeld lässt sich auf *Freie Suche* umstellen, um die Begriffe übergreifend in allen Kategorien zu suchen.

*Problem 3: Zu viele Treffer*

*Lösung*: Nutzen Sie die Sucheinschränkungen Ihres OPACs:

- *Suchfilter:* Schränken Sie Ihre Suche nach Standort (z.b. Ihrer Fachbibliothek), nach Sprache oder nach Erscheinungsform (z.B. Zeitschrift) ein.
- *Erscheinungsform:* Bei der Suche nach Zeitschriften- und Zeitungstiteln wie *Die Zeit* oder *Die Verwaltung,* die sehr häufige Begriffe enthalten, wählen Sie unter *Zusätzliche Suchoptionen* die Erscheinungsform *Zeitschrift, Zeitung, Reihe.*
- *Genauer Titel:* Bei kurzen, häufig vorkommenden Titelstichwörtern wie *Science* stellen Sie das Suchfeld *Titelstichwort* auf *Genauer Titel* um und setzen Sie hinter dem Titel einen Punkt: „Science." Dann wird nur nach genau dem Titel *Science* gesucht, nicht nach *Science of...* oder ähnlichem.
- *Recherchesyntax*: Verknüpfen Sie die verschiedenen Kategorien wie *Autor* und *Titel-Stichwort* oder *Schlagwort* und *Erscheinungsjahr* miteinander, um die Suche zu präzisieren.
- *Aussagekräftige Titelstichwörter* wählen: Begriffe wie „Handbuch", „Einführung", „Lehrbuch" erzielen meist zu viele und zu ungenaue Treffer.
- *Vornamen* eingeben: Bei häufig vorkommenden Nachnamen wie z.B. *Müller* geben Sie zusätzlich den Vornamen ein.
- *Präzisere Begriffe* verwenden, beispielsweise „Reichstag" statt „Parlament".

## 10.2 Elektronische Bücher (E-Books)

Sowohl die Werke der klassischen Denker wie Aristoteles, Locke oder Max Weber wie auch moderne Schlüsselwerke sind überwiegend in Buchform erschienen. Bisher war die Suche innerhalb eines Buches relativ aufwändig und meistens mit einem Besuch in einer Bibliothek verbunden. Hier musste man direkt am Regal Inhaltsverzeichnis, Sachregister und Buchtext mühsam durchforsten. Immer mehr Verlage und daher auch Bibliotheken bieten jetzt Bücher in elektronischer Form (E-Books) an. Aus urheberrechtlichen Gründen ist es allerdings meist nicht möglich, ein Buch komplett herunterzuladen oder zu speichern.

Elektronische Bücher bieten einige Vorteile: Sie sind zu jeder Tages- und Nachtzeit verfügbar und können von mehreren Benutzern gleichzeitig gelesen werden; Vormerkungen sind überflüssig, Warte-

zeiten gibt es nicht. Außerdem bieten sie umfangreiche Suchmöglich-
keiten wie z. B. die Volltextsuche innerhalb des gesamten E-Book-
Textes. Besonders hilfreich ist, dass sie überwiegend im PDF-Format
angeboten werden. Weil dieses Format mit der Druckversion des
Buches übereinstimmt und auch die Originalseitenzahlen enthält,
kann man korrekt daraus zitieren. Auch technisch hat das PDF-Format Vorteile: Aus E-Books können Sie Textpassagen kopieren und
als Zitate oder zum Weiterverarbeiten des Inhalts in Ihr Textverarbei-
tungs- oder Literaturverwaltungsprogramm einfügen (> Kap. 14).
Vergessen Sie aber nicht, die Quelle anzugeben (> Kap. 4.3).

In der Regel suchen Sie E-Books genau wie gedruckte Bücher im
Online-Katalog Ihrer Universitätsbibliothek. Zusätzlich bieten einige
Bibliotheken einen direkten Link zu den E-Books. Freier Zugriff auf
nicht mehr urheberrechtlich geschützte ältere Quellen wird von Websites wie *Wikisource* (http://de.wikisource.org) oder dem *Projekt Gu-
tenberg.de* (http://gutenberg.spiegel.de) gewährt.

*   *Wikisource* berücksichtigt vorzugsweise Texte, die als historische
    Quellen gelten können und die in der Regel älter als 70 Jahre sind.
*   Das *Projekt Gutenberg.de* verzeichnet mehr als 4.000 komplette
    Bücher, darunter Werke von Aristoteles, Platon und Max Weber.
*   Mit einem ambitionierten Digitalisierungsprojekt will *Google* in
    den nächsten Jahren eine Million Bücher aus der *Bayerischen
    Staatsbibliothek* ins Netz stellen und über die *Google Buchsuche*
    (http://www.google.de/books) suchbar machen (> Kap. 12.1).

Zwei E-Books-Portale, die ausschließlich frei zugängliche E-Books
im Volltext verzeichnen, sind:
*   *Manybooks.net* (http://manybooks.net/), mit 398 Titeln in der
    Kategorie Politik, u.a. Werke von Thomas Paine, Alexis de Toc-
    queville und Edmund Burke.
*   *JustFreeBooks* (http://www.justfreebooks.info/) durchsucht mehr
    als 450 Websites (u.a. das *Projekt Gutenberg.de*) und verzeichnet
    gemeinfreie Texte und Hörbücher.

## 10.3  Virtuelle Kataloge

### Regionale Zentralkataloge

Die deutschen Bibliotheken sind in regionalen Bibliotheksverbünden
organisiert, welche die kooperative Katalogisierung und Fernleihe

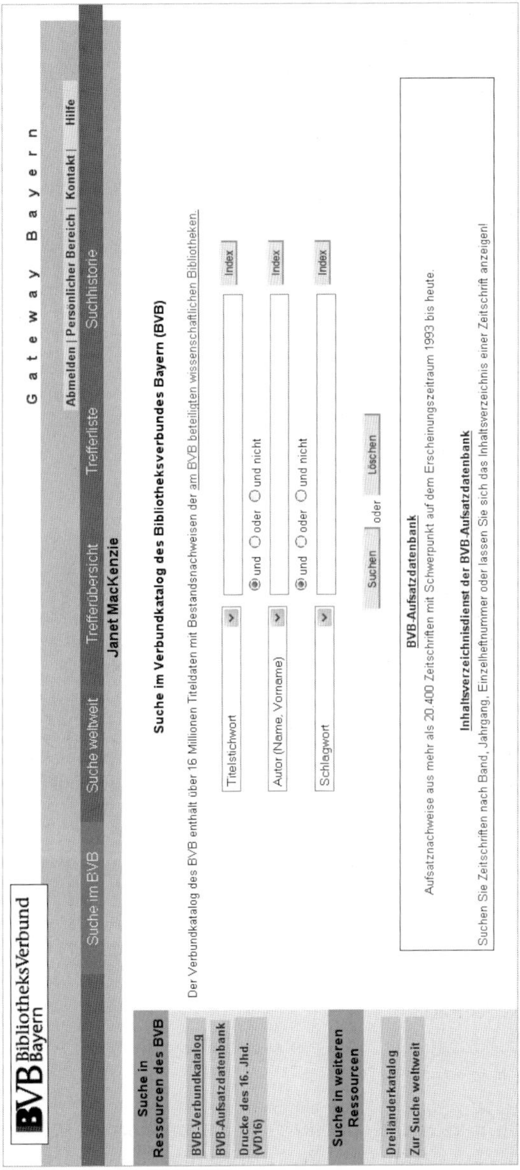

Abbildung 5: Gateway Bayern
Quelle: Online-Bildschirmaufnahme

koordinieren. Für die Nutzer von Bibliotheken von größtem Interesse sind die Zentralkataloge dieser Verbünde. Die *UB München* beispielsweise gehört zusammen mit der *Bayerischen Staatsbibliothek*, zahlreichen Forschungsbibliotheken sowie allen anderen bayerischen Hochschulbibliotheken zum regionalen *Bibliotheksverbund Bayern (BVB)*. Der gemeinsame Katalog dieser Bibliotheken – der *Gateway Bayern* – umfasst über 14 Millionen Titel mit dem Nachweis, welche Bibliothek sie besitzt. Wir demonstrieren die Verwendung von Zentralkatalogen an diesem Beispiel.

### Gateway Bayern

Über das Portal *Gateway Bayern* (http://bvba2.bib-bvb.de) haben Sie nicht nur Zugriff auf den Bayerischen Verbundkatalog, sondern auch auf Aufsatzdatenbanken, elektronische Zeitschriften und weitere nationale und internationale Kataloge. Zur Recherche reicht eine Anmeldung als Gast aus; weitere Dienste (Speicherung Ihrer Recherchen, Einrichten von regelmäßigen Benachrichtigungen über Neuzugänge) stehen Ihnen nach der kostenlosen Registrierung zur Verfügung. Die Suchmaske des Verbundkatalogs des BVB ist voreingestellt (Abb. 5); die Recherche läuft wie im OPAC ab.

### SFX

Bei der Recherche im Katalog des BVB fällt eine Schaltfläche mit der Überschrift *SFX* auf. Diese finden Sie ebenfalls in vielen anderen Katalogen und Fachdatenbanken. Der *SFX*-Dienst ist eine Schnittstelle zwischen Ihrer Recherche und den Möglichkeiten, die Ihre eigene Universitätsbibliothek bietet (Abb. 6). Im günstigsten Fall erhalten Sie (bei Zeitschriftenaufsätzen) einen direkten Link zum Volltext bzw. zur Zusammenfassung des Inhalts; andernfalls können Sie zwischen einer Prüfung weiterer Standorte im Bibliotheksverbund, einer Fernleihbestellung, einer Bestellung über den Dokumentlieferdienst *subito* oder auch einer Internetsuche wählen.

### Karlsruher Virtueller Katalog (KVK) und DigiBib

Der *KVK* (http://www.ubka.uni-karlsruhe.de/kvk.html) ist ein Meta-Katalog, den die Universitätsbibliothek Karlsruhe entwickelt hat. Damit wird es möglich, deutsche, österreichische, schweizerische

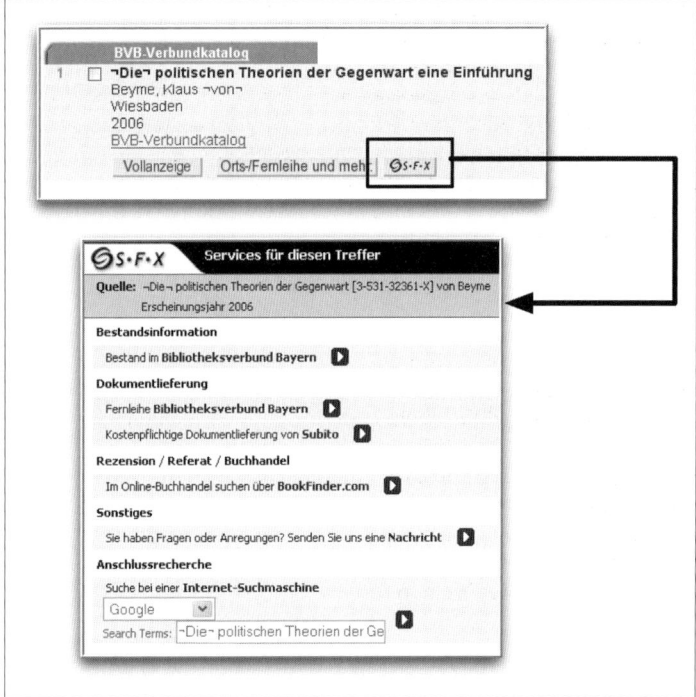

Abbildung 6: SFX

Quelle: Online-Bildschirmaufnahme und eigene Grafik

und weitere internationale *OPAC*s von regionalen Verbünden, Natio-
nalbibliotheken und Buchhandelskatalogen sowie die Zeitschriftendatenbank (ZDB, > Kap. 11.1) auf einmal zu durchforsten. Der KVK
weist weltweit über fünfhundert Millionen Bücher und Zeitschriften
aus Bibliotheken und Buchhandelsverzeichnissen nach.

Die Oberfläche des *KVK* ist klar gegliedert und weitgehend selbst-
erklärend (Abb. 7).

• Da der *KVK* direkt auf die Originaldatenbanken zugreift, ist die
  Recherche nur in denjenigen Feldern möglich, die in diesen Katalogen enthalten sind. Nicht alle Kataloge bieten beispielsweise
  die Schlagwortsuche an. Eine parallele Suche nach Titelstichwörtern empfiehlt sich daher sehr.

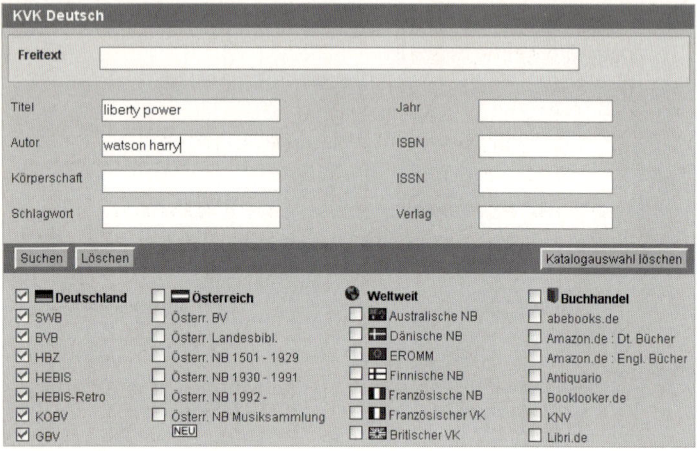

Abbildung 7: Karlsruher Virtueller Katalog
Quelle: Online-Bildschirmaufnahme

- Die Suchanfrage wird zeitgleich an die ausgewählten Bibliothekskataloge weitergeleitet. Teilweise benötigen Sie etwas Geduld,
  weil manche Online-Kataloge zu Spitzenzeiten überlastet sind.
  Versuchen Sie es in diesem Fall später noch ein weiteres Mal.

Durch die bequeme Zuschaltung der durchsuchten Kataloge (anha-
ken/abhaken) können Sie beispielsweise im *Bibliotheksverbund Bayern* eine Recherche starten, dann deutschlandweit weitersuchen, und
schließlich ausgewählte große Verbunds- und Nationalkataloge im
Ausland durchforsten, ohne wiederholt die gleichen Suchbegriffe
eingeben zu müssen.

In der *DigiBib* (http://eris.hbz-nrw.de) können Sie ebenfalls unter
einer einheitlichen Oberfläche in vielen verschiedenen Katalogen und
Literaturdatenbanken gleichzeitig nach Büchern, Zeitschriftenaufsätzen und anderen Medien recherchieren. Sie stellen sofort fest, ob ein
gefundener Text verfügbar ist: online, per Dokumentlieferung, in
einer Bibliothek oder bei einem Online-Buchhändler. Zum Teil haben
Sie direkten Zugriff auf die Volltexte. Diese sind jedoch teilweise
kostenpflichtig, wenn sie nicht von Ihrer Universitätsbibliothek lizenziert wurden.

# 11 Online-Suche nach Zeitschriftenaufsätzen und Quellen

## 11.1 Wie finden Sie Aufsätze in Zeitschriften?

Die aktuelle wissenschaftliche Literatur erscheint zumeist in Form von Aufsätzen in politikwissenschaftlichen Fachzeitschriften. Es ist häufig der Fall, dass Sie Ihr eigenes Forschungsprojekt effizienter vorbereiten können, wenn Sie nach Aufsätzen neueren Datums suchen. Die entsprechende Recherche erfordert jedoch andere Fertigkeiten als die nach Büchern: In den elektronischen Bibliothekskatalogen (OPACs) können Sie nämlich zwar nach Zeitschriften, nicht aber gezielt nach Aufsätzen in diesen Zeitschriften suchen, da diese nicht einzeln nachgewiesen werden. Eine bemerkenswerte Ausnahme ist der OPAC des Deutschen Bundestages (http://opac.bibliothek. bundestag.de), der sowohl Zeitschriftenaufsätze als auch Einzelbeiträge aus Sammelbänden nachweist). Nach Zeitschriften können Sie, falls sie nicht im OPAC zu finden sind, auch in der *Zeitschriftendatenbank (ZDB)* recherchieren. Es handelt sich um die zentrale deutsche Datenbank für fortlaufende Sammelwerke (Zeitschriften, Zeitungen, Jahrbücher u. ä.) mit mehr als sechs Millionen Nachweisen auf Standorte in circa 4.300 deutschen Bibliotheken. Aber auch sie enthält keine einzelnen Aufsätze.

Um Zeitschriftenaufsätze zu finden, müssen Sie also Fachdatenbanken benutzen, die thematisch passende Beiträge auflisten. Elektronische Zeitschriftendatenbanken, über die heute alle wissenschaftlichen Bibliotheken verfügen, ermöglichen es überdies häufig, Kopien der betreffenden Aufsätze herunterzuladen, ohne dass Sie in den Bücherregalen nach den Printausgaben der Zeitschriften suchen müssen. Das ist sehr bequem. Daher lohnt es sich, zunächst einigen Aufwand zu betreiben, um die nötigen Recherchefertigkeiten zu erwerben.

*Elektronische Zeitschriftenbibliothek*

Wenn Sie bereits wissen, in welchen Zeitschriften Sie suchen möchten, oder wenn Sie wissen möchten, für welche Zeitschriften Ihre Bibliothek ein Volltextabonnement besitzt, suchen Sie in der *Elektronischen Zeitschriftenbibliothek (EZB)*, die über die Homepage jeder wissenschaftlichen Bibliothek zu erreichen ist. In diese Datenbank werden Zeitschriften aller Fachgebiete aufgenommen. Sie umfasst an der Universitätsbibliothek München (UB) mehr als 30.000 Zeitschriftentitel, davon über 4.000 reine Online-Zeitschriften; etwa 15.000 Titel sind im Volltext frei zugänglich.

Der Einstieg erfolgt auf der Homepage Ihrer UB, z.B. über den Link *E-Zeitschriften*. Ein Ampelsystem signalisiert, welchen Zugriff Sie auf die jeweilige Zeitschrift haben.

- Grün: Volltexte der Zeitschrift sind frei zugänglich.
- Gelb: Volltextartikel sind lizenzpflichtig. Sie erreichen sie über Ihr Universitätsnetz.
- Rot: Sie haben keinen Zugriff auf Volltexte, können aber Inhaltsverzeichnisse einsehen und einzelne Artikel direkt beim Verlag kaufen.
- Gelb-rot: Für diese Zeitschrift hat Ihre Bibliothek kein durchgängiges Abonnement. Sie können Volltexte nur bei einem Teil der erschienenen Jahrgänge kostenlos aufrufen.

Über *Einstellungen* können Sie die „Roten" ausschalten und sehen somit nur die E-Zeitschriften, auf die Sie vollen Zugriff haben. Um mehr über eine Zeitschrift (Verlag, Herausgeber oder Erscheinungsweise) zu erfahren, klicken Sie auf das Informationssymbol neben dem Titel.

### Fachdatenbanken

Eine Fachdatenbank ist eine Sammlung von elektronisch gespeicherten wissenschaftlichen Informationen, beispielsweise Zeitschriftenaufsätze, Essays, Rezensionen, Dissertationen oder Beiträge aus Sammelwerken. Eine Recherche in einer Fachdatenbank ähnelt einer Suche im OPAC (> Kap. 10.1).

Wissenschaftliche Fachdatenbanken gibt es in drei Formen:

(1)    *Bibliographische Datenbanken* verzeichnen Autor, Titel, Zeitschriftentitel oder Titel des Sammelbandes, Thema und oft eine Zusammenfassung des Inhalts (Abstract). Beispiele: *Internationale Bibliographie der Geistes- und Sozialwissenschaftlichen Zeitschriftenliteratur*, *International Political Science Abstracts*.

(2)    *Volltextdatenbanken* enthalten nicht nur bibliographische Angaben, sondern auch den kompletten Text der verzeichneten Aufsätze. Beispiele: *Academic Search Premier*, *JSTOR*.

(3)  *Faktendatenbanken* enthalten Informationen wie biographische Angaben, Wirtschaftsdaten, Statistiken und Zeitreihen. Beispiele: *Munzinger Online*, *Factiva*.

Außerdem können *fachübergreifende und fachspezifische Datenbanken* unterschieden werden. Welche Datenbank sich am besten für die eigene Recherche eignet, ist vom Gegenstand der Recherche sowie dem eigenen Wissenstand und der bisherigen Erfahrung im Umgang mit der Datenbanknutzung abhängig. Besonders einfach zu handhaben und deshalb für Anfänger zu empfehlen sind die beiden fachübergreifenden Datenbanken *Internationale Bibliographie der Geistes- und Sozialwissenschaftlichen Zeitschriftenliteratur (IBZ)* und *Academic Search Premier (ASP)*. Sie enthalten auch spezielle fachbezogene Suchhilfen wie Angaben zur wissenschaftlichen Tätigkeit der Autoren und einen fein gegliederten *Thesaurus* (hierarchisch strukturierte Liste von Fachtermini mit Synonymen und verwandten Begriffen). Für eine umfassende und professionelle Suche zur Entwicklung eigener Forschungsprojekte sind die fachspezifischen Datenbanken dennoch unumgänglich. Sie erschließen neben den Standardzeitschriften auch Periodika, die sich unmittelbar an die politikwissenschaftliche *community* richten. Besonders wichtig sind *Worldwide Political Science Abstracts*, *Social Science Citation Index* und *International Political Science Abstracts*.

Den Zugang zu Datenbanken erschließen Sie über das *Datenbankinformationssystem (DBIS)* Ihrer Universitätsbibliothek. Der Einstieg erfolgt in der Regel über einen Link mit der Aufschrift *Datenbanken* oder *E-Medien* zum *Datenbank-Informationssystem (DBIS)*. Von den über 6.000 in DBIS aufgeführten Datenbanken sind mehr als 2.000 via Internet frei zugängliche Angebote (Symbol F auf grünem Grund). Von den anderen 4.000 bekommen Sie diejenigen angezeigt, die Ihre lokale Bibliothek abonniert hat. Lizenzpflichtige Datenbanken Ihrer Universität (Symbol U auf gelbem Grund) sind nur vom Universitätsnetz aus zugänglich. Um diese von zuhause aus zu nutzen, muss die lokale Konfiguration Ihres Rechners angepasst werden. Das ist lästig, Sie werden das Problem aber lösen können, wenn Sie die entsprechenden Anleitungen auf den Hilfeseiten Ihrer Universitätsbibliothek befolgen.

DBIS zeigt zunächst eine Fachübersicht aller Wissensgebiete (Abb. 8).

Die politikwissenschaftlichen Fachdatenbanken werden erwartungsgemäß unter *Politologie* alphabetisch verzeichnet (Abb. 9).

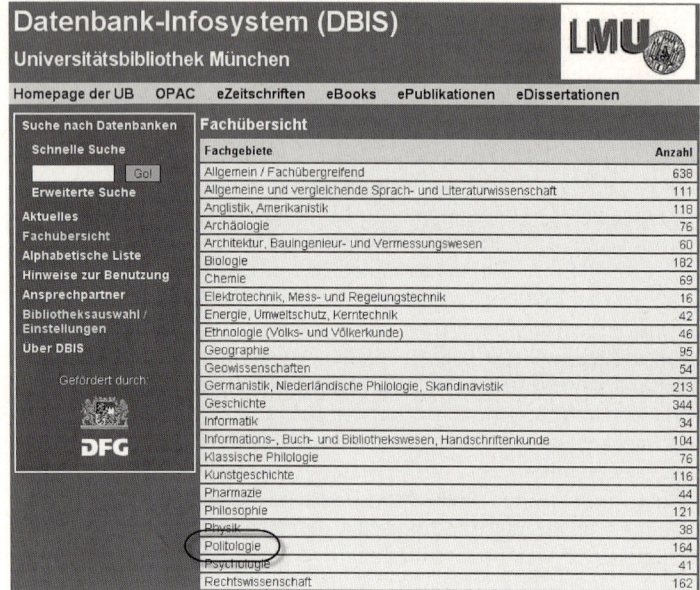

Abbildung 8: DBIS Fachübersicht
Quelle: Online-Bildschirmaufnahme

Unter *Top-Datenbanken* stehen die Titel mit den momentan höchsten Zugriffszahlen.

Wählen Sie die gewünschte Fachdatenbank aus. DBIS zeigt eine Informationsseite zur ausgewählten Datenbank (Abb. 10).

Bei manchen Datenbanken finden Sie auf dieser Seite auch einen Link zu kurzen deutschsprachigen *E-Tutorials*. Diese sind kleine Online-Videos, die Ihnen in fünf Minuten die Grundelemente der Recherche zeigen. In der Universitätsbibliothek München beispielsweise finden Sie die Liste der verfügbaren *E-Tutorials* unter http://www.ub.uni-muenchen.de/etutorials.php. Nutzen Sie auch die Hilfe-Seiten der Datenbankanbieter; Sie finden hier Rechercheanleitungen, *Tutorials* und andere Hilfestellungen.

Um es Ihnen zu erleichtern, sich in der komplexen Welt der Fachdatenbanken zurechtzufinden, stellen wir Ihnen im Folgenden einige

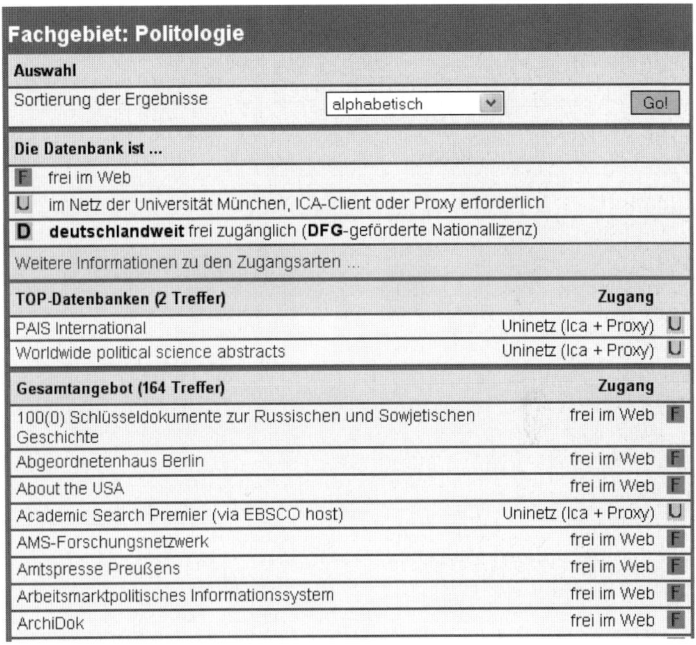

| Fachgebiet: Politologie | | |
|---|---|---|
| **Auswahl** | | |
| Sortierung der Ergebnisse | alphabetisch ⌄ | Go! |
| **Die Datenbank ist ...** | | |
| F | frei im Web | |
| U | im Netz der Universität München, ICA-Client oder Proxy erforderlich | |
| D | **deutschlandweit** frei zugänglich (**DFG**-geförderte Nationallizenz) | |
| Weitere Informationen zu den Zugangsarten ... | | |
| **TOP-Datenbanken (2 Treffer)** | | **Zugang** |
| PAIS International | | Uninetz (Ica + Proxy) U |
| Worldwide political science abstracts | | Uninetz (Ica + Proxy) U |
| **Gesamtangebot (164 Treffer)** | | **Zugang** |
| 100(0) Schlüsseldokumente zur Russischen und Sowjetischen Geschichte | | frei im Web F |
| Abgeordnetenhaus Berlin | | frei im Web F |
| About the USA | | frei im Web F |
| Academic Search Premier (via EBSCO host) | | Uninetz (Ica + Proxy) U |
| AMS-Forschungsnetzwerk | | frei im Web F |
| Amtspresse Preußens | | frei im Web F |
| Arbeitsmarktpolitisches Informationssystem | | frei im Web F |
| ArchiDok | | frei im Web F |

Abbildung 9: DBIS Politologie
Quelle: Online-Bildschirmaufnahme

von ihnen vor. Wir demonstrieren jeweils an Beispielen, wie man Aufsätze zu seinem Thema finden kann.

*Fachübergreifende Datenbanken*

Internationale Bibliographie der Geistes- und Sozialwissenschaftlichen Zeitschriftenliteratur (IBZ)

Die *IBZ-Online* weist über 2.794.500 Zeitschriftenaufsätze aus ca. 11.310 Zeitschriften der Jahre ab 1983 auf allen Wissensgebieten nach. Ihre besonderen Vorteile:

- Die Oberfläche ist deutschsprachig, Sie recherchieren mit deutschen Suchbegriffen.
- 39% der erschlossenen Aufsätze sind in deutscher Sprache verfasst.

| Detailansicht | |
|---|---|
| **Worldwide political science abstracts** | |
| Weitere Titel: | CSA worldwide political science abstracts |
| Recherche starten: | http://www.csa.com/htbin/dbrng.cgi?username=g.. |
| Verfügbar: | Im Netz der Universität München, ICA-Client oder Proxy erforderlich Eintrag des Proxy-Servers erforderlich U |
| Fachgebiete: | Politologie |
| Inhalt: | Die Datenbank ist hervorgegangen aus den Bibliographien "Political science abstracts" (1975-2000) und "ABC POL SCI" (1984-2000); nachgewiesen werden Artikel und Rezensionen aus ca. 1500 internationalen Zeitschriften zur Politikwissenschaft und zu verwandten Gebieten wie Verwaltungswissenschaft, internationale Beziehungen, Recht. Außerdem werden in geringerem Umfang auch Monographien und Dissertationen berücksichtigt. Den Nachweisen der Zeitschriftenartikeln sind eine kleine Inhaltsangabe beigegeben und seit 2001 oft auch der ursprüngliche Anmerkungsapparat. Die Datenbank wertet zu rund 80% Literatur aus Westeuropa und Nordamerika aus. |
| Schlagwörter: | Politik, Verwaltungswissenschaft Bibliographie |
| Erscheinungsform: | WWW (Online-Datenbank) |
| Datenbank-Typ: | Fachbibliographie ➕ |
| Verlag: | Cambridge Scientific Abstracts |
| Anleitung: | E-Tutorial |
| Weitere Bemerkungen: | Benutzeroberfläche: CSA Illumina |

Abbildung 10: DBIS Detailansicht
Quelle: Online-Bildschirmaufnahme

- Wichtige deutschsprachige politikwissenschaftliche Zeitschriften und andere relevante Publikationen werden ausgewertet, z.B. Aus Politik und Zeitgeschichte, Blätter für deutsche und internationale Politik, Internationale Politik, Politische Vierteljahresschrift, Zeitschrift für Politik und Zeitschrift für Politikwissenschaft.

Beispielsuche in der IBZ:
Es wird neuere Literatur zum Thema *Demokratie in Afrika* gesucht, wobei *Südafrika* ausgeschlossen werden soll. Der Zugang erfolgt über *DBIS;* abgebildet ist die Startseite der Datenbank (Abb. 11).

Zu empfehlen ist die Umschaltung auf die *Erweiterte Suche*, da sie die Verknüpfung der Suchbegriffe erleichtert und präzisere Ergebnisse erzielt (Abb. 12).

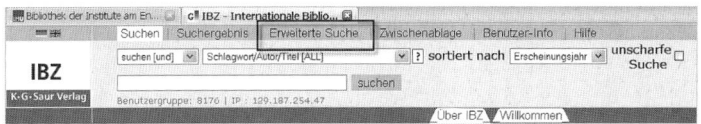

Abbildung 11: IBZ – Startseite
Quelle: Online-Bildschirmaufnahme

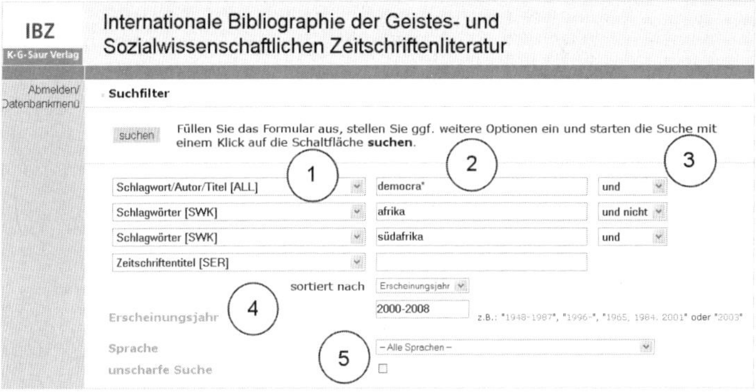

Abbildung 12: IBZ – Erweiterte Suche
Quelle: Online-Bildschirmaufnahme und eigene Grafik

(1)  *Suchfeldkategorie*: Bestimmen Sie über das *Drop-down*-Menü, in welcher Kategorie (Schlagwort, Aufsatztitel, Autor, Zeitschriftentitel) usw. gesucht werden soll.

(2)  *Trunkierung*: Benutzen Sie den Platzhalter *, um neben *Demokratie* auch *demokratisch* und *Demokratisierung* zu finden.

(3)  *Operatoren*: Verknüpfen Sie mehrere Suchbegriffe mit UND, ODER, UND NICHT.

(4)  *Erscheinungsjahr, Sprache*: Schränken Sie Ihre Suche optional weiter ein.

(5)  *Unscharfe Suche:* Liefert ähnliche Ergebnisse wie eine Trunkierung; gilt für alle Felder gleichzeitig.

Nach Start der Suche werden die Resultate als Trefferliste angezeigt (Abb. 13).

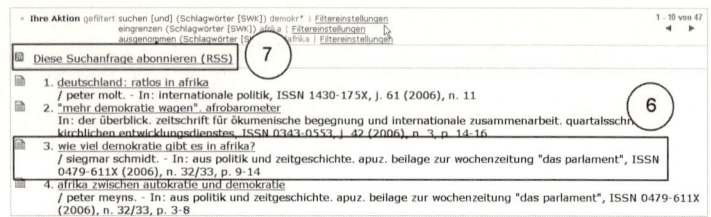

Abbildung 13: IBZ – Trefferliste

Quelle: Online-Bildschirmaufnahme und eigene Grafik

(6)  *Treffer*: Die exakte Fundstelle des einzelnen Aufsatzes steht bereits in der Trefferliste. Der Aufsatztitel ist ein Link zur Vollanzeige (Abb. 14).

(7)  *RSS*: Über einen RSS-Feed kann man die Suche automatisch aktualisieren (> Kap. 12.2).

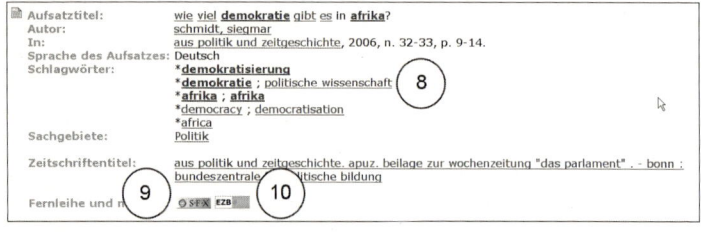

Abbildung 14: IZB – Vollanzeige

Quelle: Online-Bildschirmaufnahme und eigene Grafik

(8)  *Schlagwörter*: Diese können direkt gewählt werden, um eine neue Suche zu starten. Die bei der aktuellen Recherche bereits berücksichtigten Begriffe werden in Fettdruck hervorgehoben.

(9)  *SFX*: Öffnet ein Fenster, in dem angezeigt wird, welche Möglichkeiten Ihre UB bietet, um an den elektronischen oder gedruckten Volltext des Aufsatzes zu gelangen.

(10)  *EZB*: Leitet an den Webeintrag für die Zeitschrift in der Elektronischen Zeitschriftenbibliothek weiter.

In beiden Fällen führen die Links direkt zum online frei verfügbaren Volltext des Aufsatzes; über SFX ist auch eine Recherche im OPAC der UB möglich, die ggf. (z.B. bei der UB München) ergibt, dass die Druckausgabe der Zeitschrift in der Fachbibliothek steht.

## Academic Search Premier (ASP)

*ASP* ist ebenfalls eine multidisziplinäre Volltextdatenbank; hier liegt der Schwerpunkt eindeutig auf englischsprachiger Fachliteratur. Es werden mehr als 8.000 wissenschaftliche Zeitschriften aus den Sozial-, Geistes- und Naturwissenschaften erschlossen; etwa 4.700 dieser Zeitschriften sind im Volltext zugänglich. Obwohl ASP keine rein politikwissenschaftliche Datenbank ist, wertet sie viele der grundlegenden englischsprachigen politologischen Fachzeitschriften aus und eignet sich gut für fachübergreifende Recherchen. Gegenüber der *IBZ* bietet *ASP* eine Reihe nützlicher Zusatzfunktionen und Informationen an:

*   *Abstracts*: kurze Inhaltszusammenfassungen der einzelnen Aufsätze; diese Texte können Sie auch in die Suche einbeziehen;
*   *Untergliederung nach Publikationsart*: auf Wunsch ausschließliche Anzeige von Treffern aus *peer-reviewed*-Zeitschriften, Rezensionen sowie Beiträgen aus Sammelbänden;
*   *References*: die vom Verfasser des jeweiligen Aufsatzes zitierten Werke (> Schneeballsystem, > Kap. 9.3);
*   *Narrow Results by Subject*: Einschränkung großer Ergebnismengen auf politologische Fragestellungen bzw. Themen;
*   *Cited by*: Links zu Werken, die den jeweiligen Aufsatz zitieren (und daher auch neuer als der vorliegende Aufsatz sind);
*   *Exportfunktion*: Übernahme der Suchergebnisse in Literaturverwaltungsprogramme wie EndNote, RefWorks und Citavi (> Kap. 14);
*   *Persönliches Konto*: dauerhafte Speicherung von Merklisten und Suchparameter sowie Einrichtung von Alerts (automatische Benachrichtigung per E-Mail oder RSS-Feed bei relevanten Neuzugängen der Datenbank).

## Social Sciences Citation Index (SSCI)

Der *SSCI* ist eine Zitationsdatenbank. Sie haben durch frühere Recherchen bereits ein einschlägiges Werk (Buch oder Zeitschriftenaufsatz) entdeckt? Dann können Sie im *SSCI* nachschauen, ob dieses Werk auch in anderen Aufsätzen bzw. von anderen Wissenschaftlern zitiert wurde. Diese Aufsätze sind nicht nur meistens ebenfalls einschlägig sondern auch neuer als das zitierte Werk. Nachteil: Die Oberfläche ist unübersichtlich und komplex, da der *SSCI* einen Teil des interdisziplinären Gesamtpakets *Web of Science* bildet.

### *Politikwissenschaftliche Fachdatenbanken*

## Worldwide Political Science Abstracts

Die *WPSA* verzeichnet Artikel und Rezensionen aus ca. 1.500 internationalen Zeitschriften zur Politikwissenschaft und zu verwandten Gebieten (wie Verwaltungswissenschaft und Recht) ab 1975. Nachgewiesen wird auch eine geringe Anzahl von Monographien und Dissertationen. Die Datenbank wertet zu rund 80 Prozent Literatur aus Westeuropa und Nordamerika aus. Die Suche verläuft ähnlich wie in der IBZ; die Vollanzeige ist aber erheblich ausführlicher. Viele Aufsätze lassen sich direkt herunterladen, je nachdem, über welche Lizenzen Ihre Bibliothek verfügt (Abb. 15).

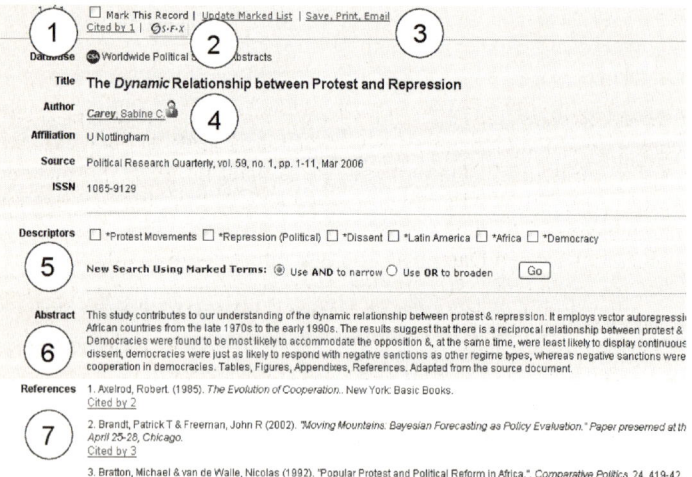

Abbildung 15: Worldwide Political Science Abstracts – Vollanzeige
Quelle: Online-Bildschirmaufnahme und eigene Grafik

(1)  *Cited by*: Link zu einem neueren Beitrag, der den angezeigten Aufsatz zitiert;
(2)  *SFX*: Link zu OPAC und ggf. Volltext;
(3)  *Save, print, email*: Speicherung in einer persönlichen Merkliste bzw. im Exportformat für Literaturverwaltungssoftware, Drucken, Versenden per E-Mail;
(4)  *Personensymbol*: Link zu Informationen über den Autor;
(5)  *Descriptors*: Schlagwörter, die zur Einschränkung oder Ausweitung der Recherche mit Operatoren kombiniert werden können;
(6)  *Abstract*: Inhaltszusammenfassung; die bei der Recherche eingegebenen Suchbegriffe werden in Fettdruck hervorgehoben;
(7)  *References*: Anmerkungsapparat mit Links zu weiteren Aufsätzen, die diese Werke zitieren.

## International Political Science Abstracts (IPSA)

In der *IPSA* finden Sie Literatur der Fachgebiete Politik und Internationale Beziehungen, Internationales Recht sowie Völkerrecht. Nachgewiesen werden Aufsätze aus Zeitschriften und Jahrbüchern weltweit, mit Abstracts. Über SFX gelangen Sie zum Volltext bzw. zur OPAC-Suche.

## JSTOR

*Journal Storage (JSTOR)* (http://www.jstor.org) erschließt Zeitschriften aus den Gebieten Geistes-, Sozial- und Wirtschaftswissenschaften ab dem 19. Jahrhundert. Sie können in der Regel auf die Volltexte zugreifen. Allerdings sind die jeweils zwei bis fünf letzten Jahrgänge oft nicht zugänglich.

Weitere wichtige Datenbanken für Politikwissenschaftler sind:

*   *Online Contents Sondersammelgebiet Politikwissenschaft und Friedensforschung*;
*   *Philosophers Index* (zu empfehlen bei der Suche nach Fragestellungen der politischen Theorie und Philosophie);
*   *Public Affairs Information Service (PAIS) International*.

Auch diese Datenbanken sind über das *Datenbankinformationssystem DBIS* zugänglich.

## 11.2  Wie finden Sie amtliche Informationen und Daten?

Amtliche Statistiken, Gesetzestexte und Rechtsprechung sind wissenschaftliches Rohmaterial und gehören somit zu den Primärquellen. Politikwissenschaftlich relevantes statistisches Material wird hauptsächlich von folgenden Institutionen gesammelt und veröffentlicht:

- Statistische Ämter des Bundes und der Länder;
- Institutionen und Körperschaften der Bundes-, Länder- und Kommunalverwaltungen sowie ihre ausländischen Äquivalente;
- Legislative Institutionen (Parlamente);
- Politische Parteien, Wirtschaftsverbände, kulturelle Institutionen und andere Interessengruppen;
- Forschungsinstitute und andere wissenschaftlichen Einrichtungen;
- Internationale Regierungs- und Nichtregierungsorganisationen.

Wenn Sie bereits wissen, welche Institution die gesuchte Quelle erstellt (und wie diese genau heißt), ist es einfach, sie mit einer beliebigen Suchmaschine zu finden. Weit schwieriger ist es, wenn Ihnen diese Starthilfe fehlt und Sie auf eigene Suchbegriffe angewiesen sind. Denn die offizielle Bezeichnung von Gesetzen, Verträgen und statistischen Reihen weicht häufig vom normalen Sprachverbrauch stark ab („Bücher" können beispielsweise als „Verlagserzeugnisse" bezeichnet werden). Recherchehilfen aus dem Fachgebiet Rechtswissenschaft sind hier oft effektiver als solche aus der Politikwissenschaft. Als Einstieg zu empfehlen sind:

- *Virtuelle Fachbibliothek Recht* (http://www.vifa-recht.de);
- *DBIS – Rechtswissenschaft*: Hier werden über 170 juristische und statistische Quellen aufgeführt, die teils im Internet frei verfügbar, teils über DFG-geförderte Nationallizenzen zugänglich und teils von der eigenen Hochschule lizenziert sind;
- *Politikwissenschaft im WWW* (http://www.uni-tuebingen.de/pol/urlpool.htm) des Tübinger Bibliothekars Jürgen Plieninger, insbesondere die Rubriken: 3.2 Institutionen, 3.3 Regionen und Länder, 3.5 Gesetzes- und Vertragstexte sowie 5 Statistische Quellen.

*Statistiken*

Der Anblick amtlicher statistischer Veröffentlichungen in der Rohfassung kann für den Suchenden ohne methodologisches Fachwissen
entmutigend sein. Einen einfacheren Erstzugang bieten folgende Auf-
bereitungen:

- *Statista* (http://de.statista.org) ist ein privates Unternehmen, das
  mit namhaften Institutionen wie dem *Statistischen Bundesamt*,
  *GESIS*, dem *Institut für Demoskopie Allensbach* und dem *Deutschen Institut für Wirtschaftsforschung* kooperiert, um über eine
  Millionen Zahlenreihen nicht nur verfügbar zu machen, sondern
  auch anschaulich und für den wenig versierten Interessenten verständlich und sogar unterhaltsam zu gestalten.
- *Datenreport. Zahlen und Fakten über die Bundesrepublik
  Deutschland* (http://gesis.decenturl.com/sozialindikatoren-publi-
  kationen) wird vom Statistischen Bundesamt in Zusammenarbeit
  mit zwei Forschungseinrichtungen herausgegeben. Der Bericht
  kombiniert wichtige Zahlentabellen der deutschen Sozial- und
  Wirtschaftsstatistik mit verständlichen Kommentaren und Erklärungen. In gedruckter Form erscheint der Bericht bei der Bundeszentrale für politische Bildung (http://www.bpb.de).
- *Redaktions-Archiv. Gesellschaft, Wirtschaft, Politik, Recht* (9. Aufl.
  Berlin: Schmidt, 1955ff.) ist eine Loseblattsammlung, die zunächst
  für Zeitungsredaktionen gedacht war; mittlerweile wird sie von vielen wissenschaftlichen Bibliotheken geführt. Sie fasst wesentliche
  politische und gesellschaftliche Daten in graphischer Form mit knap-
  pem Textkommentar zusammen und wird regelmäßig aktualisiert.
  Eine Online-Version gibt es nicht; das Konkurrenzprodukt *Globus*
  (http://www.globus-infografik.de) ist kostenpflichtig.

Ist der direkte Zugriff auf primäre statistische Quellen erforderlich,
können folgende Internetressourcen empfohlen werden:
- *GESIS – Gesellschaft Sozialwissenschaftlicher Infrastrukturein-
  richtungen e.V.* (http://www.gesis.org) sammelt und erschließt
  sozialwissenschaftliche Daten, Forschungsinformationen und
  Literatur, stellt diese online bereit und berät zu Methoden der
  Datenerhebung und Umfragedurchführung.

**Deutschland**
- Das gemeinsame Portal der *Statistischen Ämter des Bundes und
  der Länder* bietet eine übersichtlich strukturierte Linksammlung

nicht nur deutscher, sondern auch internationaler Statistiken und amtlicher Quellen im Internet (http://www.statistik-portal.de). Über das teilweise kostenpflichtige Informationssystem *Genesis* ist der detaillierte Zugriff auf die eigenen statistischen Reihen der Ämter möglich (https://www-genesis.destatis.de/genesis/online/logon).

**Allgemein und international**

- Das Statistische Amt der Europäischen Gemeinschaften *Eurostat* (http://europa.eu.int/comm/eurostat) sammelt und harmonisiert die statistischen Angaben aller Mitgliedsländer der EU.
- Das Portal *Source OECD* (http://miranda.sourceoecd.decenturl. com/sourceoecd-home) ist für Benutzer der Bayerischen Staatsbibliothek sowie einer Reihe von Hochschulbibliotheken (einschließlich der UB München) über das *Datenbankinformationssystem DBIS* frei zugänglich, ansonsten kostenpflichtig (Testzugang sieben Tage kostenlos). Es enthält
  - o über 40 statistische Datenbanken der OECD,
  - o Studien der OECD (thematisch sortiert),
  - o über 20 regelmäßig erscheinende Zeitschriften und Reihen,
  - o ca. 2.000 Monographien und Reports der OECD, erschienen seit 1998.
- Die *United Nations Common Database (UNCDB)* (http://unstats. un.decenturl.com /united-nations-statistics) beinhaltet
  - o ausgewählte Reihen aus 30 internationalen Fachdatenquellen aller verfügbaren Länder und Regionen sowie die *UNSTATS* Datenbank,
  - o über acht Millionen Datenelemente aus über 300 weltweiten statistischen Reihen der Vereinten Nationen, einschließlich *FAO, ILO, IMF, ITU,OECD, UNESCO, WHO, WIPO* und *Weltbank*, für alle Länder und Regionen der Erde.

**Gesetzestexte und Rechtsprechung**

Die rechtsverbindliche Fassung eines Gesetzestextes ist stets die im entsprechenden amtlichen Gesetzblatt gedruckte Version. In der Bundesrepublik Deutschland wird die Gesetzgebung im *Bundesgesetzblatt* veröffentlicht. Die Manipulierung von im Internet veröffentlichten Gesetzestexten kann nie ganz ausgeschlossen werden, weswegen Onlinequellen mit Vorsicht zu genießen und gegebenenfalls mit der gedruckten Version zu vergleichen sind.

- Das *Bundesministerium der Justiz* stellt mit *Gesetzestexte im Internet* (http://www.gesetze-im-internet.de/index.html) beinahe den gesamten Korpus der deutschen Gesetzgebung in der jeweils aktuellen Fassung online.

- Die Datenbank *Lexetius.com* (http://www.lexetius.com) veröffentlicht Urteile, Beschlüsse und Mitteilungen des Europäischen Gerichtshofs und des Europäischen Gerichts Erster Instanz in Luxemburg, des Bundesverfassungsgerichts, des Bundesgerichtshofs, des Bundesverwaltungsgerichts, des Bundesfinanzhofs, des Bundesarbeitsgerichts und des Bundessozialgerichts.

# 12 Online-Suche: Suchmaschinen, Portale, Social Scholarship

Zu den bekanntesten Recherchehilfen im Internet gehören Suchmaschinen und Webenzyklopädien. Nicht alle sind für die wissenschaftliche Recherche geeignet. In den letzten Jahren haben sich auch neue Formen der Kommunikation und des Austausches entwickelt, mit potenziell großer Bedeutung für die Wissenschaft (Tab. 9).

**Tabelle 9: Recherchemittel im Internet**

| Wissenschaftliche Suchmaschinen | • wissenschaftliche Websites und Volltexte durch Eingabe von Suchbegriffen finden<br>• Suchbegriffe für die weitere Suche definieren<br>• einen ersten Überblick über Themenumfang und Fragestellung gewinnen<br>• besonders effektiv in Kombination mit Fachlexika und Handbüchern |
|---|---|
| Webkataloge | wissenschaftliche Websites und Volltexte durch Stöbern in vorgegebenen Themengebieten finden |
| *Social Scholarship* Websites und Suchhilfen | • Audio- und Videoaufzeichnungen von wissenschaftlichen Veranstaltungen sowie Kursmaterialien abrufen<br>• den informellen wissenschaftlichen Diskurs verfolgen |

Quelle: Eigene Darstellung

## 12.1 Suchmaschinen und Enzyklopädien

*Allgemeine Suchmaschinen*

*Google* ist die bekannteste Suchmaschine. Sie ordnet ihre Treffer nach Relevanz, wobei nicht der Inhalt, sondern die Anzahl der Links auf andere und von anderen Seiten maßgeblich ist. *Google* berücksichtigt bei der Indexierung allerdings nicht einmal die Meta-*Tags*, die beim Erstellen einer Website vergeben werden können, um die Seite genau zu beschreiben. Auch stehen wie bei den meisten nicht-wissenschaftlichen Suchmaschinen wirtschaftliche Interessen stark im Vordergrund; die Suche nach einem bestimmten Buch wird demnach nicht zu einer Bibliothek führen, in der es kostenlos einzusehen ist, sondern zu einer Online-Buchhandlung oder einer Verlagsseite. Es ist schwer, in der immensen Treffermenge inhaltsarme oder kommerzielle von wissenschaftlichen Websites zu unterscheiden.

Neben den Marktführern *Google* und *Yahoo* gibt es eine Reihe weiterer allgemeiner Suchmaschinen, die oft bessere Ergebnisse erzielen oder die Treffer nach Kategorien (*Cluster*) strukturieren:

* *Ask.com* (http://de.ask.com)
* *Vivisimo* (http://de.vivisimo.com)
* *Carrot Search* (http://www.carrot-search.com)

---

**Tipp**

Die *Suchfibel* von Stefan Karzauninkat (http://www.suchfibel.de) hilft bei der Auswahl geeigneter Suchmaschine und Suchstrategien. Der Katalog der *Suchfibel* ist ein durchsuchbares Verzeichnis spezieller deutschsprachiger Suchmaschinen, Kataloge, Verzeichnisse und Linksammlungen.

---

*Wissenschaftliche Suchmaschinen*

Manche Suchmaschinen und nichtkommerzielle Suchdienste sind auf die Suche nach wissenschaftlichen Websites spezialisiert und sorgen dadurch für qualitativ hochwertige Ergebnisse. Die Trefferzahl ist überschaubarer als bei herkömmlichen Suchmaschinen.

* **Google Scholar** (http://scholar.google.com) indiziert Verlags- und Hochschulseiten. Da viele Autoren ihre Veröffentlichungen – oft als Vorabdrucke der Aufsätze, die später in den Fachzeitschriften erscheinen (z.B. *Working Papers*) – auf eine eigene Webseite stellen, haben Sie Zugriff auf die Volltexte, meist im PDF-Format.
* Mit der *Google Buchsuche* (**Google Book Search**) (http://www. google.de/books) will *Google* eine möglichst hohe Zahl an Büchern digitalisieren, inhaltlich durchsuchbar machen und somit eine Art riesigen Bibliothekskatalog erstellen. Der Inhalt stammt sowohl von Verlagen als auch von einer Reihe großer amerika-

nischer und europäischer Bibliotheken (einschließlich der Bayerischen Staatsbibliothek). Die Bücher werden komplett eingescannt; aus urheberrechtlichen Gründen werden jedoch nur Werke vollständig angezeigt, deren Schutzdauer abgelaufen ist. Das ist nur ein kleiner Teil der digitalisierten Bibliotheksbestände und betrifft meist Werke, die vor mehr als 70 Jahren erschienen sind. Wer hingegen erwartet, über *Google Books* einen leichten Onlinezugriff auf die gängige Seminarliteratur oder die neuesten Lehrbücher zu erhalten, wird enttäuscht: Im günstigsten Fall werden das Inhaltsverzeichnis und ein paar einführende Seiten angezeigt, analog zur *Search Inside*-Funktion der Online-Buchhandlung *Amazon*. Immer mehr Bibliotheken bieten jedoch einen ähnlichen Service in ihren Katalogen an. Meistens ist es daher sinnvoller, direkt im OPAC der eigenen Universitätsbibliothek zu suchen, als die Links von *Google Buchsuche* zu verfolgen; hier wird nur eine kleine Auswahl von meist weit entfernten Bibliotheken angezeigt.

- **BASE** (*Bielefeld Academic Search Engine*, http://base.ub.uni-bielefeld.de) beschreibt sich selbst als „eine multidisziplinäre Suchmaschine der Universität Bielefeld für wissenschaftliche Internetquellen". Sie versucht, die hohe Relevanz der Quellen aus Fachdatenbanken mit der einfachen Bedienbarkeit einer Suchmaschine zu kombinieren. Im Gegensatz zu den beiden oben genannten Suchmaschinen hat sich *BASE* auf die Indexierung der Dokumentenserver (*Repositories*) der Hochschulen spezialisiert. Hier archivieren die Hochschulen ihre eigenen Veröffentlichungen wie Dissertationen, Arbeits- und Diskussionspapiere, Einzelveröffentlichungen und Aufsätze. Ausgenommen sind allerdings Beiträge, die in kommerziellen Publikationen wie Fachzeitschriften erscheinen sollen und die vom entsprechenden Verlag für die parallele Online-Veröffentlichung nicht frei gegeben werden. Die Dokumente auf den *Repository*-Servern gehören zum *Deep* oder *Invisible Web*; sie werden in der Regel von den konventionellen Suchmaschinen gar nicht gefunden.

- **OAIster** (http://www.oaister.org, gesprochen „oyster" wie engl. „Auster", denn die Suchmaschine soll die versteckten Perlen des *Deep* bzw. *Invisible Web* finden) durchsucht ebenfalls die Dokumentenserver der Hochschulen und anderen wissenschaftlichen Institutionen. Es werden Dissertationen, Beiträge aus wissenschaftlichen Schriftenreihen, Forschungsberichte und Zeitschriftenartikel gesucht, aber auch Abschlussarbeiten unterhalb der Promotionsebene. Diese sind zwar aufgrund der unsicheren inhaltlichen Qualität als wissenschaftliches Quellmaterial im Prinzip nicht empfehlenswert, doch da nur exzellente Arbeiten von den wissenschaftlichen Fachgremien der Hochschulen für die Speicherung auf dem eigenen Dokumentenserver ausgewählt werden, kann man die hier gefundenen durchaus heranziehen.

*Suchmaschinen für Zeitungen und Nachrichten*

Obwohl die Tagespresse die Vorzüge des Internets früh entdeckte und bald Onlineausgaben ihrer Erzeugnisse anbot, geht sie mit ihren Archiven sehr restriktiv um. Nur der Zugriff auf die unmittelbar vorangegangenen Tage ist in der Regel kostenlos; für ältere Ausgaben werden teilweise sehr hohe Gebühren erhoben. Somit gehören die Onlinearchive der Tages- und Wochenzeitungen weitgehend zum sogenannten *Deep Web*.

Im Internet vollständig frei verfügbar (mit Ausnahme der laufenden Ausgaben) sind die Archive folgender Tages- und Wochenzeitungen:
- *Focus* (http://www.focus.de/magazin/archiv), ab 1993
- *New York Times* (http://www.nytimes.com), seit 1851
- *Der Spiegel* (http://service.spiegel.de/digas/archiv), ab 1947
- *Die Zeit* (http://www.zeit.de/archiv), seit 1946

Einige Suchmaschinen durchforsten die frei verfügbaren Websites von Zeitungen und Nachrichtenagenturen, meistens also die aktuellen Tagesausgaben. Beispiele dafür sind:
- Der Nachrichtensuchdienst *Google News* (http://news.google.de) indexiert nach eigener Aussage 4.500 weltweite Quellen und veröffentlicht Meldungen der letzten 30 Tage.
- *Paperball* (http://www.paperball.de) bietet Links zu aktuellen Artikeln von deutsch- und englischsprachigen Tageszeitungen, Wochenzeitungen und Pressediensten, die den Nutzern kostenlos über das Internet zugänglich sind. So brachte eine Suche nach „Demokratie" und „Afrika" 33 Treffer aus aktuellen regionalen Zeitungen, Onlinediensten, der Wochenmagazin *Der Spiegel* sowie Radio- und Fernsehsendern. Keiner war älter als fünf Tage.

## Webkataloge und Fachportale

*Webkataloge* sind die Branchenbücher des Internet, sie verzeichnen Internetseiten nach Kategorien wie Bildung, Politik, Gesellschaft oder Wirtschaft. Die Auswahl der Websites sowie ihre Zuordnung zur passenden Kategorie erfolgt nicht durch ein automatisches Suchverfahren wie bei den Suchmaschinen, sondern ist eine intellektuelle Leistung der zahlreichen Redakteure. Ein Webkatalog verzeichnet erheblich weniger Internetquellen als eine Suchmaschine, dafür ist die Relevanz wesentlich höher, weil nur inhaltlich zutreffende und qualitativ zuverlässige Seiten aufgenommen werden.

Früher hatte jede Suchmaschine ihren eigenen Webkatalog. Nach und nach wurden diese zeit- und personalaufwändig hergestellten Suchhilfen stillschweigend eingestellt oder nicht mehr aktualisiert. Als einziger allgemeiner Webkatalog hat das *Open Directory Projekt* (http://dmoz.de) bisher überlebt, dessen selbsterklärtes Ziel es ist, mit Hilfe einer riesigen Anzahl von Editoren das umfassendste Verzeichnis des WWW zu erstellen. Wissenschaftliche Internetquellen – und nur solche – verzeichnet der Webkatalog *BUBL Link*. Sie werden nach der in angelsächsischen öffentlichen Bibliotheken weit verbreiteten *Dewey Dezimalklassifikation* strukturiert. Politikwissenschaft findet man unter *320* (http://bubl.decenturl.com/bubl-link-politics).

*Fachportale,* oft auch *virtuelle Bibliotheken* genannt, sind eine fachbezogene Weiterentwicklung des Webkatalog-Prinzips: Ein Team von Wissenschaftlern und Bibliothekaren wählt wissenschaftlich anspruchsvolle und inhaltlich relevante Internetquellen aus und ordnet diese entsprechenden Fachgebieten zu. Die Auswahlkriterien sind streng geregelt, um die Qualität des Portals zu sichern. Neben Integrität, Aktualität und wissenschaftlicher Autorität der Inhalte werden auch Kriterien wie technische Zuverlässigkeit und Benutzerfreundlichkeit bewertet. Fachportale helfen nicht nur, wissenschaftliche Onlinequellen zu finden, sie integrieren auch die Suche nach Printmedien. Ähnlich wie Metasuchmaschinen ermöglicht ein Fachportal die parallele Suche in einschlägigen Websites und Fachdatenbanken. Im Folgenden einige wichtige Beispiele:

## Virtuelle Fachbibliothek Politikwissenschaft (VifaPol)

*VifaPol* ist das wichtigste deutschsprachige Fachportal für die Politikwissenschaft (http://www.vifapol.de, Abb. 16).

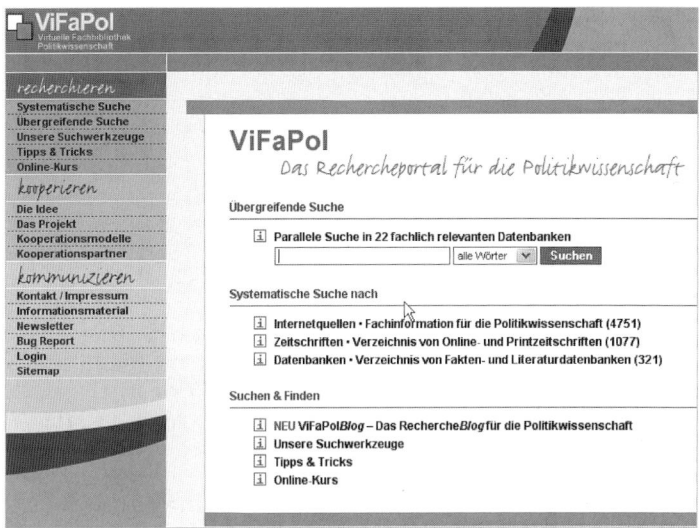

Abbildung 16: ViFaPol
Quelle: Online-Bildschirmaufnahme

Das Portal bietet unterschiedliche Sucheinstiege.

- Die *Systematische Suche* entspricht dem Prinzip des Webkatalogs: Die Politikwissenschaft wird in ihre Hauptgebiete unterteilt, man kann die einzelnen Kategorien durchstöbern, ohne vorher genaue Begriffe zu definieren.

- Die *Übergreifende Suche* ähnelt der Recherche in einer Metasuchmaschine wie *BASE*; es werden politikwissenschaftliche Websites, Fachdatenbanken und Bibliothekskataloge gleichzeitig durchsucht.

---

**Beispiel**

Eine Anfang 2008 durchgeführte Suche nach den Stichworten „Parteiensystem" und „Italien" lieferte beispielsweise insgesamt 1.680 Treffer mit Links u.a. zu folgenden Quellen:

- ein damals erst vier Wochen alter Länderbericht der Konrad-Adenauer-Stiftung über aktuelle Entwicklungen im italienischen Parteiensystem, als PDF-Datei herunterzuladen;
- eine Seite des Radiosenders Deutsche Welle mit einer Kurzanalyse des italienischen Wahlkampfs 2006, einschließlich einem Videoclip vom Fernsehduell zwischen Berlusconi und Prodi;
- ein etwa drei Jahre alter Aufsatz aus der Zeitschrift *Aus Politik und Zeitgeschichte* zum politischen System Italiens. Diese Zeitschrift wird von der Bundeszentrale für politische Bildung herausgegeben. Sie haben in der ViFaPol die Möglichkeit, sofort den Aufsatz am Bildschirm im Volltext zu lesen; beim Aufruf wird der Abschnitt über das Parteiensystem direkt angezeigt.

Unter der Rubrik *Online-Kurs* finden Sie eine grundlegende Einführung in die Informationsmittel der Politikwissenschaft, einschließlich gedruckter Suchhilfen.

## Intute

Obwohl *VifaPol* auch englischsprachige Seiten indexiert, liegt der Schwerpunkt auf deutschsprachigen Ressourcen. Die Politikwissenschaft ist jedoch eine internationale Disziplin; sogar in Deutschland werden viele Zeitschriftenaufsätze, Arbeitspapiere und Forschungsergebnisse in englischer Sprache veröffentlicht. Sie sollten daher die wichtigsten englischsprachigen Internetquellen kennen und dort recherchieren. Das englischsprachige Fachportal *Intute* wird von sieben britischen Universitäten gepflegt; die Rubrik *Politics* (http://www.intute.ac.uk/socialsciences/politics) ermöglicht wie *VifaPol* die Suche nach Begriffen oder das Stöbern in einem Webkatalog von manuell ausgewählten, qualitativ hochwertigen Internetquellen. Eine Serie von *Webtutorials* zu einzelnen Studiengebieten wie *International Relations* oder *Government and Policy* stellt die wichtigsten Quellen vor.

## Fachportal Internationale Beziehungen und Länderkunde

Das vom *Fachinformationsverbund Internationale Beziehungen und Länderkunde (FIV-IBLK)* unter Federführung der Stiftung Wissenschaft und Politik betriebene Fachportal (http://www.fachportal-iblk. de) bietet Ihnen Literaturhinweise, Volltexte und Websites zu außen- und sicherheitspolitischen Themen, Fragen der internationalen wirt- schafts- und entwicklungspolitischen Zusammenarbeit, auswärtige Kulturpolitik sowie Umwelt- und Energiefragen. Im achtsprachigen *European Thesaurus on International Relations and Area Studies* finden Sie relevante Suchwörter für Ihre Recherche im Fachportal. Sie können parallel in den Datenbanken *World Affairs Online* und *PAIS*, in der Sammlung internationaler sicherheitspolitischer Abkom- men *WAO Abkommen* sowie in der Aufsatzdatenbank *Online Conten- ts IBLK* recherchieren.

## GESIS SocioGuide

Das ist eine ausführliche Linksammlung deutscher und internationa- ler wissenschaftlicher Onlinequellen mit gut strukturierter Suche (http://www.gesis.org/SocioGuide/index.htm).

## Online-Enzyklopädien

Enzyklopädien – ob gedruckt oder online – gehören zur Tertiärlitera- tur (> Kap. 9.1). Sie enthalten kein originäres Gedankengut und wer- den inhaltlich auf einem eher allgemeinen Niveau angelegt. Enzy- klopädien sind lediglich Zusammenfassungen bereits vorhandenen Wissens; ihr Wert liegt in ihrem überblicksartigen Charakter und in den Verweisen auf hochwertige externe Quellen. Im Vordergrund steht die Qualität der einzelnen Beiträge, die eng mit Qualifikationen und Renommee der Autoren zusammenhängt.

Die Internet-Enzyklopädie *Wikipedia* ruft bei manchen Wissen- schaftlern starke Emotionen hervor; ihre kategorische Ablehnung geht zuweilen soweit, dass sie versuchen, Studierenden das Aufrufen und Lesen von *Wikipedia*-Einträgen zu verbieten. Bemängelt wird dabei meist weniger der mutmaßliche Inhalt der betreffenden Einträ- ge als die Unmöglichkeit, die Sachkompetenz der Autoren zu beur- teilen, weil ihre Identität nicht zweifelsfrei geprüft werden kann. Jedermann kann als Autor tätig werden und eine redaktionelle Kon- trolle der Einträge findet nicht statt.[23] In ihren eigenen umfangreichen Richtlinien appelliert *Wikipedia* an potentielle Verfasser, sämtliche

---

[23]   Über die Kritik an *Wikipedia* s. beispielsweise den Wikipedia-Eintrag über Wikipedia (http://de.wikipedia.org/wiki/Wikipedia#Qualit.C3.A4t_ und_Verl.C3.A4sslichkeit_der_Inhalte).

Thesen, Behauptungen und Fakten durch das Zitieren zuverlässiger, möglichst durch *Peer-Review* gesicherter Quellen zu belegen. Jedoch kann im Einzelfall nicht überprüft werden, ob diese Prinzipien auch eingehalten werden bzw. ob die aktuelle Version eines Artikels auch objektiv und wissenschaftlich gesichert ist. Selbst wenn behauptet wird, dass *Wikipedia* nicht mehr Fehler als renommierte Enzyklopädien wie *Brockhaus* oder *Encyclopaedia Britannica* aufweise, bleiben Zweifel bestehen.

Gleichwohl wäre es gewiss inkonsequent, Studierende dazu aufzufordern, Suchstrategien wie die „Suche im eigenen wissenschaftlichen Umfeld" – also auch in (vielleicht völlig inkompetenten) Diskussionsgruppen – zu nutzen (> Kap. 9.3) und ausgerechnet den Blick in eine Enzyklopädie zu untersagen, die individuelle Inkompetenz und Voreingenommenheit durch den systematischen Zugriff auf die „Intelligenz des Schwarms" zu korrigieren versucht. Der zentrale Punkt ist vielmehr der, dass weder der individuelle Diskussionsgruppen-Teilnehmer noch der inkognito agierende *Wikipedia*-Autor wissenschaftliche Beiträge produzieren, auf die Sie sich durch Zitierverweise in Ihren Arbeiten berufen dürfen: Beides entspricht nicht den wissenschaftlichen Standards (> Kap. 1.2).

---

Sie können *Wikipedia* und ähnliche Webdienste als Tertiärliteratur nutzen, also um
- einen schnellen ersten Überblick über potentielle Fragestellungen und Fachgebiete, insbesondere bei aktuellen Themen zu gewinnen,
- potenzielle Suchbegriffe zu sammeln,
- weitere Literaturhinweise (auf wissenschaftliche Quellen) zu finden.

Alles andere ist unzulässig.

---

Online-Alternativen zu *Wikipedia* können die Websites renommierter Print-Enzyklopädien sein, wie die *Brockhaus Enzyklopädie* (http://www.brockhaus-enzyklopaedie.de) oder die *Encyclopaedia Britannica* (http://www.britannica.com; eine Auswahl der Beiträge ist im Internet freigeschaltet). Diese sind in der Regel über Ihre Universitätsbibliothek zugänglich. Aber auch diese Werke sind Universalenzyklopädien, die politikwissenschaftliche Themen und Ansätze nur zusammenfassen und keine politikwissenschaftliche Referenzliteratur darstellen. Jegliche Informationen, die Sie in Online-Enzyklopädien gefunden haben und für Ihre wissenschaftliche Argumentation benötigen, müssen Sie zwingend in wissenschaftlich anerkannten Quellen suchen und finden, um damit arbeiten zu können, indem Sie auf Letztere verweisen.

## 12.2  Social Scholarship

*Social scholarship* bezeichnet die Vernetzung von traditionellen Formen der wissenschaftlichen Informationsverbreitung (gedruckte Monographien, Sammelbände, Fachzeitschriften und Tagungsverhandlungen) mit interaktiven webbasierten Publikations- und Kommunikationsformen (auch als *Web 2.0* bekannt) wie Weblogs, Wikis, *Social Networking* und *Social Bookmarking*. Wissenschaftler können Forschungsprojekte ankündigen, ihren Verlauf dokumentieren, vorläufige Ergebnisse veröffentlichen, relevante Zitate und Quellen bekannt geben und vor allem sich täglich mit anderen Wissenschaftlern, Studierenden und Interessierten austauschen. Der Informationsfluss wird somit beschleunigt, aber die Grenzen zwischen zitierfähigem Wissen und informeller Diskussionsrunde verwischen. Unter Umständen ergeben sich Gelegenheiten, da es auch für Sie nützlich sein könnte, auf solche Ressourcen zuzugreifen.

### *E-Mail-Alerting-Dienste*

Bibliotheken erwerben ständig neue Bücher, Datenbanken fügen ihrem Basisbestand täglich neue Aufsätze hinzu, und die Websites der Nachrichtenportale wie *Google News* werden kontinuierlich aktualisiert. Eine einmal durchgeführte Suche ist deshalb nach kurzer Zeit veraltet. Die meisten elektronischen Suchmittel bieten jedoch einen *Alerting*-Dienst (auch *Suchdienst*, *Selective Dissemination of Information (SDI)* oder *Current Awareness Service* genannt), der Ihnen eine Benachrichtigung per E-Mail schickt, wenn ein Neuzugang aufgenommen wird, der Ihre Suchkriterien erfüllt. Hierzu müssen Sie eingeloggt sein, daher ist eine Registrierung beim jeweiligen Dienst notwendig. Sie speichern Ihre Suchbegriffe und eventuelle Einschränkungen wie Zeitraum usw. und tragen Ihre E-Mail-Adresse ein. Fortan erhalten Sie beim Eingang entsprechender Dokumente eine Nachricht. Eine Alternative zu der Benachrichtigung per E-Mail ist der *RSS-Feed*.

## RSS-Feeds

Es ist lästig, immer wieder nachzuschauen, ob wichtige Websites seit dem letzten Aufruf aktualisiert wurden, ob es zu einem bestimmten Thema neue Aufsätze in der Fachdatenbank gibt oder ob Ihre Universitätsbibliothek in den letzten Tagen einschlägige Titel in den Bestand aufgenommen hat. Mit *RSS-Feeds* (RSS = *Really Simple Syndication*) können Sie solche Aktualisierungen abonnieren und werden automatisch benachrichtigt. Fachdatenbanken, Websites und beinahe alle Blogs bieten einen sogenannten RSS-Feed an, der typischerweise (aber nicht immer) mit einem kleinen orange-weißen Symbol in der Adresszeile des Browsers oder auf der Website selbst verlinkt ist. Um RSS-Feeds zu nutzen, benötigt man einen RSS-Reader, mit dem man die gewünschten RSS-Feeds abonnieren und anzeigen kann. RSS-Reader sind in viele Browser (*Internet Explorer 7,*

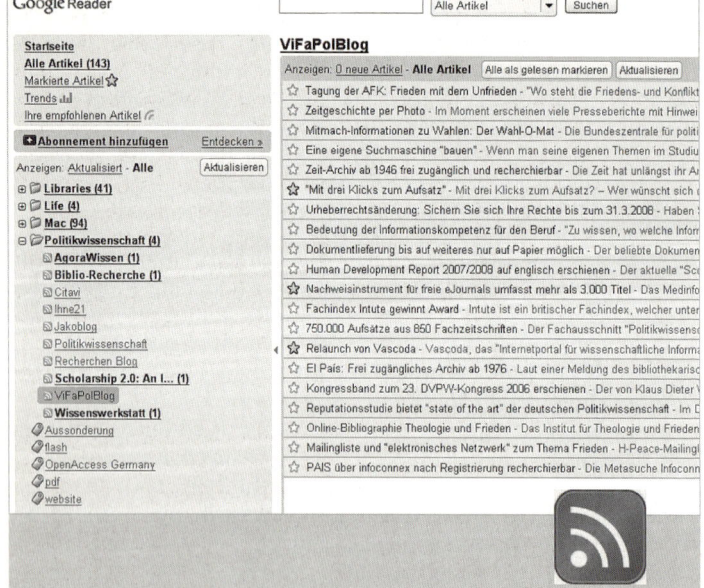

Abbildung 17: RSS-Feeds

Quelle: Online-Bildschirmaufnahme und eigene Grafik

*Firefox*, *Safari* u.a.) integriert; sie werden auch von Webdiensten wie *Google* angeboten (*Google Reader*). Hat man mehrere RSS-Feeds abonniert, kann man diese thematisch gruppieren (Abb. 17). Auch die Fachportale *ViFaPol* und *Intute* bieten RSS-Feeds an.

## Weblogs

Weblogs sind Websites, auf denen die neuesten Einträge an oberster Stelle stehen und die regelmäßig aktualisiert werden. Man könnte sie als eine Mischung aus Newsgroup, Newsletter und Online-Tagebuch bezeichnen. Sie bieten die Möglichkeit, sich über bestimmte Themenkreise auf dem Laufenden zu halten. Weblogs können als Recherchemittel, zum Schreiben und Veröffentlichen eigener Beiträge, zur Gruppenarbeit oder als informelles Kommunikationsmittel eingesetzt werden.

Die meisten Weblogs in der Rubrik *Politik* befassen sich weniger mit Politikwissenschaft als mit aktueller Tagespolitik. Da es sich überwiegend um nicht überprüfbare persönliche Meinungen ohne stringente Argumentationsstruktur oder wissenschaftliche Quellenangabe bzw. um Kurznachrichten handelt, können Sie sie gerne lesen, wenn Sie mögen. Im Sinne von Forschungsliteratur haben sie aber in wissenschaftlichen Arbeiten nichts zu suchen. Blogs von Politikwissenschaftlern können dennoch mitunter nützlich sein – etwa, wenn Sie nach Hinweisen auf Neuerscheinungen, Recherchehilfen, Lehr- und Lernmaterial suchen. Empfehlenswert sind die folgenden Blogs:

* *Politikwissenschaft* (http://jplie.edublogs.org) von Jürgen Plieninger, Bibliothekar des Instituts für Politikwissenschaft der Universität Tübingen, der regelmäßig neue Fachdatenbanken und Zeitschriften ankündigt sowie häufige Fragen aus dem Rechercheealltag beantwortet,
* *ViFaPolBlog* (http://blog.vifapol.de), der Blog der Virtuellen Fachbibliothek Politikwissenschaft,
* *AgoraWissen* (http://agora-wissen.spaces.live.com) des Tübinger Professors Wolfgang Schumann mit Schwerpunkt Nutzung des Internets und des PCs in Forschung und Lehre.
* *Scholarz.blog* (http://blog.scholarz.net/), von einem Team junger Wissenschaftler an der Universität Würzburg. Es wird über das interdisziplinäre Forschungsprojekt *Wissenschaftlich Arbeiten im Web 2.0* sowie über die Wissenschaftler-Software *scholarz. net* gepostet.

## Podcasts und Webcasts

Ein *Podcast* ist eine regelmäßig erscheinende Serie von Audiodateien, ähnlich einer Radiosendung und meist mit thematischem Schwerpunkt, die von der Internetseite des Anbieters automatisch oder manuell heruntergeladen werden können. Podcasts mit Videodateien werden *Webcasts, Videocasts* oder (aus dem Bildungs- und Wissenschaftsbereich) *Educasts* genannt. Neben wissenschaftlichen Textdokumenten werden von Universitäten und anderen wissenschaftlichen Institutionen immer mehr Vorlesungen und Vorträge als Pod- oder Webcasts ins Internet gestellt. Hochschulen bieten ganze Kurse online an, mit Kursmaterial, Aufgaben und Bewertungen. Sie brauchen nahezu immer ein Passwort der betreffenden Institution, um diese Informationen nutzen zu können, das Sie nur erhalten, wenn Sie dort eingeschrieben sind.

Die thematische Suche nach Pod- und Videocasts gestaltet sich ähnlich schwierig wie bei Weblogs: viele Onlineverzeichnisse decken wissenschaftliche Podcasts nur unzureichend ab. Folgende Suchdienste haben sich auf wissenschaftliche Beiträge spezialisiert:

*   *iTunesU*: Educast-Plattform innerhalb der kostenlosen Musikdownloadsoftware *iTunes*. Vertreten sind u.a. die Universitäten Freiburg und Stanford (http://www.apple.com/de/itunes).
*   *Yovisto*: Das an der Universität Jena entwickelte Portal *Yovisto* bietet nicht nur die thematische Suche *nach* Vorlesungsvideos, sondern auch *in* diesen. Mit ca. 3.000 Videos ist die Datenbasis jedoch noch klein (http://www.yovisto.com).
*   *Podcampus* ist ein Podcastportal der Hamburger Hochschulen für Beiträge aus Wissenschaft und Forschung. Vorlesungen und interessante Einzelveranstaltungen werden aufgezeichnet und als Audio- und Videodateien veröffentlicht. Ebenso gibt es eigens für Podcampus produzierte Bildungsbeiträge (http://www.podcampus.de).

## Social bookmarking

*Social bookmarks* sind Internet-Lesezeichen bzw. Links, die das schnelle Wiederfinden interessanter Websites ermöglichen. Anstatt diese im Browser auf dem eigenen Rechner zu speichern, übertragen Sie die Lesezeichen auf Ihr persönliches Konto bei einem *Social-Bookmarking*-Dienst. Somit sind Ihre Lesezeichen auch für andere Interessierte zugänglich; gleichzeitig bilden sich Netzwerke mit

Abbildung 18: Tagcloud
Quelle: Eigene Grafik

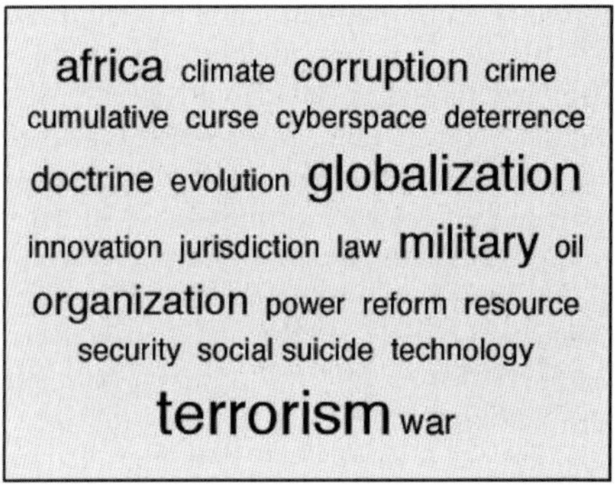

**africa** climate **corruption** crime
cumulative curse cyberspace deterrence
doctrine evolution **globalization**
innovation jurisdiction law **military** oil
**organization** power reform resource
security social suicide technology
**terrorism** war

weiteren, an ähnlichen Fachgebieten interessierten Nutzern, die einen gemeinsamen Pool an Links aufbauen, und diese bewerten und kommentieren. Damit Sie später thematisch suchen können, vergeben Sie für jedes Lesezeichen eigene *Tags* oder Schlagwörter. Die häufigsten *Tags* werden grafisch zu sogenannten *Tag-Clouds* zusammengefasst; die Schriftgröße zeigt die Gewichtung der einzelnen Begriffe (Abb. 18).

Neben den großen allgemeinen *Social Bookmarking*-Diensten wie *de.licio.us* (http://del.icio.us) gibt es eine Reihe von Websites, die primär für Wissenschaftler konzipiert sind. Sie erlauben neben Hinweisen auf Internetseiten auch das Verlinken gedruckter oder sonstiger nicht im Netz erhältlicher Informationen:

*   *Bibsonomy* (http://www.bibsonomy.org)
*   *CiteULike* (http://de.citeulike.org)
*   *Connotea* (http://www.connotea.org). Die Publikationen auf dem Dokumentenserver der UB München sind mit einem Link zu *Connotea* versehen, der die direkte Übernahme der Veröffentlichung in die eigene *Connotea*-Sammlung ermöglicht. Auch *Tags*, die andere *Connotea*-Nutzer zur Verschlagwortung des Dokuments benutzt haben, werden auf dem Dokumentenserver angezeigt.
*   *Diigo* (http://www.diigo.com) ermöglicht zusätzlich zum einfachen *Bookmarking* auch die Markierung und Annotation von Textpassagen aus Webseiten.

Das Wissensnetzwerk *Lalisio* (http://www.lalisio.com) bietet Professoren, Studenten und Wissenschaftlern eine Plattform für den Austausch von Publikationen und Forschungsergebnissen sowie die Präsentation von biographischen Angaben, Lehrveranstaltungen und Sprachkenntnissen. Noch vielseitiger ist *Scholarz.net* (http://www.scholarz.net), das *Tagging*, Weblog, Meinungsaustausch und Literaturverwaltung zu einer *One-Stop*-Lösung für das wissenschaftliche Arbeiten im Internet kombiniert. Mit der interaktiven, webbasierten Anwendung *LibraryThing* (http://www.librarything.com) kann man die eigenen Buchbestände durch Übernahme von bibliographischen Daten und Covergrafiken aus dem Web katalogisieren, mit *Tags* versehen, bewerten und mit anderen Nutzern austauschen. Teilnehmer mit ähnlichen Interessen können sich zu Gruppen zusammenschließen und per RSS Nachrichten über Neuzugänge abonnieren.

> **Tipp**
>
> Sollten Sie das Sichern versäumt haben und später feststellen, dass die verwendete Seite verschwunden ist oder geändert wurde, schauen Sie im *Internet Archive* (http://www.archive.org) nach, ob die von Ihnen gesuchte Seite dort archiviert wurde.
> Wegen der Kurzlebigkeit von Webseiten ist es übrigens meist ratsam, wichtige Texte auszudrucken und privat zu archivieren. Eventuell gehören sie sogar in den Anhang Ihrer schriftlichen Arbeit – sprechen Sie das mit Ihrem Betreuer ab.

## 12.3 Nutzen und Grenzen der Internetrecherche

Der Erfolg Ihrer Arbeit hängt in starkem Maße von der wissenschaftlichen Qualität der Quellen ab, die Sie für Ihre Thesen und Argumentation nutzen. Gute bis erstklassige Informationsbeschaffung setzt praktische Fertigkeiten voraus, die man erlernen muss. Das kompetente Suchen im Internet scheint zwar zunächst banal zu sein. Tatsächlich ist es aber viel komplexer und anspruchsvoller als ein „Offline-Spaziergang" durch die Bibliothek, weil das Internet einen Dschungel aus einem unüberschaubaren Informationsüberangebot darstellt. Sich hierin zu orientieren, ist weitaus schwieriger als in Bibliotheken, selbst wenn diese labyrinthisch angelegt sein sollten.

Um kompetent mit den online zugänglichen Informationen umgehen zu können, müssen Sie Folgendes beachten:

*Nicht alles im Internet ist sichtbar*
- Suchmaschinen finden nicht alles: Es wird geschätzt, dass sie höchstens 30% des frei zugänglichen Internets durchsuchen.
- Wissenschaftliche Information bzw. Literatur ist oft in Datenbanken versteckt, die von den gängigen Suchmaschinen aus technischen oder lizenz- und urheberrechtlichen Gründen nicht durchsucht werden können bzw. dürfen; auch Bibliothekskataloge gehören zu diesen Datenbanken. Gerade diese Inhalte werden aber für das wissenschaftliche Arbeiten benötigt. Dieser unsichtbare Teil des Internets wird *Deep* oder *Invisible Web* genannt.

*Nicht alles im Internet ist wissenschaftlich*
- Vom frei zugänglichen Internet wird nur ein Bruchteil als wissenschaftlich brauchbar angesehen, d.h. als überprüfbar, reproduzierbar, vertrauenswürdig. Vermutungen liegen bei ca. 5%; hierzu gehört die *Wikipedia* nicht.
- Die Suche im Internet ist oft ineffizient: Das Herausfiltern des Relevanten und wissenschaftlich Brauchbaren aus der typischen Trefferflut (eine *Google*-Suche nach „demokratie afrika" liefert über 1.600.000 Treffer) dauert oft wesentlich länger als die konventionelle Suche in gedruckten Quellen.

*Nicht alles Wissenschaftliche ist im Internet vorhanden*
- Viele wichtige wissenschaftliche Quellen sind überhaupt (noch) nicht im Internet zu finden, entweder, weil sie noch nicht digitalisiert wurden oder weil die Rechteinhaber (meistens Verlage) Nachteile für den Verkauf ihrer Printausgaben befürchten, wenn diese in elektronischer Form verfügbar sind. So gibt es die wenigsten Lehrbücher online; auch Klassiker des politischen Denkens, wie Aristoteles, Platon, Hobbes, Locke oder Rousseau, die sicher keinen urheberrechtlichen Einschränkungen mehr unterliegen, sind nur teilweise im Volltext auf Websites wie *Projekt Gutenberg* (http://gutenberg.spiegel.de) oder der Digitalen Bibliothek des Portals *Politikon* (http://ilias3.politikon.org) zu finden – und dann oft nur auf Englisch bzw. als HTML-Dateien ohne Seitenzahlen (erschwert das genaue Zitieren).

Das Internet bietet also auch dem Politikwissenschaftler den schnellen Zugang zu einer unüberschaubaren Informationsmenge. Wie alle anderen Medien auch muss es aber kompetent und professionell genutzt werden. Sie sollten Informationen aus dem Internet daher immer kritisch gegenüberstehen. Vor allem reicht es nicht, nur dort zu suchen, wenn man eine wissenschaftliche Arbeit – vom Referat bis zur Promotion – anfertigen will. Dies trifft übrigens ebenso für Ihre Universitätsbibliothek zu: Auch an Offline-Fundorten ist weder alles sichtbar noch vorhanden, und manchmal haben sich sogar unwissenschaftliche Bücher ins Regal geschlichen…

# 13 Offline-Suche: Arbeiten in der Bibliothek

Nachdem wir einige grundsätzliche Aspekte der Online-Suche nach wissenschaftlicher Literatur und Quellen beleuchtet haben, möchten wir Sie noch in die Nutzung Ihrer (Universitäts-)Bibliothek einführen. Bibliotheken bieten Ihnen einen umfangreichen Zugang zu Literatur und elektronischen Medien, im Idealfall einen ruhigen Arbeitsplatz mit Kopiermöglichkeit und Internetanschluss sowie fachliche Beratung und Hilfe.

## 13.1 Universitätsbibliotheken

Universitätsbibliotheken (UBs), die erste Anlaufstelle für die während des Studiums benötigte Literatur, sind komplexe Systeme:

- Sie dienen in erster Linie der Literatur- und Informationsversorgung in den Bereichen Lehre, Forschung und Studium. Sie stehen meist auch Angehörigen anderer Hochschulen, Schülern und interessierten Privatpersonen offen.
- Sie führen Printmedien und Onlineangebote; Kataloge erschließen den Bestand. Schulungen zur wissenschaftlichen Recherche unterstützen Sie beim Umgang mit Informationen und Fachliteratur. Wenn Sie Fragen haben, können Sie sich an die Auskunft wenden, um kompetent beraten zu werden.
- UBs sind die Anlaufstelle für Fernleihbestellungen.
- Die meisten UBs führen einen Dokumentenserver, über den wissenschaftliche Arbeiten der eigenen Hochschule elektronisch publiziert werden.

Der Bestand von Universitätsbibliotheken reicht von mehreren hunderttausend bis zu mehreren Millionen Medien. Die Ludwig-Maximilians-Universität München beispielsweise besitzt aktuell (im August 2008) etwa 2,4 Millionen Bände in der Zentralbibliothek, ca. vier Millionen in den fast zweihundert Fachbibliotheken sowie ca. 4.600 laufende Zeitschriften, und stellt so eines der größten Hochschulbibliothekssysteme in der Bundesrepublik Deutschland dar.

Man unterscheidet zwei Organisationsmodelle: das einschichtige (integrierte) und das zweischichtige (duale) Bibliothekssystem:

*Zweischichtiges Bibliothekssystem*

Das ältere der beiden Modelle ist das zweischichtige Bibliothekssystem (z.B. Universitätsbibliothek München). Es besteht aus einer Zentralbibliothek und einer Anzahl kleinerer, unabhängiger Fach- oder Institutsbibliotheken. Zentralbibliotheken haben oft einen umfangreichen Magazinbestand, der nur über OPACs zugänglich ist: Sie bestellen Literatur online, bekommen sie nach ein paar Tagen in die zentrale Ausleihe geliefert und entleihen sie mehrere Wochen. Institutsbibliotheken sind dagegen meist Präsenzbibliotheken mit Freihandbestand; ihre Bestände sind in der Regel nicht bzw. nur für kurze Zeit ausleihbar.

*Einschichtiges Bibliothekssystem*

Vor allem bei neueren Universitäten finden Sie das einschichtige Bibliothekssystem (z.B. Universität Regensburg). Sie besitzen eine einheitliche Organisationsstruktur mit einer einzigen Verwaltungszentrale, Institutsbibliotheken sind integriert. Bestellung, Katalogisierung, Beratung und Schulungsangebote sind zentralisiert.

In Universitätsstädten gibt es oft mehrere wissenschaftliche Bibliotheken. Neben der Fach- oder Fakultätsbibliothek Ihrer Studieneinrichtung, an die Sie sich meist zuerst wenden, kommen auch die Zentrale Universitätsbibliothek, eventuell eine Landes- oder Staatsbibliothek und weitere Bibliotheken infrage, bis hin zu gut sortierten Stadtbibliotheken. Kombinieren Sie die Nutzung dieser Einrichtungen, wenn nötig.

## 13.2  Zugriffe auf die Literatur

*Aufstellung des Bestands*

Bibliotheken stellen ihre Bücher und Zeitschriften nach unterschiedlichen Ordnungssystemen auf. Die häufigsten sind:

### Systematische Aufstellung

Hier werden die einzelnen Publikationen bestimmten Wissenschaftsdisziplinen und Wissensgebieten zugeordnet. Ein weit verbreitetes Beispiel ist die *Regensburger Verbundklassifikation*. Politikwissenschaftliche Fachliteratur steht hier unter den Gruppen MA bis ML. Sie ist jedoch nicht verbindlich, so dass Sie aufgrund der Beschilderung in Ihrer Bibliothek selbst herausfinden müssen, welche Systematik verwendet wird.

## Numerus Currens

Der Bestand der Bibliothek ist *durchnummeriert* und nach der laufenden Nummer in den Regalen aufgestellt. Das geschieht ohne Bezug zum Inhalt, in der zufälligen Reihenfolge, in der sie die Bibliothek erwirbt: Die älteste Literatur hat die niedrigsten, die aktuellste Literatur die höchsten laufenden Ziffern. Über den OPAC ermitteln Sie, welche Nummer der von Ihnen gesuchte Titel hat.

In den Bibliotheken werden oft auch beide Systeme *vermischt*, die Hauptgruppen systematisch nach Sachgebieten getrennt und die Untergruppen nach Numerus Currens aufgestellt.

### *Zugang zur Literatur*

Die Ausleihe kann entweder durch das Ausfüllen eines Leihscheins oder elektronisch mit entsprechenden Etiketten und Lesegeräten für Verbuchung und Rückbuchung geschehen. Sie benötigen hierzu Ihren Bibliotheksausweis. Bei der elektronischen Ausleihe bestellen Sie per OPAC-Suche die benötigten Bücher oder Zeitschriftenbände, sofern sie verfügbar sind (> Kap. 10). Beim herkömmlichen Verfahren füllen Sie einen Zettel aus, um eine Magazinbestellung anzustoßen. Leider erst einige Tage später liegen die bestellten Bücher oder Zeitschriftenbände in der Regel für Sie im Ausleihbereich der Bibliothek zur Abholung bereit.

## Vormerken

Die meisten Bibliotheken bieten Ihnen an, gegenwärtig ausgeliehene Bücher für Sie vorzumerken. Sobald das entsprechende Buch zurückgegeben wurde, werden Sie benachrichtigt und können es nun entleihen. Sobald Sie im OPAC eine Vormerkung veranlassen, wird eine Gebühr fällig. In manchen Präsenzbibliotheken können Bücher jedoch kostenlos zurückgefordert werden, wenn sie z.B. längerfristig an Dozenten verliehen sind.

## Kopieren

Für die Vervielfältigung von Literatur gilt:

- Eine Privatkopie ist die analoge oder digitale Kopie eines urheberrechtlich geschützten Werkes, die nicht gewerblich oder öffentlich genutzt wird. Aktuell (Stand Januar 2008) wird ein Urteil des Bundesgerichtshofs so ausgelegt, dass für den engen privaten Kreis maximal sieben Kopien erlaubt sind.
- Vollständige Kopien von Büchern oder Zeitungen sind nur durch Abschreiben zulässig. Diese Regelung gilt nur dann nicht, wenn es sich um ein seit mindestens zwei Jahren vergriffenes Werk handelt; das dürfen Sie komplett kopieren.

Vergessen Sie nicht, die vollständige Quelle auf der Kopie zu notieren, um sie später identifizieren und zitieren zu können.

### Fernleihe und Dokumentlieferung

Bücher und Zeitschriftenaufsätze, die in einer Bibliothek in Ihrer Nähe nicht vorhanden sind, können über die Fernleihe bzw. einen Dokumentlieferdienst bestellt werden. Die Fernleihe ist in der Regel günstiger, die Lieferung dauert jedoch eventuell länger. Bei der Dokumentlieferung sind Sie direkter Kunde des Lieferdiensts; die Lieferarten sind flexibler und die Lieferung ist oft schneller, der Preis aber auch höher als bei der Fernleihe.

### Fernleihe

Bücher, die in keiner anderen wissenschaftlichen Bibliothek Ihrer Stadt vorhanden sind, können Sie per Fernleihe bestellen. Davon ausgeschlossen sind beispielsweise in München Bücher oder Zeitschriften, die an einer der Münchner Universitäten oder Fachhochschulen bzw. der Bayerischen Staatsbibliothek nachgewiesen sind. Das betrifft auch verliehene Titel und Exemplare aus dem Präsenzbestand. Fernleihe ist ebenfalls nicht möglich, wenn es sich z.B. um Diplom-, Magister- und sonstige Examensarbeiten oder im Buchhandel erhältliche Taschenbücher handelt.

Fernleihberechtigt sind an den Universitäten alle Hochschulangehörigen, die bei ihrer Bibliothek angemeldet sind. Sie müssen nur eine Schutzgebühr für die Kopien von Zeitschriftenartikeln und aus Büchern bezahlen; komplette Bücher und andere Medien bekommen Sie in der Regel im Inlandsleihverkehr kostenlos ausgeliehen.

- Bitte denken Sie daran, dass die Lieferzeit eine bis mehrere Wochen beträgt. Die Bücher sind teilweise verliehen, die Rückgabe

muss abgewartet werden; anschließend geht das Buch oder die
Zeitschriftenkopie auf den Postweg, wird dann an Ihrer lokalen
Bibliothek für Sie verbucht und kann nun erst zur Abholung
bereitgestellt werden. Fernleihe ist keine Lösung, wenn z.B. ein
Referat oder die Abgabe einer Seminararbeit in den nächsten
Tagen anstehen.

• Der Bibliotheksaufwand für die Fernleihe ist hoch. Bestellen Sie
  daher nur wirklich dringend benötigte Literatur.

## Dokumentlieferung

Bestellungen an Dokumentlieferdienste erfolgen entweder über die
SFX-Schaltfläche in den einzelnen Fachdatenbanken (> Kap. 10.3)
oder direkt beim Lieferdienst selbst (einmalige Registrierung erforderlich). Der bekannteste wissenschaftliche Dokumentlieferdienst ist
*subito* (http://www.subito-doc.de), eine Arbeitsgemeinschaft wissenschaftlicher Bibliotheken in Deutschland, Österreich und der Schweiz.
*Subito* erstellt auf Bestellung Kopien von Zeitschriftenaufsätzen oder
einzelnen Buchabschnitten und verschickt sie per Fax oder Post. Aus
urheberrechtlichen Gründen werden ganze Bücher nicht kopiert; sie
werden auf dem Postweg verliehen. Eine Standardbestellung über
*subito* kostet 6,50 Euro für eine Aufsatzkopie, 9,00 Euro für eine
Buchsendung (Stand August 2008). Die Lieferung per E-Mail musste ab dem 1.1.2008 infolge der Urheberrechtsnovelle vorerst weitgehend eingestellt werden; die Verlage behalten sich ihre eigenen, meist
erheblich teureren Onlinezugänge vor. Mit einigen Verlagen konnte
*subito* inzwischen neue Bedingungen für eine relative kostengünstige
(7,50 Euro) Lieferung als PDF-Datei vereinbaren.

# 14 Literatur- und Wissensverwaltung

Wenn man sich inhaltlich und formal tatsächlich an der diskursiven Reproduktion und Entwicklung politikwissenschaftlichen Wissens beteiligen will (> Kap. 1.3), führt kein Weg an den logistischen Fragen einer effizienten Literatur- und Wissensverwaltung vorbei.

Es gibt mindestens zwei Argumente, warum man sich damit gründlich auseinandersetzen sollte: Erstens ist effizientes und nachhaltiges Lesen erst dann abgeschlossen, wenn sein Ertrag auch schriftlich festgehalten worden ist. Durch das konzentrierte, komprimierte Notieren in eigenen Worten lässt sich sichern, dass man die aufgenommenen Informationen auch wirklich verarbeitet hat und bei Bedarf schnell wieder darauf zugreifen kann (> Kap. 3.3). Wo und wie aber soll man diese Notate aufbewahren? Das zweite Argument besteht in der Notwendigkeit, die in einer wissenschaftlichen Arbeit verwendete Literatur vollständig und korrekt anzugeben (> Kap. 4.2). Wie findet man diese Angaben schnell, wenn man beim Edieren und Korrigieren, also in der Abschlussphase des Schreibens einer wissenschaftlichen Arbeit (> Kap. 4.1.2), unter erheblichem Zeitdruck steht? Die Menge der in der eigenen Arbeit gesammelten Literaturangaben wächst viel schneller, als einem lieb ist. Es handelt sich zudem um ganz unterschiedliche Literaturformen und Formate: Bücher, Zeitschriftenaufsätze, Webseiten, Zahlenmaterial und weitere Quellen. Daraus soll später Vergessenes rekonstruiert werden sowie der Anmerkungsapparat oder das Literaturverzeichnis einer Qualifizierungsarbeit entstehen.

Wie kann man also Informationen effizient sammeln und organisieren und wo kann man sich Hilfe für die Erstellung eines Literaturverzeichnisses holen? Grundsätzlich müssen Sie entscheiden, ob Sie Ihre Literaturangaben als *elektronischen Zettelkasten* mithilfe von Literaturverwaltungssoftware oder *konventionell* anhand von Karteikarten oder anderen handschriftlichen Hilfsmitteln bzw. in Textdateien am PC organisieren wollen. Die folgenden Überlegungen sollen Ihnen bei dieser Entscheidung helfen.

## 14.1 Literaturverwaltungssoftware

*Funktionen*

Mit einem Literaturverwaltungsprogramm können Sie eine eigene Literaturdatenbank aufbauen, Referenzen aus Katalogen, bibliogra-

phischen Datenbanken und dem Internet importieren, Zitate und Fußnoten direkt in *Word-* oder *OpenOffice*-Dokumente einbauen und
Literaturverzeichnisse erstellen. Bereits bei den ersten Seminararbeiten kann es sich lohnen, ein solches Programm zu nutzen.

---

**Grundfunktionen eines Literaturverwaltungsprogramms**

*Sammeln*
- Übernahme von Rechercheergebnissen aus Datenbanken, Bibliothekskatalogen und Websites;
- manuelle Eingabe einzelner Literaturangaben und Zitate inkl. genauer Fundstelle;
- Import bereits vorhandener Dateien (z.B. Literaturlisten als Excel-Tabellen).

*Verwalten*
- Sortieren nach Autor, Titel, Schlagwort usw.;
- Strukturieren nach Kategorien oder in Ordnern entsprechend der Gliederung Ihrer Arbeit;
- Hinzufügen von Schlagwörtern und Kommentaren;
- Verwenden eines kontrolliertes Vokabulars (einheitliche Ansetzung von Autorennamen, Zeitschriftentiteln und Schlagwörtern, damit immer dieselbe Schreibweise und Form verwendet werden);
- Durchführung einer Dublettenkontrolle;
- Verwalten von Aufgaben („noch zu kopieren" usw.).

Formatieren und Veröffentlichen: automatisches Formatieren von Fußnoten und Erstellen von Literaturverzeichnissen nach verschiedenen Zitierstilen direkt im eigenen Textverarbeitungsprogramm.

---

Neben der Erfassung von Literaturangaben helfen die Zusatzfunktionen einiger Anwendungen beim Ordnen und Strukturieren von Gedanken, Exzerpten und Argumenten, sind also hilfreich für ein effizientes *Wissensmanagement*:
- Verwaltung eigener Exzerpte und Gedanken;
- Integration externer Anwendungen wie *Mindmapping*-Software;
- Integration von Grafiken, Bildschirmaufnahmen, Volltexten und Onlineressourcen;

- gemeinsame Nutzung von Literaturlisten in Arbeitsgruppen oder Seminaren durch die Freigabe von Literaturlisten oder den Zugriff auf gemeinsame Konten.

## *Software*

### Kostenpflichtige Programme

Im Hochschulbereich haben sich mehrere Literaturverwaltungsprogramme etabliert. Die bekanntesten im sozial- und geisteswissenschaftlichen Bereich sind *Citavi*, *Endnote* und *RefWorks*. Zwar sind alle drei kostenpflichtig, in vielen Universitäten gibt es jedoch vergünstigte Einzelplatzlizenzen für Studierende oder eine kostenlose Campuslizenz. Schauen Sie auf den Internetseiten Ihres Rechenzentrums oder Ihrer Universitätsbibliothek nach. Die meisten Hochschulbibliotheken bieten kurze Einführungen in die Nutzung dieser Software an.

Eine Übersicht über die wichtigsten Merkmale der drei führenden Programme finden Sie in Tab. 10, die sich auf eine von der UB Augsburg durchgeführte detaillierte Vergleichsstudie stützt.

### Open Source-Programme

Im kostenlosen *Open Source-Bereich* sind ebenfalls Literaturverwaltungsprogramme zu finden, sie bieten aber nicht den Komfort der kommerziellen Konkurrenten. Einschnitte im Funktionsumfang gibt es beispielsweise bei der Auswahl der Zitierstile, bei den direkten Online-Recherchemöglichkeiten oder bei der Integration mit Textverarbeitungsanwendungen. Einige dieser Programme nutzen das ursprünglich unter dem Betriebssystem Unix entwickelte *BibTex*-Format und laufen auch auf den Plattformen Linux oder MacOS, beispielsweise

- *BibDesk* (http://bibdesk.sourceforge.net): MacOSX,
- *JabRef* (http://jabref.sourceforge.net): Linux, MacOSX, Windows,
- *LitLink* (http://www.lit-link.ch/): Windows, MacOSX und
- *Synapsen* (http://www.verzetteln.de/synapsen/synapsen_e.html): MacOSX, deutsch.

### Zotero

*Zotero* (http://www.zotero.org) ist kein eigenständiges Programm, sondern eine kostenlose Erweiterung für die Browser *Firefox, Flock*

**Tabelle 10: Literaturverwaltungssoftware im Vergleich**

Quelle: Universitätsbibliothek Augsburg und eigene Aufstellung

| Eigenschaft/Funktion | Citavi | EndNote | RefWorks |
|---|---|---|---|
| Plattform | Nur Windows | Windows, MacOSX | Webbasiert |
| Sprache | Deutsch | Englisch | Englisch |
| Recherche in Datenbanken und Bibliothekskatalogen aus dem Programm heraus? | Ja | Ja | Ja |
| Direkter Export aus Datenbank? | Ja (über RIS) | Ja | Ja (über RIS, EndNote) |
| Import von Dateien? | Ja | Ja | Ja |
| Integration mit Word, Open Office u.a.? | Ja, durch Publikationsassistent (Word, OpenOffice, LaTeX) | Ja, durch Cite While you Write (nur Word) | Ja, durch WriteNCite (nur Word) |
| Gemeinsame Bearbeitung eines Projektes (z.B. Arbeitsgruppe)? | Nein | Ja, über einen Account, auf den mehrere Nutzer Zugriff haben | Ja, über einen Account, auf den mehrere Nutzer Zugriff haben |
| Freigabe (nur Leserechte, z.B. für Seminare)? | Nein | Über EndNote Web (Bibliotheksilzenz von ISI Web of Science erforderlich) | Ja, über Modul RefShare |
| Übernahme aus Webseiten | Ja, über Picker (Add-on) | Nein | Ja, über RefGrab-It (Add-on) |
| Besonderheiten | • Online-Knowledgebase<br>• Fortgeschrittene Wissensmanagement-Elemente (Verwaltung von Ideen, Gedanken, Aufgaben)<br>• Differenzierte Kategorienverwaltung mit Export in Word als Gliederung<br>• Zeitlich unbegrenzte Demoversion verwaltet bis 100 Datensätze | • Weit verbreitete Standardlösung mit sehr vielen vordefinierten Datenbankzugängen<br>• Gute Online-Hilfe | • Keine lokale Installation notwendig<br>• Vielseitige Kooperationsmöglichkeiten<br>• RSS-Feeds für gemeinsam genutzte Projekte |
| Einzellizenz für Studierende* | € 77 | € 120 | € 100 |

*Unbedingt prüfen, ob die Software von der eigenen Hochschule aufgrund einer Campuslizenz nicht kostenfrei angeboten wird.

oder *Netscape Navigator*. Die explizit für Wissenschaftler konzi-
pierte Anwendung verwaltet bibliographische Angaben, Onlinequellen, Textdateien und sonstige Informationsressourcen unter einer
einheitlichen Oberfläche direkt aus dem Browser heraus. *Zotero* erkennt automatisch, wenn sich auf Websites – das können auch Bibliothekskataloge, Onlinebuchhandlungen und Datenbanken sein – bi-
bliographisch relevante Angaben (Autor, Titel, Zeitschriftentitel,
ISBN usw.) befinden. Sie können diese dann in die eigene *Zotero*-
Sammlung übernehmen und durch Notizen, Kommentare, *Tags* und
Bildschirmaufnahmen ergänzen. Auch eigene Quellen, wie z.B. Textdateien, lassen sich in Ihre Sammlung integrieren, die sich nach dem
*Playlist*-Prinzip, bekannt aus Musikverwaltungsanwendungen wie
*iTunes*, strukturieren lässt. Mehrere Exportformate erleichtern die
Integration mit bereits vorhandenen Anwendungen wie *Microsoft
Word, Google Documents* oder eigenen Weblogs; eine Erweiterung
(*Add-on*) für *Word* erleichtert die direkte Einfügung von bibliogra-
phischen Angaben aus *Zotero*. Somit ist *Zotero* eine interessante Alternative zu den oben genannten Literaturverwaltungssystemen.

## 14.2  Konventionelle Literaturverwaltung

Der Computer kann die Literaturverwaltung und die flexible Nutzung
von bibliographischen Daten erheblich erleichtern, er ist aber nicht
Bedingung für eine effiziente Literaturverwaltung. Manchmal ist das
Arbeiten mit einem Rechner nicht praktikabel oder möglich, und
außerdem gibt es unterschiedliche Vorlieben. Finden Sie also heraus,
was für Sie angenehm und nützlich ist. Generell stehen Ihnen neben
der spezialisierten Software insbesondere folgende Varianten offen,
wenn Sie Notizen und Exzerpte Ihrer Lektüre sowie deren genaue
Angaben notieren wollen:

*   *Standard-Arbeitsblock oder lose Blätter*: Ihr Vorteil besteht dar-
    in, dass sie viel Platz bieten, so dass man formale Angaben und
    inhaltliche Bemerkungen gemeinsam unterbringen kann, dass sie
    schnell umsortiert werden können und fast immer zur Hand sind.
    Ihr eindeutiger Nachteil besteht darin, dass sie die Tendenz ha-
    ben, in der sonstigen Masse von A4-Papier verlorenzugehen, die
    Sie mit sich herumtragen.
*   *Dateien in Textverarbeitungsprogrammen*: Diese Variante stellt
    eine unprofessionelle Ersatzlösung zur weiter oben diskutierten

Literaturverwaltungssoftware dar, organisiert die Literatur aber im Unterschied zu dieser nicht primär nach ihren bibliographischen Angaben, sondern nach ihrem Inhalt. Wenn man zu jedem Themengebiet eine eigene Datei anlegt, kann man dadurch schnell kompakte Exzerpt-Sammlungen aufbauen. Anders als bei Papierexzerpten können Sie dennoch die Vorteile der elektronischen Datenverarbeitung nutzen, wie etwa die Suche nach Stichwörtern. Nachteilig an dieser Variante ist zum Beispiel, dass man systematisch zu viel abschreibt (oder gar aus PDF-Dateien ungelesen einkopiert), mitunter versehentlich aktuelle Dateien mit alten Fassungen überschreibt oder nicht auf der Wiese arbeiten kann, weil das Sonnenlicht zu hell für das Display ist.

• *Karteikarten im Format DIN A7 bis DIN A5*: Wer nur bibliographische Angaben erfassen will, wird mit dieser Variante womöglich sehr zufrieden sein, weil Karteikarten beliebig sortiert werden können, transportabel und optisch einfach zu strukturieren sind (> Abb. 18). Kartenreiter (kleine Aufsätze, wahlweise beschriftbar oder mit vorgedruckten Buchstaben oder Ziffern) und Registerkarten helfen, die Karten innerhalb des Karteikästchens übersichtlich nach Autor oder Thema zu sortieren. Größere Karteikartenformate erlauben es darüber hinaus, weitere Notizen in standardisierter Form unterzubringen, z.B. die Hauptthese des Autors, seine theoretische Verortung, Schlüsselwörter und Querverweise auf andere Literatur.

Abbildung 19: Karteikarten
Quelle: Eigene Grafik

Für welche Variante Sie sich auch immer entscheiden: Unserer Erfahrung nach gehört die Verwaltung von Literatur und dem aus ihr gewonnenen Wissen zu den größten logistischen Herausforderungen an einen Politikwissenschaftler, und kaum einer ist ihr befriedigend gewachsen. Dies zeigt sich schon daran, dass gegen ihre wichtigste Regel ständig verstoßen wird, obwohl sie allen bekannt ist: Notieren Sie unbedingt die vollständigen bibliographischen Angaben sofort, um sich später beim Erstellen des Literaturverzeichnisses lästiges Nachprüfen zu ersparen.

# Weiterführende Literatur

# 15 Annotierte Bibliographie

Unser Lehrbuch lässt erhebliche Lücken – Sie könnten Ratschläge brauchen, wie man interessante Referate hält (eine Fähigkeit, die nur wenige Studierende beherrschen), oder Beispiele dafür, wie man Forschungsprojekte entwickelt. Sie würden gern gezielt trainieren, schneller zu lesen, oder suchen eine systematische Einführung in das, was Politikwissenschaft ist. Sie brauchen sicher detaillierteren Rat für die Lösung formaler Probleme bei Literaturangaben und beim Layout. Im Folgenden finden Sie eine thematisch sortierte und kommentierte Liste von Literatur, die wir quer- oder analytisch gelesen haben. Sie ist selbstverständlich ebenfalls lückenhaft. Zu vielen Themen lohnt sich auch Googeln im Internet, aber gehen Sie dabei umsichtig vor. Übrigens: Außer noch mehr („Koch"-)Büchern und „Rezepten" brauchen Sie nun möglicherweise mehr Training (einen „Kochkurs") und Feedback. Wir legen Ihnen deshalb nahe, das einschlägige Angebot an Ihrer Lehreinrichtung zu prüfen, oder auch das von universitätsnahen selbständigen Anbietern.

## 15.1 Politikwissenschaftliche Schlüsselwerke und der „State of the Art"

Diskursbestimmende Schriften werden insbesondere in der angelsächsischen Politikwissenschaft oft in Form von Readern publiziert. So finden Sie beispielsweise Schlüsselwerke der Parteienforschung zusammengestellt in:
- *Mair, Peter* (Hrsg.), 1990: The West European Party System. Oxford: Oxford University Press.
- *Scarrow, Susan* (Hrsg.), 2002: Perspectives on Political Parties: Classic Readings. London: Palgrave Macmillan.

Klassische Texte der modernen Demokratietheorie enthält beispielsweise:
- *Dahl, Robert/Shapiro, Ian/Cheibub, Antonio* (Hrsg.), 2003: The Democracy Sourcebook. Cambridge: MIT.

Auch für andere Teildisziplinen bzw. Diskurse können Sie mitunter solche Reader finden; suchen Sie dazu in Ihrer Bibliothek.

Eine interessante Form der Literaturaufbereitung findet sich z.B.
bei:

- *Kailitz, Steffen* (Hrsg.), 2007: Schlüsselwerke der Politikwissenschaft. Wiesbaden: VS Verlag.
- *Stammen, Theo/Riescher, Gisela/Hofmann, Wilhelm* (Hrsg.), 2007: Hauptwerke der politischen Theorie. 2. Aufl. Stuttgart: Kröner.

Hier werden politikwissenschaftliche Schlüsselwerke gewissermaßen rezensiert und in den Forschungskontext eingebettet. Allerdings weisen wir Sie darauf hin, dass es sich jedes Mal lediglich um Interpretationen solcher Werke handelt. Ähnlich wie bei der Vielzahl von Einführungswerken in einzelne Klassiker des politischen Denkens seit Aristoteles ersetzen sie keinesfalls die eigenständige Auseinandersetzung mit den Originalwerken. Sie helfen aber beim Einstieg in die Lektüre.

Im Abstand von mehreren Jahren geben führende Politikwissenschaftler der globalen *community* auch voluminöse Handbücher heraus, die den jeweiligen *State of the Art* wichtiger Diskurse abbilden. Die betreffenden Beiträge werden jeweils von ausgewiesenen Spezialisten geschrieben. Es handelt sich daher um höchst voraussetzungsvolle Diskursüberblicke. Sie werden Ihnen dann weiterhelfen, wenn Sie schnell einen tiefgründigen Überblick über die wichtigsten Themen, Werke, Autoren und Begriffe einer Debatte benötigen und kein „blutiger Anfänger" mehr sind. Es ist oft nicht nötig, diese Texte vollständig zu verstehen, um wichtige Hinweise für die eigene Arbeit zu bekommen. Dennoch lohnt sich die Mühe in der Regel nur, wenn Sie wirklich ernsthaft an dem betreffenden Diskurs interessiert sind, etwa weil Sie eine Abschlussarbeit schreiben.

Das umfangreichste Publikationsprojekt stellen die von Robert E. Goodin bei Oxford University Press herausgegebenen *Oxford Handbooks of Political Science* (2006-2008) dar. Sie geben in zehn Bänden einen Überblick über die wichtigsten politikwissenschaftlichen Teilbereiche von der Politischen Theorie über die Internationalen Beziehungen bis zur Methodologie der Forschung. Kompakter ist:

- *Goodin, Robert E./Klingemann, Hans-Dieter* (Hrsg.), 1996: A New Handbook of Political Science. Oxford: Oxford University Press.

Über die Geschichte der deutschen Politikwissenschaft informiert z.B.:

- *Bleek, Wilhelm,* 2001: Geschichte der Politikwissenschaft in Deutschland. München: Beck.

Berichte über den aktuellen Stand der Politikwissenschaft in den Ländern des westlichen Europa finden sich in:
- *Klingemann, Hans-Dieter* (Hrsg.), 2007: The State of Political Science in Western Europe. Opladen: Barbara Budrich.

Politikwissenschaftlich relevante Handbücher und Lexika sind z.B.:
- *Andersen, Uwe/Woyke, Wichard* (Hrsg.), 2008: Handwörterbuch des politischen Systems der Bundesrepublik Deutschland. 6. Aufl. Wiesbaden: VS Verlag.
- *Brunner, Otto/Conze, Werner/Koselleck, Reinhart,* 1972-1997: Geschichtliche Grundbegriffe. Historisches Lexikon zur politisch-sozialen Sprache in Deutschland, 8 Bde. Stuttgart: Klett-Cotta.
- *Holtmann, Everhard* (Hrsg.), 2000: Politik-Lexikon. 3., völlig überarb. u. erw. Aufl. München: Oldenbourg.
- *Isensee, Josef/Kirchhof, Paul* (Hrsg.), 1987-2000: Handbuch des Staatsrechts der Bundesrepublik Deutschland, 10 Bde. Heidelberg: Müller (einige Bde. bereits in der 3. Aufl. 2005ff. erschienen).
- *Nohlen, Dieter* (Hrsg.), 1992-1998: Lexikon der Politik, 7 Bde. München: Beck.
- *Schmidt, Manfred G.* (Hrsg.), 2004: Wörterbuch zur Politik. 2. Aufl. Stuttgart: Kröner.
- *Woyke, Wichard* (Hrsg.), 2006: Handwörterbuch internationale Politik. 10. Aufl. Opladen: Budrich.

## 15.2 Einführungen in das (politik-)wissenschaftliche Arbeiten und Schreiben

*Lehrbücher*

Allgemeine und spezifische Einführungen in das wissenschaftliche Arbeiten sind in rauen Mengen auf dem Markt. Ein Blick in Ihre Institutsbibliothek, wo Sie solche Literatur beispielsweise in der Lehrbuchsammlung finden werden, lohnt daher unbedingt. Sofern sie unter politikwissenschaftlicher Literatur verbucht ist, werden Sie sie meist unter der Notation MB („Grundlagen und Selbstverständnis des Faches") der Regensburger Verbundklassifikation (> Kap. 13.2) finden (MB 1000 bzw. 2300, 2600, 2700). Sie sollten auch hier querlesen, um zu entscheiden, was Ihnen besonders hilfreich erscheint. Beachten Sie bitte, dass alle einschlägigen Bücher auf den Erfahrungen ihrer Autoren beruhen, also keine blind zu vollstreckenden Anweisungen darstellen. Vergleichendes (Quer-)Lesen wird Ihnen zeigen, dass es ganz unterschiedliche Herangehensweisen an ähnliche Probleme gibt.

Ratgeber, deren Anspruch sich ähnlich dem unseren nicht darin erschöpft, eine Anleitung zum Nachahmen zu liefern, sondern die versuchen, den wissenschaftlichen Arbeitsprozess versteh- und erfahrbar zu machen, sind insbesondere folgende:

*Eco, Umberto,* 2007: Wie man eine wissenschaftliche Abschlussarbeit schreibt. Doktor-, Diplom- und Magisterarbeit in den Geistes- und Sozialwissenschaften. 12. Aufl. Heidelberg: C.F. Müller (UTB 1512).
Ecos Handreichung ist beliebt unter Generationen von Studenten, weil sie intelligent, gut lesbar und pragmatisch ist. Sie gibt nicht vor, genau zu wissen, was für Studierende am besten ist, sondern wendet sich an Menschen, die selbst urteilsfähig sind. Eco setzt voraus, dass sein Publikum „einige Stunden am Tag" studiert, sich davon sowohl eine „gewisse geistige Befriedigung" als auch Karrierenutzen verspricht und durchaus „ernsthafte Arbeit" leisten will (S. 12). Er gibt Einblicke in seine Vorstellungen über das erfolgreiche Studium an (italienischen) Massenuniversitäten und in seine eigene Arbeits- und Denkweise. Die Stärke des Buches besteht in seiner unangestrengten Demonstration von wissenschaftlichem Arbeiten im Sinne von Lesen, Recherchieren und Denken.

*Becker, Howard S.,* 2000: Die Kunst des professionellen Schreibens: Ein Leitfaden für die Geistes- und Sozialwissenschaften. 2. Aufl. Frankfurt/M.: Campus.
Ein wunderbar instruktiver Erfahrungsbericht eines prominenten Soziologen zum Thema „Schreiben ist Denken", der sich sogar als Freizeitlektüre eignet.

*Plümper, Thomas,* 2008: Effizient schreiben. 2. Aufl. München: Oldenbourg.
Dieses Buch ist als einziges in dieser Liste speziell für Politikwissenschaftler konzipiert. Es fokussiert auf das Schreiben von Qualifizierungsarbeiten und verrät darüber hinaus „sinnvolle Tricks und Kniffe, die Universitäten typi-

scherweise nicht vermitteln" (S. 7). Vorrangig geht es dabei um die Entwicklung der Forschungsidee und des Designs, aber auch um das Schreiben selbst, einschließlich sprachlicher und formaler Standards. Das verstehende Lesen, Fragen des Zeitmanagements und des Recherchierens kommen dabei etwas kurz. Insgesamt ist es ein kluger, im Detail auch witziger Ratgeber eher für anspruchsvolle empirische Master- und Doktor- als für Bachelorarbeiten.

*Boeglin, Martha*, 2007: Wissenschaftlich arbeiten Schritt für Schritt. Gelassen und effektiv studieren. München: W. Fink (UTB 2927). Ausgehend von der Beobachtung, dass die meisten Probleme Studierender technischer oder psychologischer Art sind, werden hier handwerkliche Grundlagen der Selbstorganisation, des wissenschaftlichen Denkens, Lesens und Schreibens vermittelt. Das Buch ist übersichtlich und instruktiv. Es eignet sich sehr gut dafür, die eigene Umstellung vom schulischen auf das universitäre Lernen in den Sozial- und Geisteswissenschaften reflektiert zu betreiben. Ganz ähnlich konzipiert ist auch:

*Esselborn-Krumbiegel*, Helga, 2008: Von der Idee zum Text. Eine Anleitung zum wissenschaftlichen Schreiben. 3. Aufl. Paderborn: Schöningh (UTB 2334)

*Kruse, Otto,* 2007: Keine Angst vor dem leeren Blatt. Ohne Schreibblockaden durchs Studium. 12. Aufl. Frankfurt/M.: Campus Verlag. Dieser allgemeine und umfassende Ratgeber nähert sich dem wissenschaftlichen Schreiben aus der Perspektive der Prävention und Bekämpfung von Schreibproblemen, ist also relativ therapeutisch angelegt. Es ist ebenso gut wie solide und wirklich freundlich geschrieben.

Die meisten anderen „Einführungen in das wissenschaftliche Arbeiten" konzentrieren sich darauf, „Algorithmen" zur Lösung von (technischen) Problemen anzubieten. Sie sind daher im Prinzip austauschbar, denn der Unterschied zwischen ihnen besteht weniger in ihrer Substanz als in ihrer Detailfreude. Für unseren Geschmack kranken einige von ihnen daran, dass sie zu viele ungewichtete Informationen enthalten und ein mechanisches „Abarbeiten" von unverstandenen „Vorschriften" oder gar „zwingenden Regelungen" fördern. Besonders geeignet sind sie aber, um Informationen zu gewinnen: Welche Arten schriftlicher wissenschaftlicher Arbeiten gibt es? Welche Arbeitsschritte müssen absolviert werden? Wie sehen Inhaltsverzeichnisse und Deckblätter aus? Wann und wie zitiere ich korrekt? Was ist bei der formalen Gestaltung von Bibliographien und Literaturverzeichnissen zu beachten? Man kann solche Bücher zu Beginn des Studiums und „zwischendrin" immer einmal wieder querlesen, um zu entscheiden, ob dieser oder jener Abschnitt gründlicher Zuwendung bedarf. Sie eignen sich auch gut als Nachschlagewerke, wenn Sie „Erste Hilfe" brauchen – etwa, weil Sie gerade eine Hausarbeit schreiben.

Als Entscheidungshilfe zugunsten dieses oder jenes Buches finden Sie hier unsere subjektiven, aber begründeten Kommentare. Einige unseres Erachtens ungeeignete Bücher haben wir dabei ignoriert, andere geeignete wahrscheinlich übersehen.

*Simonis, Georg/Elbers, Helmut,* 2008: Studium und Arbeitstechniken der Politikwissenschaft. Wiesbaden: VS Verlag.
Dieser systematische Ratgeber, der mit vielen fachspezifischen Beispielen arbeitet, versteht sich als komprimierte Einführung ebenso in die Politikwissenschaft wie in politikwissenschaftliche Arbeitstechniken und eignet sich unseres Erachtens sehr gut als Nachschlagewerk. Alle Aspekte wissenschaftlichen Arbeitens werden mit demselben Ernst und derselben Ausführlichkeit behandelt, weshalb die Vielfalt der Informationen und Anweisungen mitunter etwas erdrückend wirkt. Manchmal verlangt dieses Buch dem Studierenden Heroisches ab, darunter die detaillierte Protokollierung dessen, „womit Sie Ihre Zeit – vom Aufstehen bis zum Schlafengehen – verbringen" (S. 43). Aber es gibt auch viele realistische Tipps.

*Kalina, Ondrej/Köppl, Stefan/Kranenpohl, Uwe/Lang, Rüdiger/Stern, Jürgen/Straßner, Alexander,* 2003: Grundkurs Politikwissenschaft. Einführung ins wissenschaftliche Arbeiten. Wiesbaden: VS Verlag.
Das Buch eignet sich gut für Studienanfänger, die einen umfassenden Einblick benötigen. Neben allgemeinen Informationen etwa über die Struktur und das Personal von Universitäten, Finanzierungsmöglichkeiten für das Studium und Berufsaussichten befasst es sich auch speziell mit dem Lernen und der Prüfungsvorbereitung, Arbeitstechniken im engeren Sinne und sogar einer Einführung in wissenschaftliche Methoden. Im Anhang findet sich eine Zusammenstellung der wichtigsten Fachzeitschriften. Es gibt auch knappe Handlungsanweisungen, um mit dem jeweiligen Problem fertigzuwerden.

*Karmasin, Matthias/Ribing, Rainer,* 2007: Die Gestaltung wissenschaftlicher Arbeiten. 2. Aufl. Wien: WUV (UTB 2774).
Dieser Leitfaden für wissenschaftliche Qualifizierungsarbeiten befasst sich nicht nur mit ihrer (im Titel angekündigten) Gestaltung, sondern durchaus auch mit Fragen der wissenschaftlichen Problemformulierung, Recherche und Argumentation. Es ist sehr umfassend, trotzdem ausgesprochen übersichtlich, auf den Punkt genau und knapp. Damit erscheint es als gut geeignet im Sinne einer Handlungsanleitung und zum Nachschlagen.

*Franck, Norbert,* 2004: Handbuch Wissenschaftliches Arbeiten. Frankfurt/M.: Fischer.

Dieses Nachschlagewerk sortiert Themen und Probleme des wissenschaftlichen Arbeitens nach wichtigen Stichwörtern von A bis Z, wodurch es das übersichtlichste der hier vorgestellten Bücher ist. Die einzelnen Einträge sind informativ und ausgewogen.

*Theisen, Manuel R.,* 2008: Wissenschaftliches Arbeiten: Technik, Methodik, Form. 14. Aufl. München: Vahlen (WiSt-Taschenbücher).

Dieser, wie er sich selbst nennt, „Klassiker der wissenschaftlichen Arbeitsweise" folgt dem Konzept einer „musterhaften Anleitung": „Alles Wesentliche für ein erfolgreiches wissenschaftliches Arbeiten im Studium wird erklärt und gleichzeitig alles Wichtige beispielhaft aufgezeigt: Lesen und Sehen = Wissen und Können" (S. XXI). Diesen Satz finden wir merkwürdig. Obwohl wir beispielsweise unsere Kochbücher gelesen und gesehen haben, ertappen wir uns noch immer beim simplen „Nachkochen" statt beim „Wissen und Können", weil wir nicht verstanden haben, was dabei wirklich passiert.

Tatsächlich finden sich in Theisens Buch aber nahezu alle Techniken und formalen Probleme bis hin zu rechtlichen Regelungen abgehandelt, die im Umfeld wissenschaftlicher Forschungsarbeiten auftreten. Es ist umfassend, weitgehend widerspruchs- und fehlerfrei und anwenderfreundlich aufgebaut. Der Erwerb dieses Buches, den sich dessen Autor wünscht (S. 98), halten wir daher für erwägenswert. Dass es aber auch dazu geeignet sei, „in Ruhe" gelesen zu werden (S. 1), bezweifeln wir. Außerdem meinen wir, dass anhand des Buches gut nachzuvollziehen ist, warum die alpha-numerische Mischnummerierung von Kapiteln und -abschnitten unpraktisch und unschön ist. Am Ende des Buches finden sich unterhaltsame „Ratschläge für einen schlechten wissenschaftlichen Arbeiter" und eine annotierte Bibliographie zum wissenschaftlichen Arbeiten. Sie ergänzt unsere Bibliographie, kommt im Unterschied zu uns im Falle Ecos (s. oben) zu einem Totalverriss und ist insgesamt ebenso informativ wie arrogant.

*Schlichte, Klaus,* 2005: Einführung in die Arbeitstechniken der Politikwissenschaft. 2. Aufl. Wiesbaden: VS Verlag.

Dieses Buch, das durch leichte Lesbarkeit überzeugt, versucht, Antworten auf solche Fragen zu formulieren wie „Was tut man im Studium?", „Wie finde ich Material?", „Wie schreibe ich?" usw., ist also nicht ausschließlich auf formal-technische Aspekte des wissenschaftlichen Arbeitens fixiert. Wir sind nicht mit allen Überlegungen des Autors über wissenschaftliches Denken und Schreiben einverstanden. Z.B. halten wir die „schnelle Vorrecherche" nicht für eine „eigentlich ganz banale Tätigkeit" (S. 41) und würden dafür nur selten mit Handbüchern, Lexika und Büchern beginnen, die man über den systematischen Katalog der Bibliothek findet. Bitte folgen Sie auch nicht dem Rat, im Zweifel „im Stil Theodor Fontanes" zu schreiben (S. 113) oder am Ende ihrer Arbeit „ruhig ein paar Spekulationen" zu platzieren, solange sie nicht „zu wild oder abwegig erscheinen, oder zu banal" (S. 112).

*Franck, Norbert/Stary, Joachim* (Hrsg.), 2008: Die Technik wissenschaftlichen Arbeitens. Eine praktische Anleitung. 14. Aufl. Paderborn: Schöningh (UTB 724).
In diesem Sammelband präsentieren verschiedene Autoren ihre Ansichten über das Recherchieren, Lesen, Notieren von Erkenntnissen, Schreiben und Referatehalten. Es ist daher gut als Ergänzung zu den bisher genannten Büchern geeignet, weniger als Nachschlagewerk. Lesenswert sind insbesondere die Beiträge von Norbert Franck („Lust statt Last: Wissenschaftliche Texte schreiben", S. 117-178) und von Gisbert Keseling („Schreibblockaden überwinden", S. 197-222). Beide Texte werden Sie dazu inspirieren, über Ihr eigenes Vorgehen nachzudenken.


### Hinweise zum Zitieren

Über die formalen Anforderungen an studienbegleitende Leistungen, vom Seminarprotokoll über das Referat bis zur Masterarbeit müssen Sie sich immer zuerst an Ihrer Studieneinrichtung oder bei den Dozenten selbst informieren; häufig geben die betreffenden Homepages darüber Auskunft, über generelle Fragen auch die Studien- bzw. Prüfungsordnung. Sie sollten sie unbedingt mindestens querlesen.

Alle oben genannten Ratgeber für wissenschaftliches Schreiben enthalten Hinweise über Formfragen, die weit über die hinausgehen, die wir Ihnen in Kap. 4.2 gegeben haben.

Detaillierte Standards des wissenschaftlichen Zitierens können Sie sogenannten Zitationsmanualen entnehmen. Am bekanntesten sind das *Chicago Manual of Style* (http://www.chicagomanualofstyle.org/home.html) und das *Style Manual for Political Science* der *American Political Science Association* (APSA-Standard) (http://www.ipsonet.org/data/files/APSAStyleManual2006.pdf). Kürzer gefasste Zitierstandards finden sich bei den Autorenhinweisen politikwissenschaftlicher Fachzeitschriften. Sie können sich für Ihre schriftlichen Arbeiten auch danach richten, z.B.:

| Politische Vierteljahresschrift | http://www.vs-verlag.de/pdf/autoren-hinweise.pdf |
| Zeitschrift für Parlamentsfragen | http://www.vs-verlag.de/pdf/manuskript-zp.pdf |
| Zeitschrift für Internationale Beziehungen | http://www.zib-online.info/zib/sonstiges/richtlinien.pdf |
| West European Politics | http://www.tandf.co.uk/journals/authors/fwepauth.asp |

## 15.3  Vorbereitung und Durchführung von Forschungsprojekten

*Schlüsselwerke zur Methodologie der Politikwissenschaft*

*Collier, David/Brady, Henry E.* (Hrsg.), 2004: Rethinking Social Inquiry. Diverse Tools, Shared Standards. Lanham, Md.: Rowman and Littlefield.

*George, Alexander L./Bennett, Andrew*, 2005: Case Studies and Theory Development in the Social Sciences. Cambridge, MA: MIT Press.

*King, Gary/Keohane, Robert O./Verba, Sidney*, 1994: Designing Social Inquiry: Scientific Inference in Qualitative Research. Princeton, NJ: Princeton University Press.

*Przeworski, Adam/Teune, Henry*, 1970: The Logic of Comparative Social Inquiry. New York, NY: Wiley-Interscience.

*Ragin, Charles C.*, 1987: The Comparative Method: Moving Beyond Qualitative and Quantitative Strategies. Berkeley, CA: University of California Press.

*Ragin, Charles C.*, 1994: Constructing Social Research: The Unity and Diversity of Method. Thousand Oaks, CA: Pine Forge Press.

*Lehrbücher für die Erarbeitung des Forschungsdesigns*

Sicherlich ist Ihnen zunächst besser mit einem einschlägigen Lehrbuch geholfen als mit Schlüsselwerken zur Methodologie der politikwissenschaftlichen Forschung. Greifen Sie z.B. zu:

*Behnke, Joachim/Baur, Nina/Behnke, Nathalie*, 2006: Empirische Methoden der Politikwissenschaft. Paderborn: Schöningh.

*Blatter, Joachim K./Janning, Frank/Wagemann, Claudius*, 2007: Qualitative Politikanalyse. Eine Einführung in Forschungsansätze und Methoden. Wiesbaden: VS Verlag.

*Gschwend, Thomas/Schimmelfennig, Frank* (Hrsg.), 2007: Forschungsdesign in der Politikwissenschaft. Probleme, Strategien, Anwendungen. Frankfurt a.M.: Campus.

*Plümper, Thomas*, 2008: Effizient Schreiben. 2. Aufl. München: Oldenbourg.

*Van Evera, Stephen*, 1997: Guide to Methods for Students of Political Science. Ithaca/London: Cornell University Press.

## Ratgeber für die Literaturrecherche

Alle Einführungen in das (politik-)wissenschaftliche Arbeiten enthalten Hinweise für die Literaturrecherche. Wir ergänzen sie hier um Online-Ratgeber:

*Jaerling, Karen*, 2005: Onlinekurs Sozialwissenschaftliche Informationsrecherche, in: Virtuelle Fachbibliothek Politikwissenschaft. Online unter: <http://www.vifapol.de/online-kurs> [Letzter Zugriff: 13.1.2008].
Die klare Struktur des Kurses ermöglicht eine *Just-in-Time*-Bearbeitung der gerade benötigten Themen.

*Karzauninkat, Stefan*, 2007: Die Suchfibel. Online unter: <http://www.suchfibel.de>. [Stand: 23.3.2007; letzter Zugriff am 06.02.2008].

*Plieninger, Jürgen*, 2006a: Politikwissenschaft im WWW. Online unter: <http://www.uni-tuebingen.de/uni/spi/urlpool.htm> [Letzter Zugriff: 13.1.2008].
Systematisch gegliederte, annotierte Linksammlung: Kataloge, Datenbanken, Suchmaschinen; Institutionen; Regionen, Länder; Politikfelder; Gesetzes- und Vertragstexte; Berufsverbände und Kongresse; wissenschaftliches Arbeiten und weitere rechercherelevante Hinweise des Tübinger Bibliothekars und Rechercheexperten.

*Plieninger, Jürgen*, 2006b: Politologie FAQ. Tutorial für die politikwissenschaftliche Recherche im Internet. Online unter: <http://homepages.uni-tuebingen.de/juergen.plieninger/polfaq/> [Letzter Zugriff: 13.1.2008].
Anleitung zur On- und Offline-Recherche nach Literatur, wissenschaftlichen Diskussionsforen und Internetquellen, mit allgemeinen Hinweisen zur Recherchetechnik. Für Studienanfänger geeignet.

Außerdem haben wir im Folgenden eine Sammlung von Links zu wichtigen Rechercheressourcen zusammengestellt (Tab. 11):

**Tabelle 11: Rechercheressourcen**

| Typ | Name | Link |
|---|---|---|
| Dokument-lieferdienst | Subito | http://www.subito-doc.de |
| E-Books | Politikon | http://ilias3.politikon.org |
| | Projekt Gutenberg | http://gutenberg.spiegel.de |
| | Wikisource | http://de.wikisource.org |
| | Google Buchsuche | http://www.google.de/books |
| E-Zeit-schriften | Elektronische Zeitschriften-bibliothek | http://rzblx1.uni-regensburg.de/ezeit oder Zugriff über Ihre Universitätsbibliothek |
| Enzyklopä-dien | Brockhaus Enzyklopädie | http://www.brockhaus-enzyklopaedie.de |
| | Encyclopaedia Britannica | http://www.britannica.com |
| | Wikipedia | http://www.wikipedia.de |
| Fachdaten-banken | Academic Search Premier | Zugriff über Ihre Universitäts-bibliothek |
| | Deutscher Bundestag/OPAC | http://opac.bibliothek.bundestag.de |
| | International Political Science Abstracts | Zugriff über Ihre Universitäts-bibliothek |
| | Internationale Bibliographie der geistes- und sozialwis-senschaftlichen Zeitschriften-literatur | Zugriff über Ihre Universitäts-bibliothek |
| | JSTOR | http://www.jstor.org |
| | Online Contents Sondersam-melgebiet Politikwissen-schaft und Friedensfor-schung | Zugriff über Ihre Universitäts-bibliothek |

| Typ | Name | Link |
| --- | --- | --- |
| | Philosophers Index | Zugriff über Ihre Universitäts-bibliothek |
| | Public Affairs Information Service International | Zugriff über Ihre Universitäts-bibliothek |
| | Social Sciences Citation Index | Zugriff über Ihre Universitäts-bibliothek, evtl. unter der Bezeichnung Web of Science |
| | Worldwide Political Science Abstracts | Zugriff über Ihre Universitäts-bibliothek |
| Fachportale und Webkata-loge | Fachportal Internationale Beziehungen und Länderkun-de | http://www.fachportal-iblk.de |
| | GESIS SocioGuide | http://www.gesis.org/SocioGuide/index.htm |
| | Intute (Rubrik Politik) | http://www.intute.ac.uk/socialsciences/politics |
| | Virtuelle Fachbibliothek Politikwissenschaft (VifaPol) | http://www.vifapol.de |
| Gesetzes-texte | Gesetzestexte im Internet | http://www.gesetze-im-internet.de/index.html |
| Linksamm-lung | Politikwissenschaft im WWW | http://www.uni-tuebingen.de/pol/urlpool.htm |
| Literaturver-waltung | BibDesk | http://bibdesk.sourceforge.net |
| | Citavi | http://www.citavi.com |
| | EndNote | http://www.endnote.com |
| | JabRef | http://jabref.sourceforge.net |
| | LibraryThing | http://www.librarything.com |
| | LitLink | http://www.lit-link.ch |
| | RefWorks | http://www.refworks.com |
| | Scholarz.net | http://scholarz.net |

| Typ | Name | Link |
|---|---|---|
| | Synapsen | http://www.verzetteln.de/synapsen/synapsen_e.html |
| | Zotero | http://www.zotero.org |
| Meta-Kataloge | DigiBib | http://eris.hbz-nrw.de |
| | Gateway Bayern | http://bvba2.bib-bvb.de |
| | Karlsruher Virtueller Katalog | http://www.ubka.uni-karlsruhe.de/kvk.html |
| Podcasts und Webcasts | iTunesU | http://www.apple.com/de/itunes |
| | Yovisto | http://www.yovisto.com |
| | Podcampus | http://www.podcampus.de |
| Politische Fachinfor-mation | Bundeszentrale für politische Bildung | http://www.bpb.de |
| RSS | Google Reader | http://www.google.de/reader/view |
| Social Bookmar-king Dienste | CiteULike | http://de.citeulike.org |
| | Connotea | http://www.connotea.org |
| | de.licio.us | http://del.icio.us |
| | Diigo | http://www.diigo.com |
| Statistiken | Datenreport. Zahlen und Fakten über die Bundesre-publik Deutschland | http://gesis.decenturl.com/sozialindikatoren-publikati-onen |
| | Eurostat | http://europa.eu.int/comm/eurostat |
| | Genesis | https://www-genesis.destatis.de/genesis/online/logon |

| Typ | Name | Link |
| --- | --- | --- |
| | GESIS – Gesellschaft Sozialwissenschaftlicher Infrastruktureinrichtungen e.V. | http://www.gesis.org |
| | Globus | http://www.globus-infografik.de |
| | Source OECD | http://miranda.sourceoecd.decenturl.com/sourceoecd-home) |
| | Statista | http://de.statista.org |
| | Statistische Ämter des Bundes und der Länder | http://www.statistik-portal.de/Statistik-Portal |
| | United Nations Common Database (UNCDB) | http://unstats.un.decenturl.com/united-nations-statistics |
| Suchma-schinen, wissen-schaftliche | Bielefeld Academic Search Engine (BASE) | http://base.ub.uni-bielefeld.de |
| | Google Scholar | http://scholar.google.com |
| | OAIster | http://www.oaister.org |
| | Dandelon | http://www.dandelon.com |
| Suchmaschi-ne für In-haltsver-zeichnisse | Google News | http://news.google.de |
| Suchmaschi-nen für Nachrichten | Paperball | http://www.paperball.de |
| Suchmaschi-nenratgeber | Suchfibel | http://www.suchfibel.de |
| URLs kürzen | DecentURL | http://decenturl.com |
| Webkata-loge | BUBL Link | http://bubl.decenturl.com/bubl-link-politics |
| | Open Directory Projekt (dmoz) | http://dmoz.de |

| Typ | Name | Link |
|-----|------|------|
| Weblogs | AgoraWissen | http://agora-wissen.spaces.live.com |
| | Politikwissenschaft | http://jplie.edublogs.org |
| | ViFaPolBlog | http://blog.vifapol.de |
| Weblog-Suchma-schinen | Google Blog-Suche | http://www.google.de/blogsearch?hl=de |
| | ScienceBlogs-Portal | http://www.scienceblogs.de |
| | Wissenschafts-Café | http://www.wissenschafts-cafe.net |
| Wissen-schaftsnetz-werk | Lalisio | http://www.lalisio.com |
| | Scholarz.net | http://scholarz.net |
| Zeitschrif-tendaten-bank | Zeitschriftendatenbank | http://dispatch.opac.ddb.de |
| Zeitungsar-chive | Focus | http://www.focus.de/magazin/archiv |
| | New York Times | http://www.nytimes.com |
| | Der Spiegel | http://service.spiegel.de/digas/archiv |
| | Die Zeit | http://www.zeit.de/archiv |

## 15.4 Sonstige Ratgeber

*Mündliche Präsentation*

Referate spielen in vielen Lehrveranstaltungen eine Schlüsselrolle. Wahrscheinlich ist Ihnen bereits aufgefallen, dass zwar „im Prinzip" jedermann weiß, wie man ein gutes Referat hält, die meisten Referate dennoch nicht wirklich gelungen sind – der Redner redet zu lange oder zu schnell, hat keine klare These oder verliert sich in Details, langweilt sein Publikum oder amüsiert durch allzu große Forschheit, präsentiert zu viele Folien oder visualisiert gar nichts usw. Um ehrlich zu sein: Wenn Sie bessere Referate halten wollen, kommen Sie um

Trainingskurse in Präsentationstechniken nicht herum. Erkundigen Sie sich danach.

Kluge Ratgeber mit vielen Tipps helfen hier noch weniger als bei allen anderen Arten wissenschaftlichen Arbeitens. Sie bleiben meist eigentümlich trivial und wenig instruktiv. Wir haben das Thema „Präsentieren" deshalb ausgespart. Im Folgenden finden Sie Verweise auf einige eher gelungene Ratgeber zu diesem Problem:

*Franck, Norbert/Stary, Joachim* (Hrsg.), 2008: Die Technik wissenschaftlichen Arbeitens. Eine praktische Anleitung. 14. Aufl. Paderborn/München: Schöningh (UTB 724). (Teil „Referieren und diskutieren")

*Karmasin, Matthias/Rainer Ribing,* 2007: Die Gestaltung wissenschaftlicher Arbeiten. 2., aktual. Aufl. Wien: WUV (UTB 2774). (Kap. 5: „Präsentieren und Vortragen")

*Schlichte, Klaus,* 2005: Einführung in die Arbeitstechniken der Politikwissenschaft. Wiesbaden: VS Verlag. (Kap. 6 „Wie referiere ich?")

*Sesink, Werner,* 2007: Einführung in das wissenschaftliche Arbeiten: Internet, Textverarbeitung, Präsentation. 7. Aufl. München: Oldenbourg. (Kap. 10: „Referat (Seminarvortrag) und Präsentation")

Wenn Sie außerhalb der studienrelevanten Literatur nach Hinweisen für das mündliche Präsentieren suchen, werden Sie sehr viele Bücher unterschiedlicher Qualität finden. In der Regel ist es nicht sehr effizient, sich mit ihnen ausführlich zu befassen, da viele Tipps zu unspezifisch für das Studium sind.

*Lese- und Kreativitätstechniken, Zeitmanagement*

Über Arbeits- und Kreativitätstechniken gibt es eine unüberschaubare Literatur, die nicht sehr spezifisch ist und Ihnen deshalb auch in einer Reihe außeruniversitärer Lebenslagen weiterhelfen kann. Am einfachsten ist es, Sie widmen sich in der nächsten größeren Buchhandlung Abteilungen wie „Studien- und Berufswahl", „Karriere" oder auch „Kreativität", lesen einige Bücher systematisch quer (> Kap. 2.3.2) und entscheiden sich dann für dasjenige, das Ihnen intuitiv am meisten zusagt. Ratgeber gibt es in jeder Größenordnung und Preislage, von der kleinformatigen und preiswerten Reihe „TaschenGuide" (Haufe) bis zum gebundenen, reichhaltig illustrierten Handbuch. Wir haben uns insbesondere auf folgende Bücher gestützt, die zum Teil schon seit Jahrzehnten immer wieder neu aufgelegt werden:

*Adler, Mortimer J./Van Doren, Charles,* 2007: Wie man ein Buch liest. Frankfurt a.M.: Zweitausendeins.
Dieser Klassiker, der 1940 das erste Mal erschien, ist der beste Ratgeber für das „aktive Lesen", den wir kennen. Eindringlich und nachvollziehbar wird hier deutlich gemacht, welchen Sinn ein Lesen hat, das weniger auf Informations-, denn auf Erkenntnisgewinn gerichtet ist, und wie man dies lernt.

*Buzan, Tony,* 2005: Speed Reading. Schneller lesen, mehr verstehen, besser behalten. 10. Aufl. Landsberg am Lech: mvg.
Wie viele andere, ebenfalls empfehlenswerte Bücher des „Gehirn-Papstes" Tony Buzan ist auch dieses ein Bestseller, in dem Techniken mit praktischen Übungen gelehrt und gleichzeitig plausibel begründet werden. Wir haben übrigens die Erfahrung gemacht, dass man auch dann erhebliche Effizienzgewinne für sich verbuchen kann, falls man es nicht durchhält, jeweils das ganze Trainingsbuch durchzuarbeiten (sondern nur einige Teile davon) und sämtliche Regeln anzuwenden (sondern nur die, die einem gefallen).

*Buzan, Tony/Buzan, Barry,* 2005: Das Mind-Map-Buch: Die beste Methode zur Steigerung Ihres geistigen Potenzials. 5. Aufl. Landsberg am Lech: mvg.
Tony Buzan gilt auch als Erfinder des Mindmapping, das er hier ausführlich, bio- und neurophysiologisch begründet und in nahezu allen denkbaren Anwendungsmöglichkeiten vorstellt.

*Fry, Ron,* 1998: Last Minute Programm für Prüfungen und Seminararbeiten. Frankfurt/M./New York: Campus.
Dieses locker geschriebene Buch setzt sich mit Problemen des Zeitmanagements auseinander und gibt einen Einblick in Techniken, die das Gedächtnis trainieren, um das Lernen für Prüfungen zu erleichtern. Inspirierend sind die Vorschläge, wie man die Prüfungsvorbereitung bzw. das Schreiben von Seminararbeiten so planen kann, dass noch etwas zu retten ist. Auch dann, wenn eigentlich alles schon zu spät ist, weil für das ganze Unterfangen nur ein einziger Tag übriggeblieben ist.
Wenn Sie deutschsprachige Ratgeber für das Zeitmanagement suchen, stoßen Sie zwangsläufig auf:

*Seiwert Lothar,* 2006: 30 Minuten für optimales Zeitmanagement. 8. Aufl. Offenbach: GABAL (oder andere Titel desselben Autors).

## Sprache und Stil

Einige der weiter oben (> Kap. 15.2) genannten Ratgeber enthalten auch Hinweise auf die sprachliche und stilistische Gestaltung wissenschaftlicher Arbeiten, darunter Eco (Kap. V.2) und Franck 2004 (S. 214-229). Nach wie vor gute Dienste leistet eine aktuelle Ausgabe des Duden. Er enthält übrigens auch Hinweise zu formalen Fragen wie korrekten Anführungszeichen und Bindestrichen, Leerschritten zwischen Zeichen oder nicht zu setzenden Leerschritten, die vielen Studenten Schwierigkeiten bereiten (Abschnitt „Textverarbeitung"):

*Duden*, 2006: Die deutsche Rechtschreibung. 24. Aufl. Bd. 1. Mannheim: Dudenverlag.

Es gibt keine speziellen Bücher darüber, wie politikwissenschaftliche Fachsprache und „gutes Deutsch" in Übereinstimmung zu bringen sind. Anregend ist aber:

*Göttert, Karl-Heinz,* 2002: Kleine Schreibschule für Studierende. 2. Aufl. München: W. Fink (UTB 2068).

Der Autor, ein Germanist, befasst sich mit dem wissenschaftlichen Schreiben als „wissenschaftliches Begründen, flüssiges Formulieren und Korrektheit im Ausdruck" (S. 14-15), also nicht mit den gedanklichen Tiefenprozessen des Lernens, Lesens und wissenschaftlichen Argumentierens, sondern mit den sprachlichen Aspekten eines Schreibens jenseits von Feuilleton und Fachjargon.

Wenn Sie sich allgemein mit Fragen des guten Gebrauchs der deutschen Sprache auseinandersetzen wollen, sollten Sie folgende Bücher prüfen:

*Schneider*, *Wolf*, 1999: Deutsch für Profis. Wege zu gutem Stil. München: Goldmann 1999; 2005: Deutsch für Kenner. Die neue Stilkunde. München/Zürich: Piper.

Der durchaus umstrittene „Stilpapst" Wolf Schneider legt hier und in einer Reihe weiterer Bücher seine Vorstellungen von „gutem Stil" dar und reitet dabei auch kampflustige Attacken gegen alle Arten von Fachjargon (Kap. 3).

*Sick, Bastian*, 2004-2006: Der Dativ ist dem Genitiv sein Tod. Folge 1-3. Köln: Kiepenheuer und Witsch.

Dieses Buch wurde zu einem Bestseller. Intellektueller und subtiler ist:

*Zimmer, Dieter E.*, 2005: Sprache in den Zeiten ihrer Unverbesserlichkeit. Hamburg: Hoffmann und Campe.

# Sachregister

Abschlussarbeit 36, 61, 64, 77-78, 91, 109, 118, 121, 125, 132, 141, 154, 195

Absatz 41, 45, 46, 84, 91; Funktionen 51-53, 61; Gliederung 183

Abstract 38, 40, 44, 69, 71, 74, 134, 138, 181

*Alerting*-Dienst 243

Analytische Forschung, s. Forschung

Ansatz, wissenschaftlicher 19, 27

Argumentation, wissenschaftliche 12, 17, 32-33, 51, 61, 68, 71-77, 79-89, 92, 95, 100, 132, 134, 160, 171; beim Lesen erkennen 37-50, 53, 56; Argumentationsgerüst 45, 48, 171, 173, 178

Begriff 17-19, 22-27, 41, 44, 46, 49, 50-53, 70, 83, 85

Begriffsanalyse 145, 146, 148

Begriffssystem 19, 49, 50, 85, 138, 145

Belegen 52, 76, 86, 92, 140, 242

Bibliographie 93-94, 196, 198, 201-203; s. auch Literaturverzeichnis

Brainstorming 63, 124, 199

Datenbank, elektronische 99, 134, 193

Deadline 103-104, 109, 111

Deduktion 145, 149-152, 166

Definitionen 23-25, 37, 70, 145-149, 176, 196

Deskription 17, 130-131, 162, 176-177; s. auch Forschung, deskriptive

Diskurs, politikwissenschaftlicher 18-21, 22, 25, 38, 40-41, 50, 56-59, 96, 100, 124, 125, 134, 135-137, 145-146, 153, 162, 185

Diskursanalyse 149, 163

Edieren 82-85, 256

Einleitung 40, 41, 44, 56, 74, 81, 83, 84, 93, 106, 132, 135, 172, 174-187

Eklektizismus, wilder 49

Empirische Forschung, s. Forschung

Englischsprachige Literatur 89, 93, 136, 227, 237

Erfahrungen 11-14, 35, 39, 103-104, 111, 114-118, 268

Erkenntnisinteresse 140, 185

Erklären 32, 128, 129, 153-155, 158-164, 168, 191

Essay 68, 76, 121, 220

Exposé 76, 77, 80, 144

Exzerpieren 37-38, 71, 74, 81, 84, 101

Exzerpt 257, 260-261

Fachdatenbank 124, 138, 194, 198, 202, 205, 211, 219-229, 236, 238-239, 244, 245, 255, 275

Fachportal 202, 238-241, 276

Fachzeitschriften 192-195, 198, 201, 203, 219, 227, 235-236, 243, 270, 272

Fallauswahl 167-169, 179, 185

Fallstudie 122, 161, 164-167

Fazit 40, 44, 183, 186, 187; s. auch Schluss (-kapitel), Zusammenfassung

Forschung, normative, empirische (empirisch-analytische, kausal-analytische), deskriptive 17-19, 126-127, 130-131, 140, 152-154, 160, 176-177, 186; Standards der F. 17-18, 76, 91, 101, 121, 126, 130, 191, 242

Forschungsdesign 14, 80, 121-123, 144-170, 185, 273

Forschungsfrage 13, 17, 33, 36, 40, 44, 49, 64, 65, 68-70, 77, 79, 80, 83-87, 121-143, 144, 170, 171-173, 175, 177, 182, 185, 186, 197

Forschungsliteratur 81, 87, 133, 136, 191, 194

Forschungsmethoden 160-170

Forschungsstand, *State of the art* 20, 26, 62, 76, 87, 133, 134, 135, 136, 185, 194, 265, 266

Fragestellung s. Forschungsfrage

Fragen, W-F. 64; Warum-, Was-, Wie-F. 31, 131-132;

Fußnoten 77, 94-95, 201, 257

Gliederung 44, 61, 65, 70, 77, 79-85, 91, 132, 171-184

Graue Literatur 196

Handout 75

Hauptteil 45, 174, 183, 185, 187

Hausarbeit 64, 77, 103, 112, 121, 141, 175, 179, 270

Hintergrund, historischer 132, 177

Hochschulschrift 195

Hypothese 17, 25, 33, 65, 76, 150-152, 163, 165, 175, 179, 181, 185

„Ich" 89-90

Ideen produzieren und sortieren 62-68

Index 41, 44, 212, 213

Induktion 149-152

Inhaltsverzeichnis 40, 41, 44, 213, 236, 269, 278

Interpretieren 15, 46, 48, 63, 139, 191

Karteikarte 69, 256, 261

Kausal-analytische Forschung s. Forschung

Kausalbeziehung, Ursache-Folge-Beziehung, Kausalität 17, 25-27, 151, 152-157, 161-162, 163, 164, 167, 168, 178-180, 182

Klausur 63, 64, 76, 103

Komplexe wissenschaftliche Arbeit 65, 68, 74, 75, 79

Konzept 21, 49, 51, 52, 76, 133, 151, 152, 158, 204

Korrelation 151, 154-157, 162

Kritik 47-48, 116, 129-130, 135, 185, 195, 197

Layout 90-92

Lehrbuch 11-14, 19, 25, 41-43, 191, 196-197, 249, 267-272

Leistungskurve 107

Leseertragsprotokoll 65, 68, 69, 71, 72, 74

Lesen 23, 31-60, 61-62, 111-112, 133-143, 172; aktives L. 33-36, 37-50, 171; analytisches L. 35, 44-48, 69. 75, 81, 137, 195; elementares L. 33-34; informatives vs. verständnisorientiertes L. 31-33; Lesemodi 33; Lesen und Schreiben 38, 85-86, 143; prüfendes L. 34-35, 39-44, 80, 84, 134; schnelleres L.50-57, 91; Querl. 34, 68, 108, 124, 174, 184, 194-195, 196; überfliegendes L. 19, 34, 40-42; vergleichendes L. 35-36, 49-50, 81, 85, 138-143, 178, 195; Übersichten über die Leseregeln 39, 44, 48, 50

Leseliste (Prioritätenliste für die Lektüre) 41, 59, 134-137, 199

Lexikon 37, 191, 196, 204

Literaturbericht 75, 172, 191

Literaturrecherche, Literatursuche 42, 75, 77, 80, 88

Literaturverwaltung 98, 141, 214, 227, 229, 248, 256-262, 276

Literaturverzeichnis 40-41, 76, 83, 84, 89, 91, 92-94, 96, 98, 99, 136, 192, 195, 201, 256, 257, 262, 269

Markieren 37, 70, 81, 86, 210

Mechanismen, kausale 27, 130-131, 154-157, 164

Meinung 12, 31, 47, 172, 245

Mindmapping 63, 64-68, 71, 124, 173, 174, 257, 281

Modell 22, 27, 83

Name dropping 20-21

Normative Politikwissenschaft s. Forschung

Notieren 37-38, 69-70, 184, 256, 262, 272

Objektivität 15, 17, 89-90, 126-127

OPAC 124, 194, 202, 208-213, 217, 219, 229, 236, 252-254, 275

Outline Paper 38, 46, 71-73, 81, 171, 173

Paraphrasieren 71, 92, 100

Pause 54, 63, 84, 107-109, 112-113, 116

Perfektionismus 103

Plagiat 18, 69, 86, 93, 100, 101

Primärquellen  191, 194, 230, 231

Problemfindung, Strategien der  125, 130, 133, 185, 270

Problemfokus, -fokussierung  22, 121-124, 149, 172, 177, 194

Protokoll  68-76, 99, 171, 272

Quellen, zitieren  93-100; im Anhang publizieren  100; s. auch Primärquellen

Querlesen s. Lesen

Recherchesyntax  205, 207, 212-213

Referat  13, 36, 59, 64, 67, 75, 90, 181, 265, 272, 279-280

Review-Article  135

Rezension  20, 42-43, 68, 74-75, 195, 220, 227, 228

Rohfassung  79, 81, 84, 109

Roter Faden  61, 67, 71, 83, 88, 95, 171-174, 181, 186

RSS-Feed  226, 227, 243-245, 259

Sachregister s. Index

Schlagwort s. Suchbegriff

Schlusskapitel  56, 81, 84, 172, 174, 184-187

Schlüsselwerk  20-21, 43, 59, 84, 125, 134, 137, 160, 172, 174, 183-185, 187, 213, 265, 266, 273

Schlüsselwort, -begriff  22, 25-27, 37, 39, 40, 41, 44, 46, 48, 49, 63, 64, 66, 83, 134, 203, 261; s. auch Suchbegriff

Schreibblockade  63, 269, 272

Schreibprozess, Phasen  80-84; Planung  84

Schriftarten  90-92

Sekundärquellen  191

Semesterplanung  105

Software, für Literatur- und Wissensverwaltung  98, 141, 227, 229, 256-260; für Mindmaps  67-68, 257; zur Aufdeckung von Plagiaten  101; für die Textverarbeitung (Layoutgestaltung)  90; weitere  245, 246

Sozialwissenschaft s. Forschung

Sprache und Wirklichkeit  146-148

State of the Art, s. Forschungsstand

Stichwort s. Suchbegriff

Stichwortverzeichnis s. Index

Stil  61, 74, 77, 89

Suchmaschinen im Internet  202-203, 205, 209, 230; wissenschaftliche  198, 234-239

Suchstrategien  199-203, 235, 242

Suchbegriff  67-70, 138, 199-200, 203-207, 211-213, 247-248, 260

Tag s. Suchbegriff

Tagesplan  107, 112-113, 116

Täuschungsversuche  100-101

Tertiärliteratur  191, 241-242

Textarten  68-78, 192-197

Texte, die zu schwer sind  42-43

Textstellen, wichtige  35, 44, 49, 51, 55-57

Themenfindung  121-125

Theorie  17, 20-28, 33, 49, 74, 77, 83, 126, 128-130, 132, 133, 144, 149-159, 162, 164-167, 175, 178, 179, 180

Theorie mittlerer Reichweite  26

Theorienkonkurrenz  75, 129

Thesenpapier  75-76, 176, 181

Trockenobst, ungeschwefeltes  116

Trunkierung  206, 210, 212, 225

Überarbeiten von Texten  79, 82, 85, 88, 112; Checkliste  83-84

Überfliegen s. Lesen

Ursache-Folge-Beziehung s. Kausalbeziehung

Variable  25-27, 65

Vergleichsdesign  167-170

Verlaufsanalyse  164

Verstehen  32-33, 41-44, 46-49, 69, 85-87, 161-162

Verweisen  92

Virtuelle Fachbibliothek  230, 238, 245, 276

Vorwort  41, 187, 198

W-Fragen  64

Wikipedia  241-242, 249

Wissenschaftssprache  145-147

Wissensverwaltung s. Literaturverwaltung

Zeigefinger 54
Zeilenabstand 77, 90, 91
Zeit sparen 56, 110, 143, 186, 262
Zeitbedarf 103, 113-114; für das Lesen
    eines wissenschaftlichen Aufsatzes 55-
    57, für das Schreiben einer Bachelorarbeit
    84-85, 110, 112-113
Zeitmanagement 102-118; Regeln 105-
    110; realistisches Z. 110-114; Tipps
    114-118
Zeitschriftenbibliothek, elektronische 219,
    226, 275

Zitat 18, 70, 86, 140; aus zweiter Hand 92;
    fremdsprachiges 93
Zitieren 20, 25, 76, 84. 92-100, 214, 227,
    242, 249, 254, 272-273
Zitiermuster, für gedruckte Literatur 96; für
    Internetquellen 99
Zitierweise, amerikanische bzw. deutsche
    94, 144
Zusammenfassung 40, 51-53, 69, 70, 75,
    173, 185, 186, 196, 216, 220, 227, 229,
    241; s. auch Fazit

# *pro* Studium Politikwissenschaft

Maren Becker, Stefanie John,
Stefan A. Schirm
**Globalisierung und Global
Governance**
Grundzüge der
Politikwissenschaft
Hrsg. v. Mir. A. Ferdowsi
UTB 2965
ISBN 978-3-8252-**2965**-8
W. Fink. 2007. 228 S., einige
Grafiken, zahlr. Tab.,
EUR 12,90, sfr 24,00

Tobias Bevc
**Politische Theorie**
UTB basics
UTB 2908
ISBN 978-3-8252-**2908**-5
UVK. 2007.
304 S., 15 Abb.,
EUR 17,90, sfr 32,00

Martha Boeglin
**Wissenschaftlich arbeiten
Schritt für Schritt**
Gelassen und effektiv studieren
UTB 2927
ISBN 978-3-8252-**2927**-6
W. Fink. 2. Aufl. 2008.
188 S., 28 Abb., teilw.
Schaubilder, 13 Tab.,
EUR 12,90, sfr 24,00

Martin Kornmeier
**Wissenschaftlich schreiben
leicht gemacht**
für Bachelor, Master und
Dissertation
UTB 3154
ISBN 978-3-8252-**3154**-5
Haupt. 2008. 283 S., 52 Abb.,
EUR 11,90, sfr 22,00

Michael Berger
**Karl Marx**
UTB Profile
UTB 3010
ISBN 978-3-8252-**3010**-4
W. Fink. 2008. 99 S.,
EUR 9,90, sfr 18,90

Tobias Dietrich
**Martin Luther King**
UTB Profile
UTB 3023
978-3-8252-**3023**-4
W. Fink. 2008.
104 S., 11 Fotos,
EUR 9,90, sfr 18,90

Hannes Leidinger,
Verena Moritz
**Sozialismus**
UTB Profile
UTB 3013
SBN 978-3-8252-**3013**-5
Böhlau. 2008. 139 S.,
EUR 9,90, sfr 18,90

Hannes Leidinger
**Kapitalismus**
UTB Profile
UTB 3019
ISBN 978-3-8252-**3019**-7
Böhlau. 2008. 128 S.,
EUR 9,90, sfr 18,90

Sieglinde Rosenberger,
Gilg Seeber
**Wählen**
UTB Profile
UTB 3015
ISBN 978-3-8252-**3015**-9
facultas.wuv. 2008. 109 S.,
EUR 9,90, sfr 18,90

# UTB

**pro** Studium Politikwissenschaft

■ Wilhelm Hofmann,
Nicolai Dose, Dieter Wolf
**Politikwissenschaft**
UTB basics
UTB 2837 M
ISBN 978-3-8252-**2837**-8
UVK. 2007.
304 S., 29 Abb.,
EUR 17,90, sfr 32,00

■ Stefan Marschall
**Das politische System
Deutschlands**
UTB basics
UTB 2923 M
ISBN 978-3-8252-**2923**-8
UVK. 2007.
300 S., 33 Abb., 28 Tab.
EUR 19,90, sfr 35,90

■ Markus Rhomberg
**Politische Kommunikation**
Eine Einführung für
Politikwissenschaftler
UTB 3143 M
ISBN 978-3-8252-**3143**-9
W. Fink. 2008.
267 S., 29 Abb.,
EUR 19,90, sfr 35,90

■ Frank Schimmelfennig
**Internationale Politik**
Grundkurs Politikwissenschaft,
hg. v. Hans-Joachim Lauth und
Ruth Zimmerling
UTB 3107 M
ISBN 978-3-8252-**3107**-1
Schöningh. 2008.
333 S., 14 Abb.,
EUR 19,90, sfr 35,90

■ Christian Schwaabe
**Politische Theorie 1**
Von Platon bis Locke
Grundzüge der
Politikwissenschaft
Hrsg. von Mir A. Ferdowsi
UTB 2931 S
ISBN 978-3-8252-**2931**-3
W. Fink. 2007. 172 S.,
EUR 12,90, sfr 24,00

■ Christian Schwaabe
**Politische Theorie 2**
Von Rousseau bis Rawls
Grundzüge der
Politikwissenschaft
Hrsg. von Mir A. Ferdowsi
UTB 2932 S
ISBN 978-3-8252-**2932**-0
W. Fink. 2007. 180 S.,
EUR 12,90, sfr 24,00

■ Petra Stykow
**Vergleich politischer
Systeme**
Grundzüge der
Politikwissenschaft
Hrsg. von Mir. A. Ferdowsi
UTB 2933 S
ISBN 978-3-8252-**2933**-7
W. Fink. 2007. 303 S.,
15 Abb., 11 Tab., kart.,
EUR 14,90, sfr 27,90

■ Rudolf Weber-Fas
**Lexikon Politik und Recht**
Geschichte und Gegenwart
UTB 2978 S
ISBN 978-3-8252-**2978**-8
W. Fink. 2008.
345 S.,
EUR 22,90, sfr 41,00

mehr unter **www.utb.de**